OTTO SEEMANN
MYTHOLOGIE
DER GRIECHEN
UND RÖMER

ZEUS VON OTRICOLI

OTTO SEEMANN

MYTHOLOGIE
DER GRIECHEN UND RÖMER

*Mit zahlreichen
Abbildungen*

© 2015 Nikol Verlagsgesellschaft mbH & Co. KG,
Hamburg

Alle Rechte, auch das der fotomechanischen Wiedergabe
(einschließlich Fotokopie) oder der Speicherung auf
elektronischen Systemen, vorbehalten.
All rights reserved.

Titelabbildung: kvasay – Thinkstock
Umschlag: Timon Schlichenmaier, Hamburg
Printed in the Czech Republic
Druck: CPI Moravia Books s.r.o.

ISBN: 978-3-86820-288-5

www.nikol-verlag.de

VORREDE ZUR ERSTEN AUFLAGE

ie vorliegende »Mythologie der Griechen und Römer« ist der Hauptsache nach ein Auszug aus dem vor fünf Jahren unter dem Titel »Götter und Heroen der Griechen« von mir veröffentlichten Buche. Die eigentlich maßgebende Absicht bei der Abfassung des letzteren war der Wunsch, die Behandlung der griechischen Mythologie auf unseren Gymnasien und sonstigen höheren Bildungsanstalten etwas vertieft zu sehen und namentlich durch Bild und Beschreibung die künstlerische Darstellung der verschiedenen Gottheiten den Schülern näher zu bringen, als dies in der Regel in den für die Schule bearbeiteten Mythologien zu geschehen pflegt. Leider ist aber trotz der von der öffentlichen Kritik allgemein anerkannten Brauchbarkeit meines Buches die Verbreitung desselben in der Schule nicht in dem Umfange erfolgt, wie dies im Interesse der Sache wünschenswert gewesen wäre. Ich habe mich daher, weil der starke Umfang der »Götter und Heroen« und der dadurch notwendig bedingte hohe Preis mehr als alles andere der Verbreitung des Buches in Schülerkreisen hinderlich zu sein scheint, zu dieser kürzeren Bearbeitung entschlossen, die gleichwohl jene oben berührte Tendenz fest im Auge behält und zugleich durch Heranziehung der römischen Mythologie die Nutzbarkeit des Buches wesentlich erhöht. Auch habe ich den Bedenken derjenigen Rechnung getragen, welche wegen einer Anzahl der in dem größeren Werke gegebenen Abbildungen das Buch ihren Schülern nicht in die Hände geben

mochten. Die Abbildungen des vorliegenden Buches sind so gewählt, daß auch die ängstlichsten Gemüter keinen Anstoß mehr nehmen können, und daß es auch den Schülerinnen der höheren Töchterschulen unbedenklich in die Hände gegeben werden darf.

BEGLEITWORT ZUR FÜNFTEN AUFLAGE

Der bisherige Bearbeiter des Werkes ist leider unerwartet im September 1909 aus dem Leben geschieden, vor dem Erscheinen der fünften Auflage, die er wiederum aufs sorgfältigste durchgearbeitet hatte. Es war ihm noch vergönnt, den größten Teil der Korrekturbogen des Werkes selber durchzusehen. Die Register haben dagegen von der unterzeichneten Verlagsbuchhandlung angefertigt werden müssen. Die Kenner und Benutzer des Werkes werden schon an der um etwa vierzig vermehrten Zahl von Abbildungen erkennen, daß es dem Bearbeiter darum zu tun war, das ihm liebgewordene Werk zu bereichern und neu zu beleben; man wird auch im Text vielfach die bessernde Hand bemerken.

Leipzig, Anfang Oktober 1909.

E. A. Seemann.

INHALTSVERZEICHNIS

Einleitung. Seite
1. Inhalt der griechischen und römischen Mythologie 1
2. Allgemeine Vorstellung von dem Wesen der Götter ... 2

I. Abschnitt: Kosmogonie und Theogonie 6
II. Abschnitt: Die Götter 14
   I. Die Götter des Olympos 14

A. Hauptgötter.

1. Zeus (Jupiter) 14
2. Hera (Juno) 19
3. Pallas Athena (Minerva) 26
4. Apollon 34
5. Artemis (Diana) 44
6. Ares (Mars) 48
7. Aphrodite (Venus) 54
8. Hermes (Mercurius) 60
9. Hephästos (Vulcanus) 68
10. Hestia (Vesta) 72
11. Janus 76
12. Quirinus 79

B. Nebengötter.

1. Begleitende und dienende Umgebung 79
   a. Eros (Amor) 79
   b. Die Musen 82
   c. Die Chariten (Grazien) 88
   d. Themis und die Horen 90
   e. Nike (Viktoria) 92
   f. Iris 94
   g. Hebe (Juventas) 95
   h. Ganymedes 98

	Seite
2. Himmlische Erscheinungen	98
a. Helios (Sol)	98
b. Selene (Luna)	100
c. Eos (Aurora)	100
d. Die Sterne	102
e. Die Winde	103
3. Geburts- und Heilgötter	104
a. Asklepios (Aesculapius)	104
b. Niedere Geburts- und Heilgottheiten	106
4. Schicksalsgötter	107
a. Die Moiren (Parzen)	107
b. Nemesis Tyche (Fortuna) und Agathodämon (Bonus Eventus)	108

II. Die Götter des Meeres und der Gewässer ... 112

1. Poseidon (Neptunus) ... 112
2. Amphitrite ... 116
3. Triton und die Tritonen ... 116
4. Pontos und sein Geschlecht ... 117
   a. Nereus und die Nereiden ... 117
   b. Thaumas, Phorkys, Keto ... 118
5. Proteus ... 118
6. Glaukos ... 119
7. Ino Leukothea und Melikertes ... 120
8. Die Sirenen ... 120
9. Das Geschlecht des Okeanos ... 121

III. Die Gottheiten der Erde und der Unterwelt ... 124

1. Gäa (Tellus) ... 124
2. Rhea-Kybele (Magna mater Idaea) ... 126
3. Dionysos (Bacchos oder Liber) ... 127
4. Die Nymphen ... 136
5. Die Satyrn ... 140
6. Seilenos ... 144
7. Griechische und römische Walddämonen ... 148
   a. Pan ... 148
   b. Silvanus ... 150
   c. Faunus und Fauna ... 150
8. Priapos (Priapus) ... 152
9. Saturnus und Ops ... 152
10. Vertumnus und Pomona ... 154
11. Flora ... 154
12. Pales ... 156
13. Terminus ... 156
14. Demeter (Ceres) ... 157
15. Persephone (Proserpina) ... 162

Inhaltsverzeichnis. IX

	Seite
16. Hades (Pluto)	165
17. Die Unterwelt	166
18. Die Erinyen (Furien)	168
19. Hekate	171
20. Schlaf und Tod	174
IV. **Römische Gottheiten des Hauses und der Familie**	176
1. Die Penaten	176
2. Die Laren	177
3. Larven, Lemuren und Manen	178

III. Abschnitt: Die Heroen ... 180
I. Einleitendes ... 180
II. Menschenschöpfung und Urzeit ... 182
III. Landschaftliche Heroensagen ... 186
  1. Thessalischer Mythos ... 186
    a. Lapithen und Kentauren ... 186
    b. Admetos und Alkestis ... 191
  2. Thebanischer Mythos ... 193
    a. Kadmos ... 193
    b. Aktäon ... 196
    c. Amphion und Zethos ... 196
  3. Korinthischer Mythos ... 204
    a. Sisyphos ... 204
    b. Bellerophon und die Amazonensage ... 205
  4. Argivischer Mythos ... 212
    a. Io ... 212
    b. Danaos und die Danaiden ... 214
    c. Proitos und die Proitiden ... 214
    d. Perseus ... 215
  5. Die Dioskuren ... 220
  6. Herakles ... 222
  7. Attischer Mythos ... 244
    a. Kekrops ... 244
    b. Erechtheus oder Erichthonios ... 244
    c. Theseus ... 245
  8. Kretischer Mythos ... 254
    a. Minos und der Minotauros ... 254
    b. Talos ... 257
IV. Gemeinschaftliche Unternehmungen der jüngeren Heldenzeit.
  1. Die kalydonische Jagd ... 260
  2. Die Argonauten ... 264
  3. Der thebanische Zyklus ... 272

	Seite
4. Der trojanische Zyklus	278
A. Die Heldengeschlechter des trojanischen Krieges	278
a. Die Dardaniden	278
b. Die Pelopiden	279
c. Die Äakiden	281
d. Nestor, der lokrische Aias, Diomedes, Odysseus	283
B. Der Krieg	285
C. Die Heimkehr	299
D. Die Äneassage	306
V. Mythische Seher und Sänger	311

VERZEICHNIS DER ABBILDUNGEN

Fig.   Seite

Zeus von Otricoli (Titelbild).
1. Kronosbüste. Vatikan . . 9
2. Fries von Pergamon. Zeusgruppe 10
3. Fries von Pergamon. Athenagruppe 11
4. Münzen von Elis mit dem Zeus des Pheidias . . . 18
5. Herakopf in Neapel, vielleicht nach Polyklet . . 20
6. Hera Ludovisi. Rom . . 21
7. Münzen von Argos mit der Hera des Polyklet . . . 22
8. Barberinische Hera. Vatikan 24
9. Juno Lanuvina. Vatikan . 25
10. Athena Parthenos. Marmorstatuette. Athen . . . 27
11. Athena. Neapel 30
12. Bronzenachbildung eines Palladion. London . . 31
13. Gemme des Aspasios. Wien 32
14. Athena. Rom, Kapitol . . 33
15. Athena Lemnia. Dresden . 35
16. Apollon Musagetes. Vatikan 38
17. Apollon Musagetes. Kapitol. 39
18. Apollon Sauroktonos. Vatikan 41
19. Apollon vom Belvedere. Vatikan 43
20. Artemis. Neapel 45
21. Artemis von Versailles. Paris, Louvre 47
22. Sog. Diana von Gabii. Paris, Louvre 49
23. Ares. Paris, Louvre . . . 51

24. Ares. Rom, Mus. Boncompagni 53
25. Geburt der Aphrodite. Rom, Mus. Boncompagni . . 57
26. Aphrodite. Berlin, Sammlung Kaufmann 59
27. Aphrodite von Melos. Paris, Louvre 61
28. Kopf vom Hermes des Praxiteles 63
29. Hermes des Praxiteles. Olympia 65
30. Ruhender Hermes. Neapel. 67
31. Hephästos. Vatikan . . . 70
32. Thetis in der Schmiede des Hephästos. Pomp. Wandgemälde 71
33. Vestalin. Rom 74
34. Sog. Vesta Giustiniani. Rom, Mus. Torlonia 75
35. Münze mit dem Januskopf. 78
36. Erostorso. Vatikan . . . 80
37. Eros und Anteros. Relief in Neapel 81
38. Bogenspannender Eros. Kapitol 83
39. Apotheose Homers. London, Brit. Mus. 84
40. Melpomene. Vatikan . . . 85
41. Thalia. Vatikan 86
42. Polyhymnia. Vatikan . . 87
43. Polyhymnia. Berlin, Museum 89
44. Die Horen. Zusammengestellt aus Bruchstücken in Rom, Florenz u. München 90

XII Verzeichnis der Abbildungen.

Fig.	Seite
45. Eirene mit Plutos. München	91
46. Die Nike von Samothrake	92
47. Nike von Samothrake. Paris, Louvre	93
48. Ganymedes, nach Leochares. Vatikan	96
49. Ganymedes. Neapel	97
50. Helios mit den Sternen. Vase Blacas, London	102
51. Boreas raubt die Oreithyia. Vase in München	103
52. Asklepios. Neapel	105
53. Fortuna. Vatikan	109
54. Tyche nach Eutychides. Vatikan	110
55. Poseidon. Rom, Lateran	115
56. Meeresgottheit. Vatikan	119
57. Odysseus bei den Sirenen. Vasenbild in London	121
58. Der Nil. Rom, Vatikan	123
59. Einführung der Kybele in Rom	127
60. Relief des Lysikratesdenkmals in Athen . . 128	129
61. Dionysos. London	132
62. Jugendlicher Dionysos. Vatikan	133
63. Dionysos. Kapitol	135
64. Schlafende Ariadne. Vatikan	137
65. Sog. Narkissos. Neapel	139
66. Satyr, nach Praxiteles. Kapitol	141
67. Satyr aus Rosso antico. Kapitol	142
68. Tanzende Bacchantin. Kapitol	143
69. Seilenos mit dem Bacchuskinde. Paris, Louvre	145
70. Marsyas u. Athena, Gruppe des Myron	147
71. Farnesische Flora. Neapel	155
72. Einweihung in die Mysterien. Neapel	159
73. Das sog. Eleusinische Relief. Athen	161

Fig.	Seite
74. Demeter v. Knidos. London	163
75. Orpheus in der Unterwelt. Vase in München	169
76. Dreigestaltige Hekate. Kapitol	173
77. Hypnos. Madrid	175
78. Lar. Römische Bronze	179
79. Schöpfung der Pandora (Anesidora). Schale des Brit. Museums	183
80. Kentaurenkampf. Voluten-Krater. New York	187
81. Älterer Kentaur. Kapitol. Museum	188
82. Jüngerer Kentaur. Kapitol. Museum	189
83. Admetos und Alkestis. Pomp. Wandgem.	193
84. Aktäon. Brit. Museum	195
85. Der Farnesische Stier. Neapel	197
86. Amphion und Zethos. Rom, Pal. Spada	199
87. Niobide. Rom, Banca di Commercio	201
88. Niobe. Florenz	203
89. Aëdon und Itys. Vasenbild. München	204
90. Bellerophons Abschied von Proitos. Vasenbild. Boston	205
91. Bellerophon tränkt den Pegasos. Relief. Rom, Pal. Spada	207
92. Verwundete Amazone. Kapitolinisches Museum	208
93. Amazone des Pheidias. Kapitol. Mus.	209
94. Bellerophons Rache an Stheneboia. Vasenbild in Petersburg	211
95. Io von Hermes befreit. Wandgem. Rom, Palatin	213
96. Befreiung der Andromeda. Relief. Kapitol	218

Verzeichnis der Abbildungen. XIII

Fig.		Seite
97.	Medusa Rondanini. München	219
98.	Herakles erwürgt die Schlangen. Pompejanisches Wandgemälde	225
99.	Herakles bei Busiris. Vase in Paris	230
100.	Atlas. Neapel, Museo Nazionale	231
101.	Herakles und Atlas. Metope aus Olympia	233
102.	Farnesischer Herakles. Neapel, Museo Nazionale	241
103.	Erichthonios. Vasenbild in London	243
104.	Theseus. Relief der Villa Albani	247
105.	Minos und Skylla. Pomp. Wandgemälde	249
106.	Theseus bei Amphitrite. Vase in Paris	251
107.	Theseus und Minotauros. Berlin, Museum	253
108.	Europa auf dem Stier. Pomp. Wandgemälde	255
109.	Dädalos und Ikaros	257
110.	Polyidos und Glaukos. Vase in London	258
111.	Tod des Talos. Vase in Ruvo	259
112.	Meleager und Atalante. Wandgem. aus Pompeji	261
113.	Meleagros. Vatikan	263
114.	Pelias und Jason. Wandgemälde aus Pompeji	265
115.	Die Ficoronische Ciste. Rom	267
116.	Phineus hilft den Argonauten. Vasenbild in Ruvo	269
117.	Medeia trifft die Vorbereitungen zum Morde des Pelias. Relief in Rom	271
118.	Tötung der Glauke. Vasenbild in München	273
119.	Polyneikes und Eriphyle. Pelike zu Lecce	275
120.	Tod des Opheltes. Relief des Pal. Spada	277
121.	Paris. Relief des Pal. Spada	286
122.	Paris und Oinone. Relief des Pal. Spada	287
123.	Paris und Helena. Relief in Neapel	288
124.	Opferung der Iphigenia. Wandgem. aus Pompeji	289
125.	Philoktetes Verwundung	291
126.	Streit des Aias u. Odysseus um die Waffen Achills. Vasenbild in Wien	293
127.	Aias' Selbstmord. Bronze aus Populonia	294
128.	Odysseus und Diomedes. Relief des Pal. Spada	295
129.	Laokoongruppe. Vatikan	297
130.	Odysseus und Teiresias. Vasenbild in Paris	303
131.	Odysseus und die Freier. Attischer Krater in Berlin	307
132.	Menelaos und Patroklos	309
133.	Orpheus und Eurydike. Marmorrelief in Neapel	313

Bemerkung.

Den Abbildungen dieses Werkes liegen teils Originalaufnahmen, teils Photographien von Fratelli Alinari in Florenz, Anderson in Rom, Giacomo Brogi in Florenz, der Verlagsanstalt Bruckmann in München (Nr. 44, 97, 104) und Baldwin Coolidge in Boston (Nr. 90) zugrunde. Die Nrn. 31 und 47 sind nach »*Brunn,* Denkmäler der griechischen und römischen Skulptur«, Nr. 51, 75, 80, 106, 111, 118, 119, 126 und 130 nach »*Furtwängler und Reichhold,* Griechische Vasenmalerei«, Nr. 70 nach d. »*Archäologisch. Anz. 1908*«, Nr. 79 und 110 nach »*Murray and Smith,* White Athenian Vases«, und Nr. 99 nach »*Dumont et Chaplain,* Céramique« gefertigt worden.

EINLEITUNG.

1. Inhalt der griechischen und römischen Mythologie.

nter Mythen versteht man poetische Erzählungen von der Geburt, dem Leben und den Taten der alten heidnischen Götter und Heroen oder Halbgötter. Eigentlich ist das deutsche Wort Sage nur eine Übersetzung des griechischen Wortes Mythos und findet sich daher auch häufig ganz in der nämlichen Bedeutung gebraucht. Doch ist man stillschweigend übereingekommen, die Erzählungen, welche das Leben und die Taten der Götter zum Inhalt haben, vorzugsweise Mythen zu nennen, während die Erzählungen von den Taten der Heroen gewöhnlich Sagen genannt werden. Beide unterscheiden sich von dem Märchen dadurch, daß sie nicht, wie dieses, ein bloßes Produkt der schaffenden Phantasie sind (wiewohl es auch Märchen gibt, die sich als entstellte Göttersagen darstellen), sondern daß ihnen stets irgend ein tatsächlicher Vorgang, sei es nun eine periodisch wiederkehrende Naturerscheinung oder eine besondere geschichtliche Tatsache, zugrunde liegt, so schwer es auch manchmal ist, den ursprünglichen Kern der Mythen wegen der zahlreichen Zusätze und Erweiterungen, die sie durch die Dichter erfahren haben, deutlich und klar zu erkennen.

Die große Mehrzahl der Mythen verdankt ihren Ursprung offenbar der Betrachtung der Natur und ihrer mancherlei wirkenden und schaffenden Kräfte, die der lebhaften Phantasie jener südlichen Völker als Handlungen und Zustände einzelner göttlicher Wesen erschienen. Diese dachte man sich den Menschen bald freundlich, bald feindlich gesinnt und suchte daher ebenso eifrig ihre Gunst zu erlangen, wie ihren Zorn zu beschwichtigen. Von der Gestalt aber dieser in den mannigfaltigen Vorgängen der Natur wirksam erscheinenden Götter mochte man anfangs sehr phantastische und unbestimmte Vorstellungen haben. Als jedoch die Menschen aus den einfachen Zuständen der patriarchalischen Urzeit heraustraten und in geordneten staatlichen Verbänden zu leben anfingen, da hörten auch die Götter allmählich auf, ihnen bloß personifizierte Naturmächte zu sein, man gestaltete sie zu freien, nach unwandelbaren sittlichen Gesetzen handelnden Persönlichkeiten und gab ihnen nun auch eine der menschlichen Gestalt ähnliche Leiblichkeit (Anthropomorphismus). Hierauf setzte man die Götter durch zum Teil künstlich ersonnene Genealogien untereinander in Verbindung und ließ sie ein großes Staatswesen bilden, das in dem »Vater der Götter und Menschen« Zeus seinen Mittelpunkt hat.

Eigentümlicherweise aber nahm nur die griechische Mythenbildung diesen Gang der Entwickelung, wogegen den italischen Völkern ihre Götter immer bloße Naturmächte blieben, die ihnen kalt und fremd gegenüberstanden, von deren Gestalt und Lebensweise man sich keine klar und bestimmt ausgeprägte Vorstellung machte, über deren Abstammung, Verwandtschaft usw. keinerlei Mythen vorhanden waren. Später erst, als die Römer mit ihren griechischen Nachbarn in mancherlei geistige Berührung kamen und ihre Sprache und Literatur zu studieren anfingen, nahmen sie auch die den Griechen geläufigen Vorstellungen von dem Wesen der Götter an und übertrugen die vorhandenen Mythen auf diejenigen ihrer Götter und Göttinnen, welche mit den griechischen Gottheiten die meiste Ähnlichkeit hatten und in der Naturbedeutung übereinkamen. So wurde der römische Jupiter dem griechischen Zeus, Juno der Hera, Minerva der Athena usw. gleichgesetzt, während sich für einzelne Götter, wie z. B. für Janus, kein griechisches Gegenbild finden lassen wollte.

2. Allgemeine Vorstellungen von dem Wesen der Götter.

Am besten lernen wir die Vorstellungen der Alten von dem Wesen der Götter aus den zahlreichen auf uns gekommenen griechischen und römischen Dichtern kennen, die auch am meisten zur Ausbildung der Mythen beigetragen haben. An der Spitze der griechischen Dichter steht der Zeit wie der Bedeutung nach der ehrwürdige Vater Homer, in dessen Werken uns schon das ganze System des Götterstaates mit dem obersten Lenker und Herrscher Zeus an der Spitze fertig entgegentritt.

Hiernach sind die Götter, was zunächt ihre äußere Erscheinung betrifft, mit einem vollständig menschlichen Leibe begabt, nur dachte man sich ihre Gestalt größer, schöner und majestätischer, als die menschliche, ohne sie jedoch in das Ungeheuerliche und Phantastische zu vergrößern.

Wie an Schönheit und Größe, so übertreffen die Götter die Menschen natürlich auch an Kraft und Stärke. Wenn Zeus nur seine ambrosischen Locken schüttelt, so erbebt schon der ganze Olympos, und so sind auch verhältnismäßig die übrigen Götter und Göttinnen mit großer Körperstärke ausgerüstet. Zwar sind sie ihrer Leiblichkeit wegen an den Raum gebunden und können also nicht allgegenwärtig sein, aber sie vermögen die größten Entfernungen mit blitzartiger Schnelligkeit zu durchmessen. Im Nu schwingt sich Athena von den Felsenhöhen des Olympos nach Ithaka hernieder, und der meerbeherrschende Poseidon gelangt in drei bis vier Schritten von dem thrakischen Samos nach Ägä auf Euböa.

Ebendahin gehört auch, daß die Götter aus einer viel weiteren Entfernung hören und sehen können, als die Menschen. In Beziehung auf das Hören scheinen sie sogar durchaus keine Schranke zu kennen, da an allen Orten zu ihnen gebetet wird ohne Rücksicht auf ihre persönliche Anwesenheit. Ebenso sieht Zeus von seinem hohen Throne auf dem Olympos alles Tun und Treiben der Menschen und vermag, auf der höchsten Höhe des Idagebirges sitzend, alle Einzelheiten der um Trojas Mauern tobenden Schlacht zu verfolgen.

Dagegen sind sie auch denselben leiblichen Bedürfnissen unterworfen, wie die Menschen, indem sie sich durch den Schlaf erquicken, wie durch Speise und Trank stärken müssen, doch ist ihre Speise nicht so gemein wie die menschliche, sondern sie nehmen nur Ambrosia und Nektar zu sich. Wie der Nahrung, so bedürfen sie natürlich auch der Kleidung, auf deren geschmackvolle Anordnung die Göttinnen sogar eine außerordentliche Sorgfalt verwenden. Wenn dagegen die spätere Kunst es liebt, manche Götter nur wenig bekleidet oder gar ganz nackt darzustellen, so wäre es sehr unrichtig, daraus den Schluß zu ziehen, daß der Volksglaube der Alten sie sich als nackt einherwandelnd gedacht habe.

Die mit einem Leibe behafteten Götter müssen selbstverständlich auch auf demselben natürlichen Wege wie die Menschen geboren sein und sich körperlich wie geistig allmählich entwickeln. Nur geht auch hier wieder alles mit wunderbarer Schnelligkeit vor sich. So steigt z. B. der neugeborene Hermes aus seiner Wiege, um die Rinder des Apollon zu stehlen, und nachdem er des Morgens zur Welt gekommen, spielt er schon des Mittags auf der von ihm erfundenen Lyra. Kaum hat der neugeborene Apollon aus den Händen der Themis Nektar und Ambrosia empfangen, so entwickelt er sich alsbald zu völliger Größe und Kraft und nimmt die ihm gebührenden Attribute, Bogen und Phorminx, in Anspruch. Der wichtigste Vorzug der Götter vor den schwachen Sterblichen aber besteht darin, daß sie, einmal in den Vollbesitz ihrer körperlichen und geistigen Kraft gelangt, niemals altern, sondern ewig jung und ewig schön bleiben, auch niemals von Krankheiten heimgesucht werden oder gar dem Tode zur Beute werden können. Gegenüber dem von vielfacher Not und Qual heimgesuchten Menschengeschlechte sind sie die Leichtlebenden, die Seligen, die jeden ihrer Wünsche leicht befriedigen können. Doch schließt dies keineswegs aus, daß sie bisweilen auch Schmerz und Kummer empfinden. Wie ihr Leib verwundbar ist, so wird auch ihre Seele von unangenehmen Empfindungen aller Art berührt.

Was ihre geistigen Eigenschaften betrifft, so übertreffen sie natürlich auch darin die Menschen um ein Bedeutendes. Zunächst stehen sie sittlich höher als diese, sie verabscheuen alles Böse, Unreine, Ungerechte und strafen daher auch die Bosheit und Ungerechtigkeit der Menschen, trotzdem können sie aber auch in allerlei Laster und Torheiten verfallen, als Betrug und Lüge, Haß, Neid, Grausamkeit, Eifersucht u. a. m. Heilig in dem Sinne, wie wir uns das höchste Wesen denken, sind also die Götter nicht, noch weniger wird ihnen Allwissenheit und Allmacht zugeschrieben. Sie vermögen zwar viel und »viel ist ihnen bewußt«, sie vermögen willkürlich in den Gang der Natur einzugreifen, Stürme, Krankheiten und andere schlimme Übel plötzlich zu erregen, sich und andere in beliebige Gestalten zu verwandeln, und was dergleichen Dinge mehr sind, aber selbst Zeus, dem doch eine viel höhere Macht beigelegt wird, als den übrigen Göttern, von dessen Ratschluß und Willen schließlich die ganze Weltregierung abhängt, ist dem von Ewigkeit ihm bestimmten Schicksalswillen unterworfen, und die Möglichkeit, ihn zu täuschen und zu hintergehen, ist keineswegs ausgeschlossen.

Allgemeine Vorstellungen von dem Wesen der Götter.

Fragt man nach der Beschäftigung der Götter, so besteht diese eigentlich in dem süßen Nichtstun, sie suchen sich daher, gleich den Mächtigen und Reichen dieser Erde, die Zeit durch allerlei Kurzweil zu vertreiben, indem ein jeder seinen besonderen Liebhabereien nachgeht. Das Mahl aber pflegen wenigstens die Götter der Oberwelt gemeinsam einzunehmen, indem sie sich zu diesem Zwecke in dem erhabenen Palaste des Zeus auf den luftigen Höhen des Olympos versammeln. Dort ergötzen sie sich, von Hebe bedient, an dem herrlichen Zitherspiele Apollons mit dem schönstimmigen Gesange der Musen und ergehen sich in heiteren Gesprächen. Nicht immer freilich ist dieses Zusammensein ein so ganz friedliches und heiteres. Die hohen Götter zanken sich auch wohl einmal weidlich, ja es kommen bisweilen sogar kleine Verschwörungen vor, wie die von Hera mit Poseidon und Athena gegen Zeus gestiftete und von Thetis vereitelte, von der die Ilias im ersten Buche erzählt.

Sämtliche Götter und Göttinnen sind endlich, damit auch in diesem Punkte die Ähnlichkeit mit menschlichen Zuständen nicht fehle, zu einem großen Ganzen vereinigt, dessen Haupt und lebendiger Mittelpunkt der Vater der Menschen und König der Götter Zeus ist, doch steht ihm eine wirkliche Herrschaft nur über die himmlischen Götter zu, während die Gottheiten des Meeres und der Gewässer dem Poseidon, die irdischen und unterirdischen aber dem Hades oder Pluton untergeben sind.

ERSTER ABSCHNITT.
KOSMOGONIE UND THEOGONIE.

nter Kosmogonie versteht man die Sagen von der Entstehung der Welt, unter Theogonie die von dem Ursprunge der Götter. In Beziehung auf beide haben wir es nur mit den Griechen zu tun, da die Römer sich keinen Grübeleien über diese Dinge hingegeben haben und, was ihre Dichter davon zu erzählen wissen, ohne Ausnahme den Griechen entlehnt ist.

Was zunächst die Entstehung der Welt betrifft, so soll diese nach der gewöhnlichen Ansicht aus dem Chaos hervorgegangen sein. Mit diesem Worte darf man aber nicht die Vorstellung einer gestaltlosen Urmasse oder eines Urbreies verbinden, sondern nur die eines unermeßlichen und finstern Raumes. Über das Wie der Entstehung der Welt aus diesem finstern Urraume weichen freilich die Angaben der Dichter nicht unwesentlich voneinander ab. Nach der geläufigsten Ansicht ging aus dem Schoße des Chaos zuerst die Erde (Gäa) hervor, wodurch sich zugleich der Tartaros (der Abgrund unter der Erde) absonderte, sodann Eros (die alles gestaltende und verbindende Liebe). Gäa erzeugte dann aus sich selber den Uranos (Himmel), die Gebirge und den Pontos (Meer).

Die ersten Götter, welche diese neue Welt bevölkerten, entsprangen aus der Befruchtung der Erde teils durch Uranos, teils durch Pontos. Mit Uranos erzeugte sie die Titanen, Kyklopen und Hekatoncheiren (Centimanen), mit Pontos verschiedene Meeresgottheiten.

1. Geschlecht des Uranos. Titanen gibt es nach Hesiod zwölf, nämlich die sechs männlichen Okeanos, Koios, Kreios, Hyperion, Iapetos und Kronos, und die sechs weiblichen Theia, Rhea, Themis, Mnemosyne, Phoibe und Tethys. Ihre Bedeutung ist zum Teil dunkel, doch stellten sie ohne Zweifel ele-

mentare Mächte der Natur vor. Der Kyklopen (Rundaugen) sind drei: Brontes (Donner), Steropes (Blitz), und Arges (Wetterleuchten); sie beziehen sich, wie man leicht sieht, auf die Erscheinung des Gewitters. Auch die Hekatoncheiren (Hunderthände) sind drei an Zahl: Kottos, Briareos und Gyges. Sie bedeuten zerstörende Naturmächte, vielleicht das Erdbeben, die stürmische Meerflut und die Stürme.

2. **Geschlecht des Pontos.** Von dem Pontos gebiert Gäa die fabelhaften Meeresgottheiten Nereus, Thaumas, Phorkys, Keto und Eurybia, die wiederum eine zahlreiche Nachkommenschaft haben. Unter ihnen vertritt Nereus das Meer nach seiner freundlichen Seite. Thaumas stellt das Majestätische des Meeres vor, er ist der Vater der Iris (Regenbogen) und der Harpyien (Sturmwinde). In Phorkys und Keto endlich, aus deren Verbindung die schrecklichen Gorgonen und die Gräen hervorgehen, personifizieren sich alle Gefahren und Schrecknisse des Meeres.

Mehrere der Titanen gehen wieder unter sich Verbindungen ein. Von Okeanos und der Tethys stammen die zahlreichen Meernymphen (Okeaniden), von Hyperion und der Theia die Lichtgottheiten Helios (Sonne), Selene (Mond) und Eos (Morgenröte), von Koios und Phoibe die Nachtgottheiten Leto (finstere Nacht) und Asteria (Sternennacht). Das wichtigste Titanenpaar aber unter allen sind Kronos und Rhea, weil sie den Übergang bilden zu der Weltherrschaft des ihrer Ehe entsprossenen Zeus.

Da nämlich Uranos fürchtete, daß seine jüngstgeborenen Söhne, die gewaltigen Kyklopen und Hekatoncheiren, ihm einst die Herrschaft entreißen möchten, verbarg er sie gleich nach ihrer Geburt in dem tiefen Abgrunde unter der Erde. Ergrimmt darüber wiegelte Gäa die Titanen auf und gewann den jüngsten und verschlagensten, Kronos, zu einer grausamen Gewalttat gegen den Vater. Von dem eigenen Sohne verstümmelt und gebändigt wurde Uranos genötigt, der Weltherrschaft zu entsagen, die nun auf Kronos überging. Aber nicht lange genoß dieser die Frucht seines Frevels. Der Fluch des Vaters, der ihm das gleiche Schicksal von seinen eigenen Söhnen prophezeit hatte, ging an ihm in Erfüllung, so ängstlich er sich auch dagegen zu schützen suchte, indem er seine Kinder sofort nach ihrer Geburt verschlang. Fünf von ihnen hatte er auf diese Weise bereits nach einander verschlungen, nämlich die Hestia, Demeter, Hera, den

Hades und Poseidon, als die darüber tief bekümmerte Mutter Rhea dasselbe Schicksal von ihrem jüngsten Sohne Zeus durch eine fein ersonnene List abwendete. Sie reichte nämlich dem argwöhnischen und tückischen Gemahl statt des Kindes einen in Windeln gewickelten Stein, den jener auch ohne weitere Prüfung gierig verschlang.

Eine bildliche Darstellung dieser Begebenheit findet man in Relief an dem Altare des Jupiter im kapitolinischen Museum zu Rom. Rhea steht hier vor dem sitzenden Kronos, der den Stein aus ihren Händen entgegennimmt. Die schelmische Miene der ersteren bildet einen reizenden Gegensatz zu dem finstern Ernst des Weltbeherrschers.

Den geretteten Zeus aber ließ Rhea in einer Grotte des Berges Dikte auf der Insel Kreta von Nymphen erziehen, wo die Ziege Amalthea ihm als Amme diente, und Bienen ihm Honig zutrugen. Damit aber das Kind nicht durch sein Geschrei dem argwöhnischen Vater seine Anwesenheit verrate, mußten die Kureten, neun priesterliche Diener der Rhea, durch lärmendes Getöse ihrer Waffen seine Stimme übertönen.

In verborgener Stille zu einem starken Götterjüngling herangewachsen, bezwang Zeus den grausamen Vater und nötigte ihn zugleich, die früher verschluckten Geschwister wieder herauszugeben. Ein Teil der Titanen, als Okeanos, Themis, Mnemosyne und Hyperion, fügten sich nun ohne Widerrede der Herrschaft des neuen Weltenlenkers, die übrigen aber wurden in einem langjährigen Kampfe mit Hilfe der Kyklopen und Hekatoncheiren von ihm bezwungen und zur Strafe in den Tartaros gestürzt, den Poseidon mit ehernen Pforten verschloß.

Als den Schauplatz dieser gewaltigen Götterkämpfe dachte man sich Thessalien, das die deutlichsten Spuren alter Erdrevolutionen an sich trägt. Zeus und die Seinigen kämpften vom Olympos, die Titanen von dem gegenüberliegenden Berge Othrys aus.

Da die Titanen keine eigentlichen Kultusgötter waren, sind sie auch von den Künstlern des Altertums nicht häufig dargestellt worden. Nur Kronos macht eine Ausnahme, wohl deshalb, weil die Römer ihren Saturnus, einen Gott des Erntesegens, mit ihm vermengten. Er wurde gewöhnlich abgebildet mit ernstem und finsterm Ausdruck des Gesichtes und verhülltem Hinterhaupt. Eine wohlerhaltene Büste dieser Art, die allerdings auch auf Zeus gedeutet wird, bewahrt das vatikanische Museum in Rom (Fig. 1). Als charakteristisches Kennzeichen wird ihm die Harpe, ein sichelförmiges Messer, beigegeben.

Nach der Bezwingung der Titanen teilte sich Zeus mit seinen Brüdern Poseidon und Hades in die Herrschaft der Welt, und zwar in der Art, daß er jenen als Beherrscher des Meeres und aller Gewässer, diesen als König des unterweltlichen Schattenreiches einsetzte,

1. Kronosbüste. Vatikan.

während er alles Übrige sich selber vorbehielt. Doch war die neue Ordnung der Dinge noch keineswegs dauernd gesichert. Die noch immer grollende Gäa erzeugte mit dem Tartaros ihren jüngsten und gewaltigsten Sohn, den Typhoeus oder Typhon, ein Ungeheuer

2. Fries von Pergamon. Zeusgruppe.

Kosmogonie und Theogonie. 11

3. Fries von Pergamon. Athenagruppe.

mit hundert feuerspeienden Drachenhäuptern, und sandte ihn aus, um die Herrschaft des Zeus zu stürzen. Ein gewaltiger Kampf erhob sich, der Himmel und Erde erzittern machte. Zeus aber bezwang den furchtbaren Riesen endlich durch seine unaufhörlich geschleuderten Blitze und stürzte ihn dann gleichfalls in den Tartaros hinab, oder er begrub ihn, wie spätere Dichter (Pindar, Vergil) sangen, unter dem gewaltigen Berge Ätna auf Sizilien, aus dessen Felsenklüften er noch immer in ohnmächtiger Wut Feuer und Flammen gen Himmel speit.

Einige Dichter sangen auch noch von einem Kampfe der Giganten gegen die Weltherrschaft des Zeus. Diese sollen aus den Blutstropfen entstanden sein, welche aus dem von Kronos verstümmelten Leibe des Uranos zur Erde niederrannen. Sie suchten den Olympos zu erstürmen, indem sie die Berge Ossa und Pelion aufeinander türmten. Aber auch sie wurden in einer heißen Schlacht, an der sich alle Götter beteiligten, mit Hilfe des Herakles und Dionysos besiegt und mußten das Schicksal der bezwungenen Titanen teilen. Von da ab war die Herrschaft des Zeus gesichert, und kein feindlicher Angriff störte mehr die heitere Ruhe der Olympier.

Die griechische Kunst hat sowohl die Jugendgeschichte des Zeus wie seine Kämpfe um die Weltherrschaft häufig zum Gegenstande anmutiger Darstellung gemacht, namentlich die sogenannte Gigantomachie. In den älteren dieser Werke waren die Giganten noch in ihrer Bildung und Gestalt von andern Göttern und Helden nicht verschieden. Erst die spätere Kunst gab ihnen schuppige Drachenleiber anstatt der Füße und ließ nur dem Oberkörper menschliche Gestalt. So auf dem berühmten Cameo des Museums zu Neapel, wo der blitzschleudernde Zeus auf einem von vier Rossen gezogenen Wagen unter sie fährt.

Die großartigste Darstellung hat die Gigantomachie im Altertum in einem 2,30 Meter hohen Marmorrelief gefunden, das den großen Unterbau des Zeusaltars in Pergamon (heute Bergama), dem Wohnsitze der kunstsinnigen und reichen Königsfamilie der Attaliden, in einer Länge von etwa 120 Metern schmückte. Durch Ausgrabungen, die seit 1878 auf Veranlassung des Dr. Karl Humann aus Steele bei Essen von der preußischen Regierung auf der Akropolis von Pergamon vorgenommen worden sind, ist ein sehr beträchtlicher Teil jenes herrlichen Reliefs wieder ans Tageslicht gezogen und bildet gegenwärtig den kostbarsten Schatz des Berliner Museums. Aus der langen Reihe der Reliefs wählen wir zwei Gruppen der Ostseite.

Auf der ersten (Fig. 2) erblicken wir Zeus, wie er mit der Linken die Ägis schüttelt, unter deren Einfluß ein jugendlicher Gigant zusammenbricht.

Mit dem Blitz in seiner Rechten holt er zugleich gegen einen andern Giganten (Porphyrion) aus, der die mit einem Fell umwickelte Linke zur Abwehr dem Gott entgegenstreckt und mit der Rechten wohl ein Felsstück zum Wurfe schwang. Er hat tierisch spitze Ohren, sein Leib geht nach unten in zwei Schlangen über, deren eine von dem Adler des Zeus bekämpft wird. Links von dem Gott ist ein menschlich gebildeter, mit Schild und Schwert bewaffneter Gigant, von dem Blitz des Zeus zu Boden geschmettert, niedergesunken; der Blitz, dessen Flammen ihn verzehren, hat seinen linken Schenkel völlig durchbohrt, mit der aufgestützten Rechten sucht er sich noch zu halten, während er die mit dem Schild bewehrte Linke, wie um Gnade flehend, gegen Zeus ausstreckt. — Die zweite Gruppe (Fig. 3) zeigt uns Athena als Siegerin. Mit gewaltiger, in den Falten des Gewandes sich wiederspiegelnder Bewegung schreitet sie nach rechts, mit Schild, Helm und Ägis bewehrt. Sie hat einen mit einem Doppelflügelpaar versehenen, sonst menschlich gebildeten Giganten, Alkyoneus (der in seiner ganzen Haltung und Erscheinung große Ähnlichkeit mit Laokoon verrät), mit der rechten Hand am Haar ergriffen und niedergerissen, während die Schlange der Göttin als treue Helferin seine Glieder umstrickt und ihm eben den tötlichen Biß in die rechte Brust versetzt; umsonst versucht er mit seiner rechten Hand sich der Göttin zu entwinden. Auf diese fliegt von rechts Nike heran, um sie als Siegerin zu kränzen; unten aber vor Athena erhebt sich mit halbem Leibe die Mutter der Giganten, Gäa, durch Füllhorn und Inschrift deutlich bezeichnet, mit flehender Gebärde und bittend erhobener rechter Hand die Göttin um Mitleid für ihre Kinder anzuflehen. In den Ecken gewahrt man Reste getöteter Giganten.

ZWEITER ABSCHNITT
DIE GÖTTER.

I. Die Götter des Olympos.
A. Hauptgötter.
1. Zeus (Jupiter).

n der Spitze der himmlischen Götter steht der das ganze Weltall lenkende und beherrschende Zeus, den die Römer Jupiter nannten. Beiden Völkern ist er als der eigentliche Himmelsgott der Vater alles Lebens in der Natur, dessen gnädige Hand Segen und Fülle in Feld und Flur spendet. Alle Erscheinungen der Luftregion gehen von ihm aus. Namentlich sammelt und zerstreut er die Wolken, schleudert Blitze, erregt den Donner, sendet Regen, Hagel und Schnee und den befruchtenden Tau auf die Erde hinab. Mit seiner Ägis, einem mit Schlangen ringsherum besetzten Ziegenfell, in dessen Mitte das schreckliche Haupt der Gorgo befestigt ist (vgl. Fig. 2), bringt er Sturm und Wetter hervor.

Allein bei dieser Naturbedeutung des Gottes blieben die Alten nicht stehen; ungleich wichtiger und ehrfurchtgebietender erschien er ihnen nach seiner sittlichen Seite hin. Sie sahen nämlich in ihm gleichsam eine Verkörperung des Prinzips unwandelbarer Ordnung und Harmonie, das wir sowohl in der Natur wie in der sittlichen Welt wahrnehmen. Wie er daher nach strengen und unumstößlichen Gesetzen, im Gegensatze zu der launischen Willkür seines Vaters Kronos, den Götterstaat lenkt und regiert, so ist er auch für die Menschen der Hort und Schirm aller staatlichen Ordnung. Von ihm haben die Könige auf Erden ihre Herrschaft und ihre Rechte, ihm sind sie für eine gewissenhafte Führung ihres Amtes verantwortlich;

1. Die Götter des Olympos. Zeus. 15

er waltet ferner in den Rats- und Volksversammlungen, denen er weise Beschlüsse eingibt, und wacht als Zeus Horkios (deus Fidius bei den Römern) auch über den Eidschwur und bestraft das Verbrechen des Meineides. Nicht minder schirmt er die Landesgrenzen und begleitet als siegverleihender Gott die zu ihrem Schutze ausziehende Landesjugend. Und wie alle bürgerlichen und staatlichen Genossenschaften sich seines Schutzes erfreuen, so ist er auch der Hort und Beschützer der Verbindung, die den Kern und die Grundlage alles staatlichen Wesens bildet, der Familie. Jeder Hausvater war daher in einem gewissen Sinne ein Priester des Zeus und brachte ihm im Namen der Familie regelmäßige Opfer dar. An seinem Altare, der gewöhnlich in der Mitte des Hofes seinen Platz hatte (in kleineren Hauswesen vertrat seine Stelle der häusliche Herd), fanden alle Fremdlinge, alle Flüchtigen und Schutzflehenden Hilfe und Schutz. Als Xenios (Hospitalis) beschirmt er die Wanderer und bestraft jeden, der den hilflosen Fremdling von der Schwelle weist oder sonst das altehrwürdige Gastrecht verletzt.

Da der Aberglaube der Vorzeit in allen himmlischen Erscheinungen Offenbarungen des göttlichen Wesens sah, so mußte der höchste Himmelsgott auch naturgemäß höchste Quelle der Offenbarung werden; durch Donner und Blitz, durch den Flug der Vögel, durch Träume und andere Zeichen verkündete er den Menschen seinen Willen. Als oberster Orakelgott hatte Zeus sowohl selbst Orakel, wie zu Dodona in Epirus und zu Olympia, als auch enthüllte er die Zukunft durch den Mund seines Lieblingssohnes Apollo. Und wenn er bei den Römern kein eigentliches Orakel besaß, so achtete man bei ihnen desto ängstlicher und sorgsamer auf alle Luft- und Himmelserscheinungen, deren richtige Deutung eine besondere und schwer zu erlernende Wissenschaft ausmachte.

Kein anderer Gott ist so früh allgemeiner Nationalgott der Griechen gewesen, wie Zeus, sein Kultus war überall verbreitet, doch haben einige unter seinen Kultusstätten eine hervorragende Bedeutung. Die älteste unter ihnen war das bereits erwähnte Dodona, wo der pelasgische Zeus schon zu einer Zeit verehrt wurde, als man noch keine Tempel in Griechenland kannte. Sein Sinnbild war hier die berühmte heilige Eiche, in deren Rauschen der Gott sich den Gläubigen offenbarte. Auch auf dem Gipfel des Berges Tomaros, an dessen Fuße Dodona lag, wurde Zeus verehrt, wie denn überhaupt Bergeshöhen naturgemäß die ältesten Kultusstätten des Gottes waren. Alle älteren Kultusstätten treten aber später hinter Olympia zurück, dem großen Nationalheiligtum des hellenischen Zeus, das durch die alle vier Jahre dort gefeierten Spiele und die Herrlichkeit und den Reichtum der dort ausgestellten Kunstwerke die Besucher von nah und fern anlockte. Es lag in Elis am nördlichen Ufer des Alpheios; durch die vom Deutschen Reich 1875 bis 1880 unternommenen Ausgrabungen sind die Reste des Heiligtums samt einer großen Zahl mehr oder minder gut erhaltener Kunstwerke, namentlich solcher, die zur Ausschmückung des Zeustempels dienten, an das Licht gezogen worden. Über das Standbild des Zeus aus Gold und Elfenbein, das vielbewunderte Meisterwerk des Pheidias, wird weiter unten gehandelt werden.

In Italien war der Dienst des Jupiter nicht minder verbreitet. Das berühmteste unter allen Heiligtümern war hier unstreitig der ihm auf dem römischen Kapitol von den Tarquiniern erbaute Tempel, der nach einem Brande zur Zeit Sullas viel schöner und prächtiger wiederhergestellt wurde und damals auch statt des früheren tönernen Cellabildes eine aus Gold und Elfenbein von dem griechischen Künstler Apollonios gefertigte Statue des Gottes enthielt.

Es erübrigt noch, ehe wir zu den bildlichen Darstellungen des Gottes übergehen, uns in seiner zahlreichen Familie etwas näher umzusehen. Die griechische Mythologie hat bekanntlich dem Zeus eine große Anzahl sowohl unsterblicher als sterblicher Gemahlinnen und eine ungewöhnlich zahlreiche Nachkommenschaft beigelegt. Hierbei verdient indessen erwähnt zu werden, daß trotz aller gelegentlichen Späße der Komiker über die vielen Liebschaften des Gottes und die dadurch erregte Eifersucht der Hera (Juno) dem griechischen Bewußtsein nichts ferner gelegen hat, als sich unter dem höchsten Himmelsgott ein sinnlich lüsternes Wesen vorzustellen. Es erklärt sich vielmehr jene Tatsache teils aus dem Vorhandensein so vieler von einander unabhängiger Lokalkulte, in denen dem Zeus besondere Gattinnen gegeben waren, die später, nachdem Hera als rechtmäßige Gattin allgemein anerkannt war, zu dem Range von Nebenfrauen herabgedrückt werden mußten, teils aus dem Umstande, daß die lebhafte griechische Phantasie sich jedes Erschaffen unter dem Bilde des Erzeugens vorstellt. In der theogonischen Sage wird als älteste Gemahlin des Zeus die Okeanide Metis (die Klugheit)

I. Die Götter des Olympos. Zeus.

genannt. Er verschlingt sie, weil er fürchtet, sie werde einen Sohn gebären, der ihm die mühsam errungene Weltherrschaft wieder entreiße, und gebiert nun aus seinem Haupte die Pallas Athena. Seine zweite göttliche Gemahlin war Themis, eine Titanin, mit der er die Horen und Moiren (Parzen) erzeugte. Die Gemahlin des dodonäischen Zeus ist Dione, die Mutter der Aphrodite, der arkadische Zeus hat die Maja zur Gemahlin, die Frucht dieser Verbindung ist Hermes. Mit der Demeter (Ceres) erzeugt er die Persephone (Göttin der Vegetation), mit der Eurynome, einer Okeanide, die Chariten, mit der Mnemosyne die Musen, mit der Leto (Latona) den Apollon und die Artemis. Auch die Nymphen werden bei Homer seine Töchter genannt. Die jüngste unter allen göttlichen Gemahlinnen aber, in der die spätere Mythologie seine einzige rechtmäßige Gattin erkennt, ist seine Schwester Hera, mit der er den Ares (Mars), den Hephästos (Vulkan) und die Hebe erzeugt.

Unter den sterblichen Gemahlinnen ist Semele, die Tochter des thebanischen Königs Kadmos, als Mutter des Gottes Dionysos (Bacchus) die berühmteste, die übrigen, Leda, Danaë, Alkmene, Europa und Io werden in der Heroengeschichte Berücksichtigung finden.

Die römische Mythologie läßt ursprünglich den Jupiter ohne alle Familienbande dastehen. Erst nach erfolgter Hellenisierung der römischen Religion machte man ihn zum Sohne des Saturnus (Kronos), und der Ops (Rhea). Gleichzeitig gab man ihm die Juno zur Gemahlin und Minerva (Pallas) zur Tochter.

Bildliche Darstellungen des Zeus, namentlich Statuen, hat es bei der großen Verbreitung seines Kultus und der großen Menge seiner Tempel in Griechenland begreiflicherweise eine unglaubliche Menge gegeben. Unter allen die herrlichste und sehenswürdigste war die berühmte Zeusstatue des athenischen Bildhauers Pheidias (500—432 v. Chr.) in Olympia, die gesehen zu haben den Griechen als der Inbegriff alles Glückes galt. Die auf erhabenem Thron sitzende Figur war über 40 Fuß hoch und aus Gold und Elfenbein gefertigt (dünne Platten von Goldblech und Elfenbein waren über einen hölzernen Kern gelegt, so daß die nackten Teile, Gesicht, Hals, Brust und Hände aus Elfenbein, die Gewandpartien und Haare aus Gold gebildet waren). Auf der Rechten hielt sie eine Siegesgöttin, die gleichfalls aus Gold und Elfenbein zusammengesetzt war, in der Linken das Zepter, auf dessen Spitze sich ein Adler wiegte. Pheidias hatte sich, wie erzählt wird, an den Worten Homers (Ilias I, 528) begeistert, wo geschildert wird, wie Zeus der Thetis Gewährung ihrer Bitte zunickt:

„Also sprach und winkte mit schwärzlichen Brauen Kronion,
„Und die ambrosischen Locken des Königs wallten ihm vorwärts
„Von dem unsterblichen Haupt; es erbebten die Höhn des Olympos".

J. H. Voß.

Doch nicht den allgewaltigen Olymposherrscher allein wollte er zur Anschauung bringen, sondern auch den gnädigen und huldreichen Vater der Götter und Menschen, den gütigen Spender alles Segens und Gedeihens. Die fromme Sage berichtet, daß Pheidias, als er sein Werk aufgestellt hatte, den Gott um ein Zeichen angefleht habe, daß ihm sein Werk gefalle. Da habe Zeus vom Himmel her einen Blitzstrahl in den Tempel niederfahren lassen und sich so zu seinem Abbilde bekannt.

4. Münzen von Elis mit dem Zeus des Pheidias.

Das erhabene Meisterwerk des Pheidias, das zu den sieben Wundern der alten Welt gerechnet wurde, erhielt sich, wenn auch nicht ganz unversehrt, bis zur letzten Feier der Olympischen Spiele (393 n. Chr.) an Ort und Stelle. Wann die Statue zugrunde gegangen ist, läßt sich nicht genau sagen; es heißt, sie sei nach Konstantinopel geschafft und dort durch einen Brand vernichtet worden.

Wirkliche Nachbildungen des Zeus von Olympia sind leider nicht auf uns gekommen, doch bieten zwei elische Münzen (Fig. 4), die Möglichkeit, von der Anordnung des Sitzbildes sowie der Gestaltung des Kopfes sich eine Vorstellung zu machen; für den ganzen Charakter der Figur, die Einfachheit und Strenge, in der Pheidias sein Bild gehalten hat, vermag man noch auf den Zeus des Parthenonfrieses (Ostseite) zu verweisen. Der späteren Zeit ist offenbar das Pheidiassche Ideal nicht interessant genug gewesen; man verlangte gesteigerten geistigen Ausdruck und suchte diesen in durchgebildeten Einzelformen zur Erscheinung zu bringen. Für das jüngere Zeusideal ist in dem Marmorkopf der Rotunde des Vatikans, nach ihrem Fundort Otricoli genannt, ein vorzügliches Beispiel erhalten (s. Titelbild). Das über der Stirn gerade emporstrebende und dann zu beiden Seiten gleichmäßig herabfallende Haupthaar gibt dem Gesichte etwas Löwenartiges und einen Ausdruck selbstbewußter Kraft, der noch durch

I. Die Götter des Olympos. Hera. 19

die hohe Stirn und die kräftigen Formen der Nase gesteigert wird, während gleichzeitig ein den leise geöffneten Mund umschwebender Zug einen mild tröstenden Eindruck hervorbringt. Weniger bedeutend ist die unter dem Namen Jupiter Verospi bekannte, stark ergänzte sitzende Kolossalfigur des vatikanischen Museums, bei der, im Gegensatz zu der ruhigen symmetrisch gehaltenen Armbewegung bei Pheidias, besonders die energische Hebung des zeptertragenden Armes Erwähnung verdient. Von den andern Zeusbildungen mag noch die in Pompeji gefundene Zeusbüste des Museums zu Neapel hervorgehoben werden, der sich eine in Epirus gefundene schöne Bronze des britischen Museums in London würdig anreiht.

Aus der Vergleichung aller noch vorhandenen Kunstdenkmäler, die auf Zeus Bezug haben, ergibt sich, daß die alte Kunst ihn vorzugsweise gern als den gnädigen Lenker der Welt darstellte, der, seiner Kraft sich bewußt, in stolzer und seliger Ruhe in den Höhen des Himmels thront. Charakteristisch ist für ihn der volle, zu beiden Seiten der mächtig gewölbten Stirn mähnenartig herabfallende Haarwurf, der in reichen Locken herabwallende kräftige Bart, die breite und mächtige Brust. Stehende Attribute sind das Zepter als Zeichen seiner Königsherrschaft, der Blitz, der begleitende Adler, die Opferschale als Zeichen des Kultus, die Kugel unten oder neben dem Sessel als das Sinnbild des von ihm beherrschten Weltalls, endlich die Nike (Siegesgöttin) als Zeichen des Macht und Sieg verleihenden Gottes. Sein Haupt schmückt bald ein Eichenkranz, weil die Eiche ihm unter den Bäumen besonders heilig ist, bald ein Ölzweig, bald eine Binde als Andeutung seiner Königsgewalt.

2. Hera (Juno).

Hera, nach Homer die älteste unter den drei Töchtern des Kronos und der Rhea, ist das weibliche Gegenbild des Zeus, ihres Bruders und Gemahls, weshalb sie auch gleich jenem über alle Erscheinungen der Luft und des Himmels gebietet und als Himmelskönigin mit ihm alle Ehren seiner Stellung teilt. Ihr eheliches Verhältnis zu Zeus bildete den Mittelpunkt aller auf sie bezüglichen Mythen und gab den Dichtern einen reichlichen und ergiebigen Stoff zu allerlei ernsten und scherzhaften Gedichten. Sie besangen namentlich die heilige Hochzeit des Zeus und der Hera, deren Andenken auch an den Kultusstätten der Göttin zur Zeit des Frühlings mit festlichen Opfern und Hochzeitsgebräuchen gefeiert wurde (namentlich in Samos, Euböa, Argos und Athen). Sie erzählten aber auch gern von den ehelichen Zerwürfnissen des himmlischen Paares und den grausamen Verfolgungen, welche die sterblichen Frauen, denen Zeus seine Gunst schenkte, durch Hera zu erleiden hätten.

5. Herakopf in Neapel, vielleicht nach Polyklet.

I. Die Götter des Olympos. Hera.

6. Hera Ludovisi. Rom.

Dadurch ist es gekommen, daß in dem Bilde der Göttin der Zug wilder Eifersucht und Zanksucht das Vorherrschende geworden ist, während sie doch in dem Kultus und in den Darstellungen der Künstler vielmehr als eine gnädige und huldreiche Göttin erscheint, die besonders dem weiblichen Geschlechte eine treue mütterliche Beschützerin ist.

Die Naturbedeutung dieser Göttin scheint bei den Griechen schon früh zurückgetreten zu sein: man verehrte sie hauptsächlich als Repräsentantin des ehelichen Bundes; und der hohe Adel des Weibes, das die Heiligkeit und Treue der Ehe mit unverbrüchlicher Strenge wahrt, findet in ihr seinen erhabensten Ausdruck. Sie ist daher speziell die Stifterin der Ehen, wacht über deren Heilighaltung, verleiht den Kindersegen und beschützt die Gebärenden.

7. Münzen von Argos mit der Hera des Polyklet.

Der Kultus der Hera war ursprünglich wohl nicht sehr verbreitet. Seine Wiege war Argos, weshalb die Göttin auch vorzugsweise die argivische genannt wird. Argos, Mykene und Sparta werden schon von Homer als ihre liebsten Städte bezeichnet. Mit dem zunehmenden Hervortreten ihrer sittlichen Bedeutung als Ehegöttin mußte aber naturgemäß ihr Kultus sich immer mehr ausbreiten. Sehr alt war ihr Dienst auch in Böotien und auf den Inseln Euböa und Samos. Ihr vornehmstes Heiligtum war das 423 v. Chr. nach dem Brande eines älteren Heiligtums errichtete Heräon zwischen Argos und Mykene. Hier befand sich, von der Hand des sikyonischen Meisters Polyklet*) aus Gold und Elfenbein gebildet, das schönste und kostbarste Standbild der Göttin, von dem wir uns nach Münzen von Argos eine ungefähre Vorstellung machen

---

*) Polyklet aus Sikyon, Bildhauer, Erzgießer und Baumeister, war ein Zeitgenosse des Pheidias und nächst diesem der berühmteste Künstler des griechischen Altertums.

I. Die Götter des Olympos. Hera.

können (Fig. 7). Zu Olympia, wo ihr der älteste, ursprünglich noch in Holzarchitektur errichtete Tempel geweiht war, feierte man ihr zu Ehren alle vier Jahre die Heräen.

Dieselbe Stellung einer Geburtsgöttin und Beschützerin der Ehe nimmt auch Juno (dem Namen nach die griechische Dione) in dem römischen Kultus ein, nur daß sie neben diesen für das Familienleben bedeutsamen Beziehungen als Juno Regina auch Schirmerin und Schutzgöttin der Stadt Rom und des ganzen römischen Reiches war. Ihr Haupttheiligtum war auf dem Kapitol, wo ihr eine besondere Cella in dem Tempel des Jupiter eingeräumt war. Das wichtigste Fest der Göttin waren die am ersten März gefeierten Matronalien. An diesem Tage zogen alle Matronen der Stadt zu dem Tempel der Göttin auf dem esquilinischen Hügel und brachten ihr Blumen und Opferspenden dar. Als Geburtsgöttin (Juno Lucina) waren ihr alle Kalenden, d. i. der erste Tag eines jeden Monats geheiligt.

Das gewöhnlichste Opfer für Juno waren Kühe, die ihr heiligen Tiere Gans und Krähe, doch fand auch der Pfau der griechischen Hera Eingang, der ursprünglich wohl nur auf Samos beschränkt war.

Unter den erhaltenen Denkmälern der Kunst verdient wegen der Zurückführung auf das Original des Polyklet an erster Stelle ein Kopf des Neapler Museums erwähnt zu werden (Fig. 5), in dem altgriechische Strenge mit großer Schönheit gepaart ist. Milder in seinen Formen und dennoch von großartiger Auffassung ist ein in Girgenti gefundener Kopf (jetzt im Brit. Museum), der gleichsam das Mittel zwischen dem vorhererwähnten und der Hera Ludovisi bildet (Fig. 6). Dieser Kolossalkopf wurde früher mit Unrecht auf die Hera des Polyklet zurückgeführt. Das hoheitblickende und ehrfurchtgebietende Antlitz, das auch Goethe „wie ein Gesang Homers" erschien, ist das Ideal vollendeter Frauenschönheit und vereinigt in seltener Weise die Hauptzierden des Weibes, Anmut und Würde.

Während bei den Köpfen immerhin ein Zweifel bestehen bleibt, ob wirklich Hera oder nicht auch Artemis oder selbst Aphrodite gemeint sein kann, ist bei den Statuen, die sie als Königin, als Gattin des Himmelsbeherrschers darstellen, jeder Zweifel ausgeschlossen. Am berühmtesten ist unter diesen die sogenannte barberinische Hera des Vatikans von übermenschlicher Größe, ausgezeichnet durch den herrlichen Faltenwurf des Gewandes, von der wir unter Fig. 8 eine Abbildung geben; fast noch schöner ist der leider ohne Kopf gefundene Torso aus Ephesus, der sich in der Wiener Kunstakademie befindet. Ganz verschieden davon ist die sogenannte Juno Lanuvina im Vatikan; hier erscheint die Göttin, in

8. Barberinische Hera. Vatikan.

I. Die Götter des Olympos. Hera. 25

9. Juno Lanuvina. Vatikan.

Anlehnung an die ursprüngliche Naturbedeutung, in ein Ziegenfell gehüllt, das Kopf und Schultern bedeckt, mit Speer und Schild, dessen Form mit der aus dem Marskultus bekannten übereinstimmt (Fig. 9).

Charakteristische Merkmale der Hera sind: das etwas stark hervortretende Kinn, das unbeugsame Entschlossenheit des Willens ausdrückt, die etwas aufgeworfenen Lippen, scharf markierte Nasenflügel, große und gewölbte Augen, hohe und edle Stirn. Die stehenden Attribute der Göttin sind Zepter und Diadem als Zeichen ihrer Herrschaft, der an den Statuen der vollendeten Kunst freilich oft weggelassene Schleier als Zeichen der verheirateten Frau, die Opferschale in der Hand, der Granatapfel als Symbol der Liebe, der Pfau oder die Gans zu ihren Füßen, auch wohl der Kuckuck (als Bote des Frühlings).

3. Pallas Athena (Minerva).

Über die Geburt der Pallas gab es bei den Griechen verschiedene Sagen. Die bekannteste wurde schon oben (S. 17) erwähnt, wonach sie Zeus aus seinem von Hephästos mit einem Beile gespaltenen Haupte gebar. Als die mächtige Kriegsgöttin in vollem Waffenschmucke und mit gezückter Lanze, einen Schlachtgesang anstimmend, aus dem Haupte ihres Vaters hervorsprang, verkündete ein gewaltiger Aufruhr der Natur, ein Erdbeben und Brausen des Meeres der Welt das große Ereignis.

Ihrer Naturseite nach ist Pallas eine Göttin des reinen, lichten Äthers, in dem die Alten die höchste und mächtigste Naturkraft erblickten. Sie ist also, ihrem Vater Zeus nahe verwandt, ein Licht und Leben in der Natur erzeugendes, Segen spendendes Wesen. Nach ihrer sittlichen Seite ist sie die Göttin der Weisheit, ein Abglanz und eine persönliche Gestaltung der besonnenen und scharfblickenden Klugheit, mit welcher der Vater Zeus die Geschicke der Welt lenkt und regiert.

Hieraus ergeben sich leicht die übrigen Seiten ihres Wesens. Sie ist zunächst Beschirmerin und Erhalterin der Staaten, und alles, was deren Gedeihen in Krieg und Frieden fördert, geht von ihr aus, ist ihr Werk und ihre Erfindung. Daher erscheint sie sowohl als Kriegs- wie als Friedensgöttin. Als Kriegsgöttin begleitet sie das ausziehende Heer, feuert es zu mutigem Kampfe an, verleiht ihm Sieg und Beute. Nicht minder aber schirmt sie daheim Städte und Burgen mit der Macht ihres Armes. Bei Homer erscheint sie außerdem als die wohltätige Beraterin und Beschützerin einzelner Helden, des Odysseus, Achilleus, und Diomedes. Sie hat den Menschen die

I. Die Götter des Olympos. Pallas Athena.

10. Athena Parthenos. Marmorstatuette. Athen.

Zucht und Bändigung der Rosse, Wagen- und Schiffsbau gelehrt, die Kriegstrompete und Flöte erfunden. Als Kriegsgöttin trägt sie regelmäßig außer Helm, Schild und Lanze, die Ägis mit dem Gorgoneion, die ursprünglich dem Zeus angehört, allmählich aber zum stehenden Attribut der Athena wird. Es ist ein mit Schuppen bedecktes und mit Schlangen umsäumtes Fell, das in der Mitte mit dem schrecklichen Haupt der Medusa bewehrt ist, bei dessen Anblick jeder in Stein verwandelt wird.

Nicht minder segensreich erweist sich Athena als Friedensgöttin. Alles, was in leiblichen wie in geistigen Dingen die Wohlfahrt und geistige Bildung der Menschen fördert, dachte man sich als von ihr ausgehend oder unter ihrer Einwirkung stehend. Daher werden allerlei nützliche Erfindungen ihr zugeschrieben. Sie gab den Menschen den Rechen und den Pflug, sie erfand den Spinnrocken und den Webstuhl, sowie das kunstvolle Färben der gewebten Stoffe, anderer weiblichen Kunstfertigkeiten nicht zu gedenken. Bei späteren Dichtern erweitert sich diese Vorstellung von der kunstfertigen Göttin immer mehr zu der einer Vorsteherin aller Wissenschaften, Künste und Gewerbe.

Außerdem ist sie auch Athena Hygieia, d. h. eine Heilgöttin, die gesunde Luft verleiht, bösen Seuchen wehrt und das Wachstum und fröhliches Gedeihen der Landesjugend fördert.

Daß der Dienst einer so segensreichen und für das ganze menschliche Leben bedeutsamen Göttin in Griechenland die weiteste Verbreitung hatte, darf uns hiernach nicht wundernehmen. Nirgends aber wurde sie mehr verehrt als in Athen, wo sie eigentliche Landesgottheit war und in dem auf der Akropolis auf Veranlassung des Perikles aus pentelischem Marmor errichteten Parthenon, d. i. Tempel der jungfräulichen Göttin, ihr berühmtestes Heiligtum hatte, dessen Überreste noch heute das Staunen und die Bewunderung der Welt erregen. Das ganze attische Land erschien gewissermaßen als ein Privateigentum der Göttin, das sie sich im Wettkampfe mit dem Meerbeherrscher Poseidon erstritten hatte. Zeus hatte nämlich demjenigen die Herrschaft über Attika bestimmt, der dem Lande das nützlichste Geschenk machen würde. Da erschuf Poseidon das Pferd, Athena aber ließ den nutzbringenden Ölbaum aus der Erde aufsprießen und gewann damit den Sieg über ihren Nebenbuhler. Der von der Göttin ins Dasein gerufene heilige Ölbaum wurde

I. Die Götter des Olympos. Pallas Athena. 29

bei dem Erechtheustempel auf der Akropolis gezeigt und war von so unverwüstlicher Lebensdauer, daß er nach der Einnahme der Stadt durch die Perser trotz der Beschädigung durch Feuer sogleich wieder ein frisches Reis trieb. Andere berühmte Mittelpunkte des Athena-Kultus waren Argos und Korinth, ferner genoß die Göttin in Sparta, Arkadien, Böotien, Thessalien und auf der Insel Rhodus ein hohes Ansehen.

Die römische Minerva ist schon frühzeitig hellenisiert und der griechischen Pallas gleichgesetzt worden; doch tritt in Rom die Kriegsgöttin entschieden zurück hinter der friedliebenden Erfinderin und Beschützerin der Künste und Wissenschaften sowie aller weiblichen Handarbeiten. Man verehrte sie hier neben Jupiter und Juno als Schutzgöttin der Stadt und des Reiches, weshalb sie auch in dem Tempel des kapitolinischen Jupiter ihre eigene Cella hatte. Tempel hatte sie sonst in Rom auf dem Aventin und Cälius, einen dritten ließ Domitian auf dem Marsfeld errichten.

Feste der Göttin. Das Hauptfest der griechischen Pallas waren die Panathenäen in Athen, von vier zu vier Jahren mit großem Pompe gefeiert, wobei durch eine feierliche Prozession, die sich durch die Straßen Athens zur Akropolis hinauf bewegte, der Göttin Geschenke dargebracht zu werden pflegten, namentlich ein von den athenischen Jungfrauen kunstvoll gesticktes Gewand. Ritterliche, gymnische und musische Wettkämpfe waren damit verbunden. Neben diesem großen Feste feierte man in Athen noch ein jährlich wiederkehrendes Fest zu Ehren derselben Göttin, die sog. kleinen Panathenäen.

In Rom hieß das Hauptfest der Minerva Quinquatrus maiores und wurde zwischen dem 19. und 23. März besonders von allen Professionisten der geistigen Arbeit sowie Künstlern und Handwerkern gefeiert. Da Minerva auch Patronin der Schüler war, so feierte natürlich die liebe Jugend tapfer mit und erfreute sich in diesen Tagen willkommener Ferien.

Die Darstellung der jungfräulichen Göttin war zu allen Zeiten ein Lieblingsgegenstand der antiken Kunst. Schon in den ältesten Zeiten, als man weder den Erzguß noch Marmorstatuen kannte, sondern die Götterbilder noch ziemlich roh aus Holz schnitzte, liebten es die Künstler, vorzugsweise die Pallas darzustellen. Diese Holzbilder, denen mehr oder weniger kostbare Kleider angelegt wurden, zeigten die Göttin meist stehend mit gezücktem Speer als Vorkämpferin und führten dann den Namen

11. Athena. Neapel.

I. Die Götter des Olympos. Pallas Athena. 31

12. Bronzenachbildung eines Palladion. London.

Palladien. Der fromme Glaube betrachtete sie gern als vom Himmel gefallen und als sichere Schutzmittel gegen feindlichen Angriff (vgl. Fig. 12, eine Bronzenachbildung eines solchen Palladion). In der Blütezeit der griechischen Kunst wetteiferten die bedeutendsten Meister in der Darstellung der Göttin, doch alle überflügelte Pheidias durch das berühmte Bild der Athena Parthenos in dem schon erwähnten Tempel auf der Akropolis von Athen, eine 12 Meter hohe, aus Goldblech und Elfenbein gebildete stehende Figur von majestätischer Schönheit, die den Hauptschmuck des herrlichen Tempels bildete und erst in den Stürmen der Völkerwanderung spurlos untergegangen ist. Die Göttin war in ruhiger Stellung gebildet, völlig mit einem Chiton bekleidet, was bei dieser jungfräulichen Göttin überhaupt die Regel ist. Die linke Hand hatte sie an den Rand des am Boden stehenden Schildes angelegt, auf dessen innerer Fläche der Kampf der Giganten zu sehen war, während die Außenfläche eine Amazonenschlacht darstellte. In der von einer Säule gestützten Rechten trug sie die bekränzte Siegesgöttin. Die Lanze war gegen die linke Schulter gelegt, wo sie von einer sich um sie ringelnden Schlange der Ägis festgehalten wurde. Unter dem Schilde geborgen lag die der Athena heilige Schlange. Die nackten Teile der Figur waren aus Elfenbein, die Augen bildeten blitzende Edelsteine, die Gewänder, Waffen und der sonstige Schmuck waren aus Gold getrieben, so daß sich der Goldwert der Statue auf die ungeheure Summe von vierundvierzig Talenten oder beinahe drittehalb Millionen Mark belaufen haben soll. Außer dieser berühmten Darstellung der Pallas hat Pheidias noch andere Bilder der jungfräulichen Göttin geschaffen, darunter ein ehernes Kolossalbild, das die Athener aus der marathonischen Beute als ein Siegesdenkmal auf der Akropolis zwischen den Propyläen und dem Erechtheion errichten ließen (**Athena Promachos**). Vielleicht war es aber nur ein Werk aus seiner Schule.

13. Gemme des Aspasios. Wien.

Daß wir in der Lage sind, genauer als bei dem Zeus des Pheidias oder der Hera des Polyklet über die ursprüngliche Gestalt der Parthenos urteilen zu können, verdanken wir der Auffindung zweier Statuetten, die ohne Zweifel der berühmten Tempelfigur nachgebildet sind; die eine ist 1859 zu Athen in der Nähe der Pnyx gefunden, die andere, ungefähr 1 Meter hohe, 1880 gleichfalls zu Athen zum Vorschein gekommen (Fig. 10); dazu kommt noch die Gemme des Aspasios in Wien (Fig. 13), durch die wir über den Kopf mit seinem Helmschmuck genauer belehrt werden. Dadurch haben sich eine große Reihe von Athenastatuen, so z. B. die wegen des Halsbandes Minerve au collier genannte des Louvre, als mehr oder weniger von der Parthenos des Pheidias beeinflußte Nachbildungen erkennen lassen; allen diesen gemeinsam ist das rundliche Gesicht, ferner der eng am Kopf anliegende sogenannte attische Helm und der Chiton:

I. Die Götter des Olympos. Pallas Athena. 33

14. Athena. Rom, Kapitol.

wie bei dem Zeusideal hat eine spätere nach gesteigerten Effekten haschende Kunst auch bei der Athena einen neuen Typus zu schaffen gesucht, bei dem das ursprünglich runde Gesicht etwas in die Länge gezogen und der Kopf mit dem zurückgeschobenen sogenannten korinthischen Helm bedeckt wird; dazu kommt als Umhüllung das Himation und die fast zu einem Brustlatz verkleinerte Ägis, die gleichsam nur zur Erinnerung an das alte Symbol als Unterlage für das Gorgoneion hinzugefügt scheint. Unter den auf diesen jüngeren Typus bezüglichen Athenabildungen verdient wohl die von Ludwig I. von Bayern für die Münchener Glyptothek erworbene früher albanische Büste den ersten Platz. Von ganzen Statuen gehört hierher die Pallas Giustiniani im vatikanischen Museum. Eine vermittelnde Rolle spielt der durch Fig. 11 (Stat. des Museo naz. zu Neapel) vertretene Typus, bei dem der Mantel bereits zugefügt, aber der attische Rundhelm bewahrt ist. In lebhafter Haltung, ungefähr so wie Pheidias die im Kreise der Götter plötzlich erscheinende Athena im Ostgiebel des Parthenon dargestellt hatte, tritt uns die Göttin in einer Statue des Kapitol. Museums entgegen (Fig. 14). Ein anderes Werk des Pheidias, die Athena Lemnia, die den nach Lemnos abziehenden Kolonisten gleichsam den Scheidegruß zuwinkt, glaubt man neuerdings in einer Statue des Dresdner Museums in Verbindung mit einem in Bologna befindlichen Kopfe gefunden zu haben (Fig. 15).

Fassen wir die für die Darstellung der Minerva charakteristischen Merkmale zusammen, so prägt sich vor allen Dingen ein hoher sittlicher Ernst in ihren Zügen aus, wie dies für die keusche und strenge jungfräuliche Göttin durchaus angemessen ist. Die fest geschlossenen Lippen und das energisch hervortretende Kinn deuten ein entschlossenes und festes Wesen an, Blick und Haltung verraten Kraft und Würde.

Von Tieren, die mit der Minerva in Verbindung gebracht werden, sind zu nennen Schlange, Eule und Hahn, die sonstigen Attribute sind Ägis, Speer und Helm, der bisweilen mit Greifen verziert ist. Volle Bekleidung ist bei dem keuschen Charakter der Göttin natürlich selbstverständlich.

4. Apollon.

Wie Athena die Lieblingstochter des Zeus ist, so nimmt unter den Zeussöhnen Apollon als der herrlichste und schönste den ersten Rang ein. Seine Mutter ist Leto (Latona); nach der heiligen Legende mußte sie vor ihrer Niederkunft längere Zeit unstät umherirren, weil man ihr überall aus Furcht vor der Erscheinung des gewaltigen Gottes die Aufnahme versagte, oder wie spätere, die alten Mythen umdeutende Dichter zu erzählen liebten, weil die Eifersucht der Hera sie überall verfolgte und von Ort zu Ort trieb. Endlich fand Leto eine Zufluchtsstätte auf Delos, das früher ein schwimmendes Eiland

I. Die Götter des Olympos. Pallas Athena. Apollon. 35

15. Athena Lemnia. Dresden.

war und erst jetzt von Poseidon durch vier vom Meeresgrunde aufragende Säulen befestigt wurde.

Als lichter Himmelsgott, dem alles Unreine und Unheilige verhaßt ist, zieht Apollon bald nach seiner Geburt aus, um überall die bösen Mächte der Finsternis zu bekämpfen. Er erlegt mit seinen Pfeilen den Riesen Tityos und den Drachen Python, der in dem engen Pleistostale bei Delphi hauste.

Wie Apollon aber einerseits als Bekämpfer alles Bösen und Unreinen erscheint, so stellen ihn andere gleichfalls uralte Sagen als furchtbaren Todesgott hin, der böse Seuchen sendet und mit seinen ferntreffenden Pfeilen Menschen und Tiere hinwegrafft. Es erklären sich diese Sagen leicht aus der Naturbedeutung des Gottes. Denn der wärmende Sonnenstrahl verscheucht zwar den eisigen Winter, erweist sich aber mit zunehmender sommerlicher Hitze auch als versengend und tötend, wie dies unter anderm die Sage vom Tode des Hyakinthos darstellt. Diesen spartanischen Königssohn liebte Apollon wegen seiner außerordentlichen Schönheit. Als sie eines Tages sich mit Diskoswerfen ergötzten, traf ihn der Gott unvorsichtigerweise mit einer Scheibe so unglücklich, daß Hyakinthos tot zu Boden stürzte. Aus seinem Blute ließ Apollon die bekannte Blume emporsprießen.

In weiterer Entwicklung seines Wesens als Lichtgott ist Apollon auch Beschützer der Straßen und Häuser. Ein konischer Pfeiler, der zur Seite der Haustüren aufgestellt wurde, war sein Sinnbild und diente zur Abwehr alles bösen Zaubers. Hiermit verwandt ist es, daß er auch ein Heilgott ist, der, wie er Seuchen und Tod senden kann, ebenso Hilfe gegen alle leiblichen Übel gewährt. Diese Seite seines Wesens ist dann weiter ausgebildet worden in der Person seines Sohnes Asklepios (Äskulap), von dem weiter unten die Rede sein wird. Und nicht bloß äußere Schäden heilt der wundertätige Gott, auch für schuldbeladene Herzen gewährt er allein kräftigen Trost als der wahre Erlöser von Sünde und Schuld. Selbst der von den Furien Verfolgten nimmt er sich bisweilen in erbarmender Liebe an, wovon die Orestessage ein so schönes Beispiel bietet. Hiernach wird das eigentümliche Wesen der Apollinischen Musik auch darin zu suchen sein, daß sie eine beruhigende und besänftigende Kraft ausübt. Das vorherrschende Instrument des Gottes ist die Kithar oder Phorminx, die er auch bei den Mahlzeiten der Götter mit meisterhafter Fertigkeit zu schlagen pflegt, während die Musen ihren lieblichen Gesang erschallen lassen. Apollon ist daher auch Vorsteher der Musen (Musagetes), und bedeutende Sänger der mythischen Zeit, wie Orpheus und Linos, macht die Sage zu seinen Söhnen.

Seine größte Bedeutung aber für das ganze griechische Volksleben erlangte Apollon als Gott der Weissagung, seine Orakel haben bis in die spätesten Zeiten hinab einen bedeutenden Einfluß nicht nur auf die Politik der Staaten, sondern auch auf die Geschicke der Familien geübt. Nicht als ob er selbst in die Zukunft zu schauen vermocht habe, sondern er verkündet nur als Prophet die Ratschläge des Zeus. Das charakteristische Merkmal der Apollinischen Mantik besteht darin, daß der Gott durch Erzeugung eines ekstatischen, an Raserei grenzenden Zustandes in der Seele der Person, durch deren Mund er sein Orakel verkünden will, die Zukunft voraussagt. Meistens waren es Frauen und Jungfrauen, die entweder an den eigentlichen Orakelstätten oder auch einzeln wohnend als Sibyllen im Namen des Gottes weissagten. Solcher Orakel des Apollon gab es in der älteren Zeit eine ziemlich große Anzahl, wie das klarische Orakel bei Kolophon, das didymäische in der Nähe von Milet, das ismenische bei Theben. Alle aber verdunkelte mit der Zeit das Orakel zu Delphi, dessen Verkündigungen während eines langen Zeitraums der griechischen Geschichte einen fast allmächtigen Einfluß, namentlich bei den dorischen Stämmen, ausübten. Die Verzückung der Pythia, der Priesterin des Apollon, wurde hier teils durch Kauen von Lorbeerblättern, teils durch gasartige Dünste, die unter dem heiligen Dreifuß im Adyton des Tempels aus einem Erdspalt emporstiegen, vorbereitet[*]). Der ekstatische Zustand, in dem sie ihre nur den eingeweihten Orakelpriestern verständlichen Weissagungen gab, kündigte sich äußerlich durch Schäumen des Mundes und konvulsivische Zuckungen des Körpers an. Wenngleich das Ansehen des delphischen Orakels bereits im ersten Jahrhundert v. Chr. nicht mehr groß war, so hat es doch noch bis ins vierte Jahrhundert n. Chr. bestanden; Kaiser Julian der Abtrünnige soll es noch um Rat gefragt haben.

---

[*]) Es ist nicht gelungen, durch die Ausgrabungen in Delphi über die für die Orakelerteilung getroffenen Einrichtungen Aufklärung zu gewinnen.

16. Apollon Musagetes. Vatikan.

I. Die Götter des Olympos. Apollon.

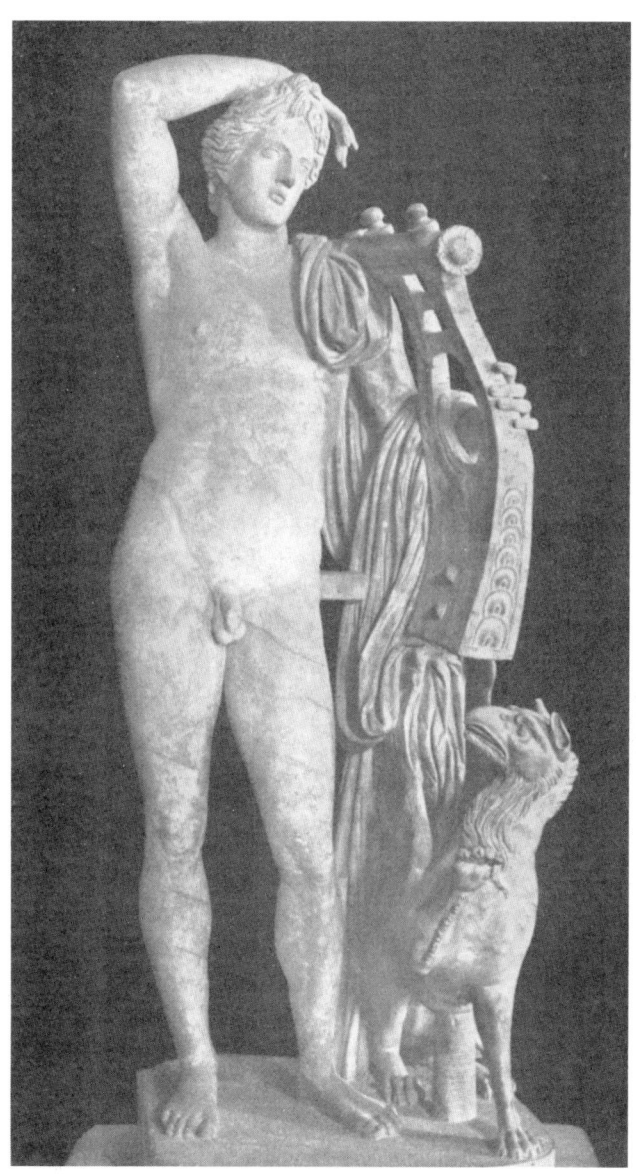

17. Apollon Musagetes. Kapitol.

Daß Delphi eine Hauptkultusstätte des Apollodienstes war, versteht sich nach dem Gesagten von selbst. Der Tempel wurde nach dem Brande des alten wiederholt neu aufgebaut, und sein Reichtum wurde allmählich durch Schenkungen aller Art so groß, daß man den Wert seiner Schätze auf 10000 Talente berechnete (etwa zweiundvierzig Millionen Mark). In der Nähe von Delphi wurden in jedem dritten Olympiadenjahre die pythischen Spiele gefeiert.

Eine nicht minder berühmte Kultusstätte des Apollon war Delos, sein Geburtsland. Die heiligen Stätten befanden sich am Fuße des Berges Kynthos; es war aber die ganze Insel dem Gotte geweiht, weswegen auch kein Toter dort beerdigt werden durfte. Auch hier feierte man zu Ehren des Gottes alle vier Jahre Festspiele, die schon von Theseus eingesetzt worden sein sollen.

Außerdem hatte Apollon noch eine große Menge minder berühmter Kultusstätten und Tempel nicht nur in allen Teilen Griechenlands, sondern auch Kleinasiens, und sein Dienst war so weit verbreitet, als die Griechen mit ihren Kolonien vordrangen.

Der römische Apollo ist, wie schon der Name zeigt, aus Griechenland nach Rom herübergenommen, weil man schon früh das Bedürfnis eines weissagenden Gottes empfand, da die römischen Götter, wenn sie Andeutungen der Zukunft gaben, sich in ihren Antworten auf Ja und Nein beschränkten. Daneben fand aber auch die Vorstellung des Heilgottes frühzeitig Eingang in Rom, wie wir aus dem Umstande ersehen, daß der erste eigentliche Apollotempel im Jahre 431 v. Chr. aus Veranlassung einer schweren Pestilenz erbaut wurde. Einen besonders glänzenden Aufschwung nahm der Apollo-Kultus durch den Kaiser Augustus, der seinen Sieg bei Actium vornehmlich der Hilfe dieses Gottes zuschrieb und ihm deshalb einen prachtvollen Tempel auf dem Palatin erbauen ließ, den er mit der berühmten Statue des Apollon Kitharödos von Skopas schmückte.

Schon frühzeitig gab die bildende Kunst bei Apollo den Typus des bärtigen Mannes auf, um ihn als nackten Jüngling von kräftigem Wuchs mit lang herabfallenden Locken darzustellen, teils mit anliegenden, teils, der zu haltenden Attribute wegen, mit losgelösten Armen. Neben die nackte Jünglingsgestalt tritt als abweichender Typus Apollon im langen Kitharödengewande mit der Phorminx in den Händen. Unter den erhaltenen Statuen verdient als zur ältesten Gruppe gehörig die in Tenea gefundene Statue der Münchener Glyptothek genannt zu werden, wenngleich bei dem Mangel

I. Die Götter des Olympos. Apollon.

18. Apollon Sauroktonos. Vatikan.

aller Attribute eine sichere Benennung als Apollo nicht möglich ist. Fast mit Gewißheit dagegen ist die Mittelfigur des Westgiebels vom Zeustempel in Olympia, der Mitte des 5. Jahrhunderts angehörig, mit völlig erhaltenem Kopf auf Apollon zu beziehen. Besonders zahlreiche Darstellungen scheint der Gott bei Skopas und Praxiteles, den Meistern der jüngeren attischen Schule, die in der Zeit zwischen dem Ende des peloponnesischen Krieges bis zur Regierung Alexanders blühte, gefunden zu haben; das Hauptwerk des ersteren war eine Marmorstatue, die den Gott als pythischen Kitharöden mit langem, bis zu den Füßen herabwallendem Kleide darstellte. Kaiser Augustus, der den Sieg von Actium besonders dem Eingreifen Apollos zuschreiben zu müssen glaubte, erwarb dieses unschätzbare Kunstwerk, um es in dem neugegründeten palatinischen Tempel aufzustellen; von den uns erhaltenen Nachbildungen verdient die Statue des Vatikans, der sogenannte A. Musagetes (Fig. 16), und die der Münchener Glyptothek, früher die barberinische Muse genannt, hervorgehoben zu werden. Eine reine himmlische Begeisterung herrscht in den Zügen des lorbeerbekränzten Gottes. Die mächtige Kithara, zu deren Tönen der Gott zu singen scheint, hängt an einem quer über die Brust laufenden Tragbande und ist mit dem Bilde des von Apollon im musischen Wettkampf überwundenen Marsyas geziert. Als ausruhend vom Saitenspiel und neuen Gesängen nachsinnend stellt ihn eine Statue des Kapit. Mus. dar (Fig. 17). — Praxiteles dagegen schuf den Apollo, der mit einem Pfeile eine an einem Baum in die Höhe laufende Eidechse zu treffen sucht; unter den ziemlich zahlreichen Kopien, die uns von dieser Komposition erhalten sind, gilt die Marmorstatue der vatikanischen Sammlung (Fig. 18) als die vorzüglichste. Der Gott ist hier in jugendlichem Alter, fast auf der Grenze des Knaben- und Jünglingsalters, gebildet. Ungefähr in demselben Alter stellt ihn eine Statue der Uffizien in Florenz dar, Apollino genannt; seine Formen sind außerordentlich weich und zart gehalten; mit dem linken Arme stützt er sich auf einen nebenstehenden Baumstamm, während er den rechten Arm in sinnender Haltung über das Haupt legt; die linke Hand hält nachlässig und spielend den Bogen.

Aber die bekannteste aller Apollostatuen ist ohne Zweifel der Apollo des Belvedere im Vatikan (Fig. 19), im Jahre 1503 in der Commenda von Grotta ferrata (Arch. Anz. 1900, S. 50) gefunden, über dessen Motiv und Ergänzung leider noch immer verschiedene Meinung herrscht. Der Apollo der Sammlung Stroganoff in Petersburg, durch den man dazu verleitet war, auch bei dem vatikanischen Apollo eine Ägis in der linken Hand anzunehmen, ist neuerdings für modern erklärt worden. Wahrscheinlich hatte die linke Hand den Zipfel der Chlamys gefaßt, während die rechte Hand einen Zweig mit Wollbinden (den ἱκτήριος κλάδος) hielt, deren Knoten auf dem antiken Teil der Stütze noch sichtbar sind. Das stolze Selbstbewußtsein des siegreichen Gottes ist in dem Ausdrucke des Gesichts sowohl wie in der ganzen Haltung des Körpers unvergleichlich schön ausgeprägt.

Die wichtigsten Attribute Apollons sind Bogen, Pfeile, Köcher, Lorbeerkranz, Phorminx. Zu diesen gesellen sich noch als Symbole der Weis-

I. Die Götter des Olympos. Apollon.

19. Apollon vom Belvedere. Vatikan.

sagung Dreifuß und Omphalos, letzterer ein Bild des Erdnabels im Tempel zu Delphi, das als Mittelpunkt der Erde galt. Von Tieren sind ihm besonders heilig der Wolf, die Hirschkuh, der Schwan, der Delphin, letztere als gesangliebende Tiere.

5. Artemis (Diana).

Artemis ist das weibliche Gegenbild ihres Zwillingsbruders Apollon, mit dem sie nach ihrer Naturseite ganz übereinstimmt, da sie wie er eine segenspendende, aber auch Tod und Verderben sendende Lichtgottheit ist. Wie Apollon fördert sie das Wachstum und Gedeihen der jungen Saat und haßt alles Böse und Unreine, das sie bekämpft, wo sie es antrifft. Sie ist ebenso gewandt wie er in der Kunst des Bogenschießens, eine hurtige Pfeilschützin, die sowohl gegen Ungetüme und Riesen kämpft, als sie gelegentlich auch den Übermut der Menschen züchtigt (Tötung der Niobiden). Ihre Lieblingsbeschäftigung ist die Jagd. Als rüstige Jägerin durchstreift sie mit Köcher und Bogen, von einer mutwilligen Nymphenschar begleitet, Gebirge und Täler. Ist aber die Jagd vorüber, so liebt sie es, in frischen Quellen ein stärkendes Bad zu nehmen oder auf blumigen Auen mit ihren Nymphen, die sie alle um eines Hauptes Länge überragt, anmutige Reigentänze aufzuführen, und das Herz ihrer Mutter Leto zittert dann vor Freude, wenn sie den unschuldigen Spielen der lieblichen Tochter zuschaut.

Als jungfräuliche Göttin wurde sie besonders von den jungen Mädchen verehrt, deren Schutzpatronin sie bis zur eintretenden Vermählung blieb, und denen sie als ein Muster in guten Sitten und Keuschheit voranleuchtete. Wie streng sie jede Übertretung des Gebotes der Keuschheit bei ihren Nymphen ahndet, zeigt die Geschichte der Kallisto, die Zeus als Bärin an den Himmel versetzen mußte, um sie den Verfolgungen der Artemis zu entziehen. Daß sie aber auch bei Männern eine Beleidigung ihrer jungfräulichen Würde nicht ungestraft hingehen läßt, lehrt die Geschichte des von ihr in einen Hirsch verwandelten und dann von seinen eigenen Hunden zerrissenen Aktäon. (Das Nähere darüber in der thebanischen Sage.)

Von der hellenischen Artemis, die nur noch in dem Namen (Artamis = Schlächterin) Spuren ehemaliger Grausamkeit durchblicken läßt, verschieden ist die sogenannte Artemis Orthia, eine finstere und grausame Göttin, der in Lakonien Menschenopfer dargebracht

I. Die Götter des Olympos. Artemis.

20. Artemis. Neapel.

wurden, bis Lykurg diesen Gebrauch abschaffte und statt dessen an dem jährlichen Feste der Göttin eine gewisse Anzahl von Knaben vor ihrem Bilde peitschen ließ. Es ist dieselbe Artemis, der Agamemnons Tochter Iphigenia vor der Abfahrt der Griechen nach Troja in Aulis geopfert werden sollte. Und weil die taurischen Skythen ebenfalls eine Göttin mit blutigen Menschenopfern verehrten, so wurde sie mit dieser Arthemis Orthia vermischt, und es entstand die Sage, daß Iphigenia von der Göttin nach dem Lande Tauris versetzt worden sei und später in Begleitung ihres Bruders Orestes das dortige Bild der Göttin nach Griechenland gebracht habe.

Ganz eigentümlich und auf vorderasiatische Einflüsse zurückzuführen ist die in Ephesus übliche Verehrung der Artemis (bekannt ist das „Groß ist die Diana von Ephesus" aus der Apostelgeschichte) unter der Gestalt eines mit vielen Brüsten versehenen Idols, durch welche die Götin als Nährerin und Kinderpflegerin bezeichnet wird. Die Mehrzahl der Brüste ist wahrscheinlich erst durch mißverständliche Auffassung eines antiken Brustschmuckes entstanden.

Die römische Diana, die der griechischen Artemis schon früh gleichgesetzt wurde, ist gleichfalls ursprünglich Lichtgottheit, das weibliche Gegenbild des Janus, und hatte als solche ein sehr altes Heiligtum auf dem Berge Algidus bei Tusculum. Wie die hellenische Artemis ist sie Schutzgottheit des weiblichen Geschlechts und wurde von den Frauen um eine leichte Geburt angerufen, was auch bei der Artemis vorkommt, wenngleich die griechischen Frauen in dieser Beziehung sich mehr Schutz und Beistand von der Hera versprachen. Sie gewann aber auch politische Bedeutung in Rom, seitdem Servius Tullius sie zur Vorsteherin und Beschützerin des lateinischen Bundes gemacht hatte. Als solche hatte sie einen heiligen Hain mit Tempel auf dem Aventin, wo man ihr am 13. August, dem Stiftungstage des Tempels, ein feierliches Opfer, bestehend in einer Kuh, darbrachte. Der Tag war ein Feiertag für die Sklaven.

Wie Apollon ist auch Artemis von den Meistern der jüngeren attischen Schule mit besonderer Vorliebe behandelt worden; man stellt sie stets jugendlich dar, schlank, leichtfüßig und ohne weibliche Fülle. Sie erscheint teils als Beschützerin, teils als Verfolgerin des Wildes; deshalb ist sie gewöhnlich mit Köcher und Bogen versehen. Man kann einen doppelten Artemistypus unterscheiden, einmal den, wo sie mit einem faltenreichen bis zu den Füßen niederwallenden Chiton und lang herabfallendem Haar

I. Die Götter des Olympos. Artemis.

21. Artemis von Versailles. Paris, Louvre.

versehen ist, und einen zweiten, wo sie nach Amazonenart mit einem kurzen, gegürteten Chiton und Jagdstiefeln bekleidet ist und das Haar zu einem Knoten zusammengenommen trägt. Der erste Typus ist am besten durch die in Pompeji gefundene Statue des Neapler Museums vertreten (Fig. 20), der zweite durch die sogenannte Artemis von Versailles (Fig. 21), gegenwärtig eine Hauptzierde der Sammlungen des Louvre in Paris, ein würdiges Seitenstück des Apoll vom Belvedere, wenn auch diesem nicht ganz gleichkommend. Begleitet von der Hirschkuh, ihrem ständigen Attribut, eilt sie durch den Wald und langt, von dem Geräusch eines aufspringenden Tieres getroffen, nach ihrem Köcher, um einen Pfeil herauszuziehen. Einen sehr gefälligen Typus vertritt die sogenannte Diana von Gabii in Paris (Fig. 22); hier ist die Göttin dargestellt im Begriff, ihren Mantel auf der rechten Schulter zusammenzunesteln.

Die Hauptattribute der Diana sind Bogen, Köcher und Speer, aber auch die Fackel als Symbol der Licht und Leben spendenden Göttin. Die ihr heiligen Tiere sind die Hirschkuh, der Hund, der Bär und der Eber.

6. Ares (Mars).

Ares, der Sohn des Zeus und der Hera, vertritt den Krieg nach seiner verderblichen, männermordenden Seite, wodurch er sich wesentlich von Athena, der weisen Lenkerin der Schlachten, unterscheidet. Als seine Heimat wird von Homer Thracien genannt, das Land rauher Winterstürme, bei dessen kriegerischen Bewohnern er in hohem Ansehen stand, wogegen in dem eigentlichen Griechenland sein Kultus nicht so sehr verbreitet war. Mit besonders lebhaften Farben malt Homer in seiner Ilias das Bild des „männermordenden" rauhen Kriegsgottes. Hier erscheint er als ein Gott, der an nichts eine größere Freude hat, als an wildem Schlachtgetümmel, und des Streitens und Mordens nicht satt werden kann. In Erz gepanzert, mit wallendem Helmbusch und hochgeschwungener Lanze, den stierledernen Schild in der Linken, so durchtobt er das Schlachtfeld, mit unbändiger Kraft alles vor sich niederwerfend. Er verbindet Stärke mit großer Behendigkeit und ist nach Homer der schnellste von allen Göttern. So stark er aber auch ist, wird er doch im Kampfe von Athena besiegt, eine sinnige Andeutung, daß besonnener Mut im Kriege mehr ausrichtet als ungestüme Kraft.

Die beständigen Begleiter und Diener des Ares sind Phobos und Deimos, Personifikationen des durch die Schlacht erregten Schreckens, die von einigen Dichtern auch wohl seine Söhne genannt werden.

22. Sog. Diana von Gabii. Paris, Louvre.

Von hervorragenden Lokalkulten des Ares in Griechenland ist nicht viel zu sagen. In Theben galt er als pestsendender Gott, hier gab man ihm Aphrodite zur Gemahlin, die sonst in der griechischen Mythologie mit dem Feuergotte Hephästos verbunden erscheint. Mit ihr erzeugte er die Harmonia, die durch ihre Verbindung mit Kadmos die Stammutter des thebanischen Volkes der Kadmeer wurde. Nach einer Sage von Athen gab er durch Tötung eines Sohnes des Poseidon die Veranlassung zur Einsetzung des Areopags und wurde als Gott der Blutrache verehrt. Seinen Tempel in Athen schmückte eine berühmte Bildsäule von Alkamenes*). Bei den kriegerischen Spartanern stand der Kultus des Ares mehr in Ehren.

Weit angesehener als in Griechenland war der Gott bei den Römern, die ihn unter dem Namen Mars verehrten. Schon die ältesten italischen Völkerstämme räumten ihm eine wichtige Stelle in ihrer Verehrung ein, wenn auch nicht als Kriegsgott, was ihren friedlichen Beschäftigungen mit Viehzucht und Ackerbau fern lag, sondern als einem den bösen Winter siegreich bekämpfenden Frühlingsgotte, von dem sie sich ein gedeihliches Wachstum ihrer Herden und Feldfrüchte versprachen, und den sie um Abwehr böser Witterung und verderblicher Seuchen anriefen. In dem kriegerischen Rom aber legte der Gott bald das bescheidene Gewand des Feldgottes ab und kleidete sich in den glänzenden Harnisch des Kriegsgottes, ja er wurde nächst Jupiter der angesehenste Staats- und Nationalgott der Römer. Schon Numa gab ihm einen Eigenpriester (flamen) und errichtete oder erneuerte ihm zu Ehren das Priestertum der Salier. Die Veranlassung erzählt die heilige Sage so: Als der König Numa eines Morgens vor der alten Königsburg am Fuße des palatinischen Hügels seine Hände betend zum Jupiter ausstreckte, dessen Schutz und Gnade für den jungen römischen Staat erflehend, ließ der Gott zum Zeichen seiner Huld einen an beiden Seiten ausgeschnittenen, länglich runden Erzschild (ancile) vom Himmel fallen. Zugleich ertönte eine Stimme, daß die Dauer des römischen Reiches verbürgt sei, so lange dieser Schild erhalten bliebe. Numa ließ darauf den heilgen Schild, der als der Schild des Mars erkannt wurde, sorgsam bewahren und zur besseren Verhütung einer Entwendung elf dem echten täuschend nachgemachte Schilde von einem Künstler an-

---

*) Alkamenes, aus Lemnos gebürtig, war ein Schüler des Pheidias.

I. Die Götter des Olympos. Ares. 51

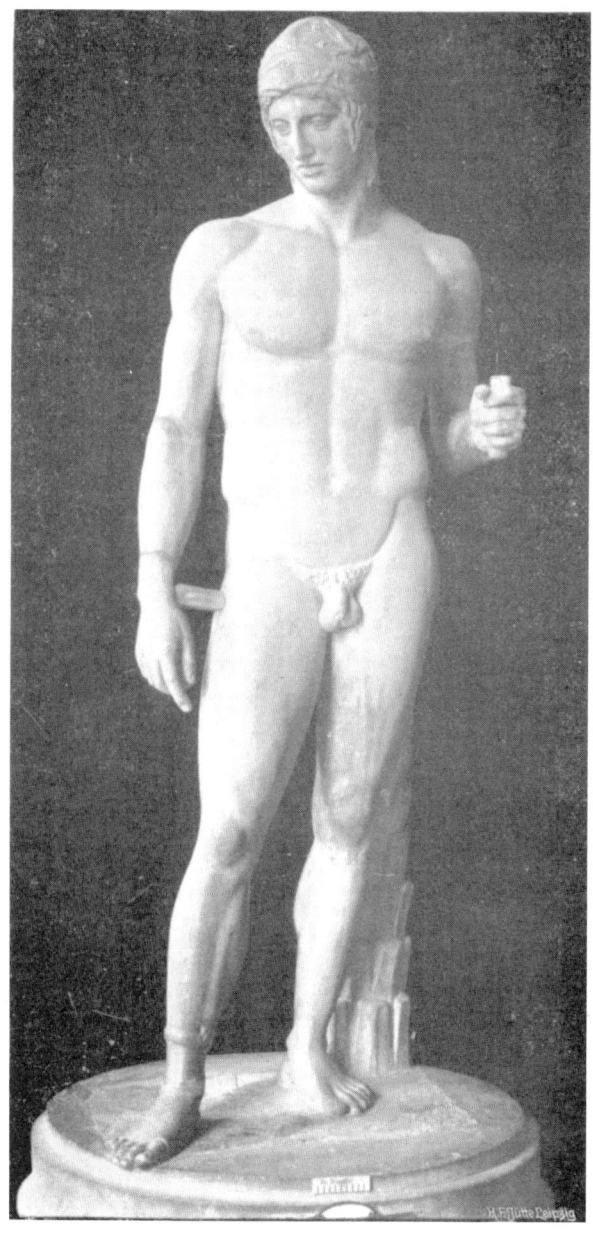

23. Ares. Paris, Louvre.

fertigen. Als Wächter dieser Ancilien aber setzte er die Salier ein, deren Kollegium der Zahl der Schilde entsprechend aus zwölf den angesehensten römischen Familien angehörenden Personen bestand. Sie hatten diese Schilde alljährlich im Monat März, der dem Mars geheiligt war, in feierlicher Prozession durch die Straßen Roms zu tragen, wobei sie kriegerische Tänze aufführten und altertümliche Lieder sangen. Seit jenen Tagen des Numa nahm die Verehrung des „Vater Mars" immer mehr zu. Vor jedem Auszuge des römischen Heeres ins Feld begab sich der Oberbefehlshaber in das Heiligtum des Gottes in der alten Königsburg und bewegte die heiligen Schilde samt dem Speer, den die Bildsäule des Mars trug, unter dem Ausrufe: Mars, wache! Der fromme Glaube ließ den Gott selbst dem Heere, wenn es zum Sturme anrückte, unsichtbar voranschreiten, woher er den Beinamen Gradivus erhielt. Im Kriege gegen die vereinigten Lukaner und Bruttier (382 vor Chr.) feuerte, als die Konsuln mit dem Angriffe zögerten, ein unbekannter Jüngling von außerordentlicher Größe und Schönheit die Truppen zum Sturme auf das feindliche Lager an und war selbst der erste, der auf einer Sturmleiter den Wall erklomm. Als man ihn nachher suchte, um ihm den verdienten Siegespreis zu überreichen, war er spurlos verschwunden. Wer konnte es anders gewesen sein, als der helfende Vater Mars? Daher ordnete ihm auch der Konsul Fabricius ein dreitägiges Dankfest an.

Selbstverständlich erhielt Mars von aller Kriegsbeute seinen gebührenden Anteil. Niederlagen im Felde schrieb man seinem Zorne zu, den man deshalb durch außerordentliche Sühnopfer zu beschwichtigen suchte.

Der Volksglaube machte den Mars zum Vater des Romulus und Remus, denen bekanntlich die Sage die Erbauung der Stadt Rom zuschreibt, und zwar von einer Vestalin, während er sonst zur Gemahlin die Nerio hatte, die indes eine öffentliche Verehrung in Rom nicht genossen zu haben scheint.

In der Begleitung des Mars erscheint außer Metus und Pallor (Phobos und Deimos) noch seine Schwester Bellona (Enyo). Sie hatte einen eigenen Tempel auf dem Marsfelde in Rom.

Das Marsfeld (campus Martius), dieser große Übungsplatz der römischen Jugend, der sich vom quirinalischen Hügel westwärts bis zum Tiberflusse hinzog, war dem römischen Kriegsgotte geweiht.

I. Die Götter des Olympos. Ares. 53

24. Ares. Rom, Mus. Boncompagni.

Hier, inmitten des von ihm erbauten Forum, ließ Augustus nach Besiegung der Mörder des Caesar dem Mars einen Tempel erbauen, der durch Großartigkeit und Pracht alle älteren Tempel des Gottes weit hinter sich ließ. Drei seiner Säulen stehen noch als stumme Zeugen entschwundener Herrlichkeit.

Eine ganze Reihe religiöser Festlichkeiten fand zu Ehren des Mars im Monat März statt, wobei die Umzüge der Salier eine Hauptrolle spielten und auch Wettrennen veranstaltet wurden. Ebenso wurde an den Iden des Oktober ein Wettrennen zu Ehren des Mars abgehalten, wobei die sonderbare Sitte herrschte, das Handpferd des siegreichen Gespannes dem Gotte zu opfern. Um das Haupt des geschlachteten Tieres stritten sich die Bewohner der beiden ältesten Stadtquartiere, der Sacra via und der Subura. Wer es erlangte, versprach sich großen Segen davon.

Unter den in Statuen erhaltenen Typen zeigt der sogenannte „Achill Borghese" des Louvre im Körper deutliche Anklänge an den Doryphoros des Polyklet; der Gott steht in ruhiger Haltung, mit dem Speer in der linken Hand und vorgestrecktem rechten Bein (Fig. 23); die Figur des Eros auf dem Helm, durch den die nachsinnende Haltung des Gottes erklärt werden soll, ist wohl nur eine Zugabe des Kopisten. Auf die Schule des Lysipp aus Sikyon, des Hauptvertreters der peloponnesischen Kunst im vierten Jahrhundert, geht die bekannte Aresstatue des Museo Boncompagni in Rom zurück (Fig. 24). Der Gott ist hier vom Kampfe ausruhend dargestellt und seiner sonstigen Natur zuwider einer weichlichen Seelenstimmung hingegeben. Was diese Stimmung hervorgerufen hat, deutet der zu seinen Füßen kauernde kleine Liebesgott an, der schelmisch und triumphierend zu ihm aufblickt, als freue er sich, daß der wildeste und unbändigste aller Götter doch auch seiner Macht habe erliegen müssen. Spuren, die an der linken Schulter und Hüfte des Gottes erhalten sind, haben sich bis jetzt noch nicht genügend erklären lassen.

Die mehrfach in den Museen vorkommenden Gruppen von Ares und Aphrodite sind späte Zusammenstellungen von Werken, die ursprünglich als Einzelfiguren gedacht waren.

Zu den Attributen des Mars gehört der mit Wolfshunden und Greifen gezierte Helm, ferner Lanze und Schild. Die ihm heiligen Tiere sind Wolf, Pferd und Specht.

7. Aphrodite (Venus).

Bei Homer ist Aphrodite eine Tochter des Zeus und der Dione, die in Dodona als Gattin des Zeus verehrt wurde. Doch trat diese Vorstellung allmählich zurück gegen eine andere von den griechischen Dichtern mit besonderer Vorliebe gepflegte, wonach Aphrodite aus

I. Die Götter des Olympos. Aphrodite.

dem Schaum des Meeres geboren wurde und auf der Insel Kypros zuerst das Land betrat (Fig. 25, ein Relief des Museo Boncompagni in Rom). Ihrem Ursprunge nach unzweifelhaft eine orientalische Göttin (die Astarte der Phönizier), die eine Personifikation der schöpferischen Zeugungskraft der Natur war, gestaltete sie sich bei den Griechen zu einer Göttin der Schönheit und der geschlechtlichen Liebe. Es darf jedoch nicht übersehen werden, daß diese durch die Dichter so außerordentlich gangbar gewordene Vorstellung das Wesen der Göttin keineswegs erschöpft. Sie trifft eigentlich nur die Aphrodite Pandemos, die irdische Aphrodite, eine Göttin des Frühlings, durch deren Wundermacht alle Triebe in der Natur und Pflanzenwelt sich wieder regen. Neben dieser irdischen Aphrodite verehrte man aber auch noch eine Aphrodite Urania, eine Segen und Fruchtbarkeit spendende Himmelsgöttin, und eine Aphrodite Pontia, d. h. Aphrodite des Meeres, eine den Schiffern und Seeleuten gnädige Gottheit, die über Wind und Wellen gebietet und dem Schiffer eine stille und glückliche Fahrt bereitet. Da nun der Kultus der Aphrodite vorzugsweise auf den zahlreichen Inseln der griechischen Meere und in den Hafenstädten verbreitet war, so ist es begreiflich, daß ihre öffentliche Verehrung vorzugsweise dieser letzteren Bedeutung galt.

Die Dichter schildern Aphrodite als die schönste und lieblichste aller Göttinnen, deren Zaubermacht auch der Weiseste nicht widerstehen kann, ja der selbst die wilden Tiere des Waldes erliegen, so daß sie in Lämmer gewandelt sich an sie herandrängen. Um das Unbegreifliche dieser Wirkung einigermaßen begreiflich zu machen, verliehen sie ihr einen Gürtel des Liebreizes, den sie auch an andere verleihen kann. Wie sie aber die Liebe bei andern erweckt, so ist ihr diese auch selbst Bedürfnis. Zahlreiche Sagen über ihre Verbindung mit Göttern oder bevorzugten Menschen geben davon Kunde, die sich indes schwer in Einklang bringen lassen. Als ihr Gemahl wird bald Ares, bald Hephästos genannt. Die letztere, von Lemnos, der Hauptkultusstätte des Hephästos, ausgegangene Vorstellung ist am meisten durchgedrungen, vielleicht weil das Wunderliche, sich die schönste und liebreizendste aller Göttinnen an der Seite des hinkenden und häßlichen Feuergottes zu denken, einen gewissen Reiz hatte. Nachkommen aus der Ehe der Aphrodite und des Hephästos werden nicht erwähnt, dagegen werden Eros und Anteros, auch wohl Deimos und Phobos als Söhne der Aphrodite und des Ares genannt. In anderen Sagen mehr lokalen Charakters wird Aphrodite mit Dionysos oder mit Hermes verbunden.

Asiatischen Ursprungs ist die Sage von ihrer Liebe zu dem schönen Adonis, hat aber auf ihrer Wanderung durch Griechenland die vielfachsten Umänderungen erfahren. Ihr Kern läßt sich noch deutlich erkennen, es ist die Vorstellung von dem Absterben der Natur im Herbste und ihrem Wiedererwachen im Frühling. Der schöne Adonis, den Aphrodite so zärtlich liebt, wird auf der Jagd von einem Eber getötet. Untröstlich über diesen Verlust bestürmt sie ihren Vater Zeus mit Bitten, das entflohene Leben wieder zurückzurufen, aber die Göttin des Totenreiches, die selbst in Liebe zu dem Jüngling entbrannt ist, will ihn nicht wieder herausgeben. Da kommt durch Vermittelung des Zeus der Vertrag zustande, daß Adonis nur einen Teil des Jahres im finstern Schattenreiche zu verweilen braucht, die übrige Zeit aber auf der Oberwelt zubringen darf. Offenbar ist das borstige Ungetüm, welches dem Adonis das Leben raubt, nichts anderes, als ein Symbol des eisigen Winters, vor dessen kaltem Hauche alles Leben in der Natur erstirbt.

In die trojanische Sage ist Aphrodite vielfach verflochten. Sie gab die Veranlassung zu dem trojanischen Kriege dadurch, daß sie dem Paris zu dem Besitze der schönen Helena verhalf. Dies war sein Lohn für den berühmten Urteilsspruch, durch den er ihr in dem Streite mit Hera und Athena den Preis der Schönheit zuerkannte. Auch dem Troerfürsten Anchises war sie in Liebe zugetan und wurde von ihm Mutter des frommen Helden Aeneas.

Bereitwillig nimmt sich die Göttin unglücklich Liebender an, wie sie z. B. dem Helden Peleus zum Besitze der schönen Meernymphe Thetis verhilft. Dagegen straft sie aber auch ohne Erbarmen jeden, der sich stolz und hochmütig ihrer Macht widersetzt. Dies bezeugt die Sage von dem athenischen Königssohn Hippolytos, den sie durch die Liebe seiner Stiefmutter Phädra unglücklich machte, sowie die Sage von dem schönen Jüngling Narkissos, den sie, weil er die Liebe der Nymphe Echo verschmähte, durch eine unbefriedigte Selbstliebe bestrafte.

Im Gefolge der Aphrodite erscheinen als ihre Dienerinnen die Horen und Chariten, die sie ankleiden und schmücken, ferner Eros, Pothos und Himeros (Liebe, Sehnsucht, Verlangen), zu denen sich

I. Die Götter des Olympos. Aphrodite. 57

noch als vierter Hymen oder Hymenaeos, der Gott der Hochzeitslust, gesellt.

Die römische Venus, die ihrem Namen nach die Liebliche bedeutet, war bei den alten italischen Völkern ursprünglich eine Frühlingsgöttin, weshalb ihr der April geweiht war. Schon früh jedoch gewann sie auch eine politische Bedeutung, indem man ihr einen wohltätigen Einfluß auf die Beförderung der bürgerlichen Eintracht und der Geselligkeit unter den Menschen zuschrieb. Nachdem sie der griechischen Aphrodite gleichgesetzt worden war, wurde

25. Geburt der Aphrodite. Rom, Mus. Boncompagni.

sie auch in Rom immer mehr zu einer bloßen Göttin irdischer Lust und geschlechtlicher Liebe. Es gab dort drei Haupttheiligtümer der Venus, nämlich das der Murcia, der Cloacina und der Libitina. Der erste dieser Namen bezeichnet sie als Myrtengöttin (die Myrte ein Symbol keuscher Liebe), der Tempel lag an der südöstlichen Ecke des Circus Maximus, wo er von den durch Ancus Marcius angesiedelten Latinern erbaut worden sein soll. Das kleine Heiligtum der Cloacina war bei der Basilica Aemilia an der Stelle, wo die große Kloake in die Area des Forums eintrat, zur Erinnerung an die Aussöhnung zwischen Römern und Sabinern nach dem Raube der Sabinerinnen errichtet worden. Der Name Libitina endlich bezeichnet Venus als Leichengöttin, da in ihrem Tempel alles was zur Leichenbestattung nötig war, aufbewahrt wurde. Man fragt vielleicht verwundert, wie gerade Venus, die Göttin der Lust und Freude, zu einer solchen Bedeutung gelangen konnte. Aber die Extreme berühren sich auch hier, und wer mit den mythologischen Vorstellungen der Alten vertraut ist, für den hat eine solche Doppelnatur, die wir bei den chthonischen oder Erdgöttern noch mehr kennen lernen werden, nichts Befremdendes. Zu diesen älteren Heiligtümern kam zur Zeit Cäsars noch ein Tempel der Venus Genetrix, d. h. der ehestiftenden Göttin, den Cäsar während der Schlacht bei Pharsalus gelobt hatte, dessen Vollendung er aber nicht mehr erlebte.

Aphrodite oder Venus ist von den alten Künstlern ungemein häufig dargestellt worden, weil die Aufgabe, der vollendetsten weiblichen Schönheit verbunden mit dem höchsten Liebreize durch den Meißel oder Pinsel Ausdruck zu leihen, immer wieder von neuem zur Lösung reizte. Vorzugsweise waren es die Meister der jüngeren attischen Schule, die sich mit Vorliebe der Darstellung jugendlich lieblicher Göttergestalten zuwendeten und so auch an der Venus vielfach ihren Meißel versuchten. Die knidische Venus des Praxiteles, die zum Bade ihr Gewand ablegt, war des Meisters bedeutendstes Werk, auf dessen Besitz die Knidier so stolz waren, daß sie das Bild auf ihre Münzen setzten. Vgl. Fig. 26, eine in Berlin befindliche vorzügliche Wiederholung des Kopfes. Aber es konnte doch als ein Zeichen des zu Bruche gehenden Volksglaubens wie der sinkenden Kunst erscheinen, daß er sie eben völlig nackt darzustellen gewagt hatte, was von nun an bei der Venus und verwandten Gottheiten fast Regel wurde. Im übrigen charakterisiert die Venus eine mit Schlankheit und Zierlichkeit verbundene Fülle der Formen. Das Gesicht ist stark oval, die Augen sind nicht groß und verraten einen schmachtenden Ausdruck, der Mund ist klein, Wangen und Kinn voll und rundlich. Es ist eine ziemliche Zahl von Statuen vorhanden, die auf das Original des Praxiteles zurückgehen, namentlich eine in Rom und München; von den anderen zahlreichen Venusstatuen mögen hier nur die bedeutendsten genannt werden. Obenan steht dem Kunstwerte nach die im Jahre 1820 auf der Insel Melos (Milo) gefundene, jetzt im Louvre zu Paris befindliche überlebensgroße Marmorstatue, die nur den Oberkörper der Göttin unverhüllt zeigt, während der untere Teil von den Hüften abwärts mit einem leichten Gewande bedeckt ist (Fig. 27). Man weiß nicht, was man an dieser herrlichen Statue mehr bewundern soll, den ungemein hoheitsvollen Ausdruck des Kopfes oder die reizende Fülle und das schöne Ebenmaß aller Glieder. Da die Arme gänzlich zertrümmert sind, so läßt sich über die Idee, die dem Künstler vorgeschwebt hat, etwas Sicheres nicht behaupten. Die Mienen drücken freudiges und stolzes Selbstgefühl aus.

I. Die Götter des Olympos. Aphrodite.

26. Aphrodite. Berlin, Sammlung Kaufmann.

Das Motiv der Venus von Milo wiederholt sich in der **Venus von Capua** (so genannt, weil sie unter den Trümmern des dortigen Amphitheaters aufgefunden wurde), die sich jetzt im **Museum zu Neapel** befindet. Die Körperformen des auch hier nackten Oberleibes sind aber nicht so kräftig und frisch, wie bei der melischen Aphrodite, sondern weichlich und verschwommen.

Bekannter als die Venus von Capua, ja fast noch bekannter als die Venus von Milo, ist die sogenannte **mediceische Venus** in der **Galerie der Uffizien zu Florenz**, früher in der Villa Medici zu Rom. Sie gehört der neuattischen Schule an, der wir gegen das Ende des zweiten Jahrhunderts v. Chr. noch eine liebliche Nachblüte der griechischen Kunst verdanken. Die Inschrift, nach der sie das Werk des athenischen Künstlers Kleomenes sein soll, ist gefälscht. Weil als Venus Anadyomene, d. h. dem Meere entstiegene, gedacht, ist sie völlig unbekleidet. Sie ist die jugendlichste unter allen erhaltenen Venusstatuen und ausgezeichnet durch vollendete Regelmäßigkeit und Schönheit der Formen, aber von der würdevollen Hoheit der Göttin ist keine Spur darin zu finden. Früher über Gebühr geschätzt, ist sie neuerdings mehr als billig herabgesetzt worden.

In einem mehr genreartigen Stile gehalten sind die im Bade **kauernde Venus** der vatikanischen Sammlung, wovon geringere Wiederholungen in Florenz (Uffizien) und im Museum zu Neapel sich finden, und die **sandalenlösende Venus** der Münchener Glyptothek. Auch hier ist das Göttliche völlig abgestreift, man sieht eben nur eine anmutige Frau vor sich. In der sogenannten **Venus Genetrix** der römischen Kaiserzeit, einer vollbekleideten Gestalt, ist ein älterer Typus guter Zeit wieder aufgenommen.

Die Attribute der Venus sind außerordentlich mannigfaltig, je nachdem die eine oder die andere Auffassung der Göttin vorherrscht. Unter den Tieren sind ihr besonders die Taube, der Sperling und der Delphin heilig, aus dem Pflanzenreiche die Myrte, die Rose, der Apfel, der Mohn und die Linde.

8. Hermes (Mercurius).

Hermes ist der Sohn des Zeus und der Maja, einer Tochter des Atlas. Seine Heimat ist Arkadien, wo er in einer Grotte des Berges Kyllene geboren wurde (daher der Kyllenier). Die Hauptquelle für seine Jugendgeschichte ist ein irrtümlich dem Homer zugeschriebener Hymnus. Darin wird auf eine ergötzliche Weise erzählt, wie er schon gleich nach seiner Geburt die Grundzüge seines Wesens, Verschlagenheit und Gewandtheit, offenbarte. Nach Götterart wunderbar sich entwickelnd, springt er schon vier Stunden nach seiner Geburt seiner Mutter vom Schoß und erfindet die Lyra, indem er über die Schale einer Schildkröte Darmsaiten spannt, und besingt dann, mit dem Plektron die Saiten schlagend, die Liebe

I. Die Götter des Olympos. Aphrodite. Hermes. 61

27. Aphrodite von Melos. Paris, Louvre.

des Zeus und der Maja. Von einem unwiderstehlichen Gelüste nach Fleischkost ergriffen, eilt er dann gegen Abend, in sein Bettuch gehüllt, nach Pierien und stiehlt dem Apollon fünfzig Rinder aus seiner Herde. Nachdem er zwei davon geschlachtet und an ihrem Fleische sich gütlich getan hat, kehrt er zur Grotte seiner Mutter am Kyllene zurück und legt sich, als wenn nichts vorgefallen wäre, ruhig wieder in seine Wiege. Aber Apollon merkte bald den verübten Diebstahl und eilte dem frechen Räuber nach, der nun den Unschuldigen spielte und hartnäckig leugnete. Apollon läßt sich aber dadurch nicht abweisen, sondern nötigt den kleinen Schelm, mit ihm zum Olympos vor den Thron ihres Vaters Zeus zu gehen, damit dieser den Streit entscheide. Durch seinen Ausspruch bekommt Apollon seine Rinder wieder, überläßt sie aber dem jüngern Bruder willig für die von jenem erfundene Lyra. So wird Hermes ein Herden- und Weidegott, Apollon aber wendet sich von nun an mit Eifer den musischen Künsten zu. Zum Zeichen ihrer völligen Versöhnung schenkt Apollon dem Bruder den goldenen Zauberstab, womit er Glück und Segen spendet, wem er will, und seitdem leben beide durch die innigste Freundschaft verbunden. Beide erscheinen als gütige, dem Menschengeschlechte heilsame Wesen, und es ist deshalb begreiflich, daß Hermes viele Seiten seines Wesens mit seinem Bruder gemein hat. Der Hauptunterschied besteht darin, daß Apollon als Lichtgott die höhere Intelligenz des Geistes, Hermes die praktische Weltklugheit vertritt.

Die wichtigsten Seiten an dem Wesen des Hermes sind folgende. Zunächst ist er überhaupt ein Geber aller guten Gaben in den verschiedenartigsten Verhältnissen des menschlichen Lebens. Wie er die Fruchtbarkeit der Herden befördert, so gibt er auch Segen und Gedeihen zu allen menschlichen Unternehmungen, namentlich in Handel und Wandel. Den Griechen, die zu allen Zeiten schlaue und gewinnsüchtige Handelsleute waren, mußte Hermes als Beschützer der Straßen und Wege sowie als freundlicher Geleiter der reisenden Kaufleute besonders verehrungswürdig erscheinen. Man errichtete ihm deshalb an den Landstraßen als Zeichen der Verehrung die sogenannten Hermen, einfache Steinpfeiler oder Holzpfähle, mit einem oder mehreren Köpfen (letzteres bei Kreuzwegen), die zugleich als Wegweiser dienten. Auch in den Straßen der Städte und an öffentlichen Plätzen waren diese nicht selten. Allein Hermes geleitet und

I. Die Götter des Olympos. Hermes.

schützt nicht nur die Kaufleute auf Reisen, er gibt ihnen auch klugen Sinn und Verschlagenheit, um andere mit Erfolg zu überlisten. Und so mußte es sich der Gott, der selbst seine Laufbahn mit einem keck ausgeführten Diebstahle eröffnet hatte, gefallen lassen, daß ihn Diebe und Betrüger vor Beginn ihrer Unternehmungen um Beistand anriefen, gerade so wie noch heute in Italien oder Griechenland Banditen oder Spitzbuben ihren Schutzpatron bitten, er möge ihnen einen reichen Fang bescheren.

Auch jeden zufälligen Gewinn, z. B. im Spiel, schrieb man dem Hermes zu, desgleichen jeden glücklichen Fund.

Während Hermes so bedeutungsvoll in das Menschenleben eingreift, erscheint er zugleich als der schnelle Bote des Zeus und als der gewandte Ausrichter seiner Befehle. In dieser Eigenschaft schildern ihn gern die epischen Dichter. Mit Hilfe seiner goldenen Flügelschuhe gelangt er schneller als der Wind über Länder und

28. Kopf vom Hermes des Praxiteles.

Meere, um die Aufträge des Zeus oder anderer Olympier auszurichten. So sendet ihn Zeus zur Nymphe Kalypso, um ihr den Befehl zur Entlassung des Odysseus zu überbringen, zum Ägisthos, um ihn vor der Ermordung Agamemnons zu warnen, zum Äneas, um ihn zur schleunigen Abreise von Karthago zu veranlassen. Auch schwierigere Aufträge werden ihm manchmal zuteil, z. B. die Tötung des hundertäugigen Wächters der Io, wovon er den Beinamen Argeiphontes, d. h. Argostöter erhalten haben soll, indem man den hundertäugigen Argos auf den gestirnten Himmel bezieht. Der Wind- und Regengott Hermes tötet ihn, d. h. er macht ihn durch das von ihm heraufgeführte Gewölk unsichtbar. Aber besser wird das Wort als „Aufheller" erklärt, von der Eigenschaft des die Wolken am Himmel verjagenden Windes.

Der Bote und Herold der Götter ist als solcher ein Vorbild für alle irdischen Herolde, die im Altertume für die Könige die unentbehrlichen Vermittler in allerlei schwierigen Geschäften waren, und trägt daher beständig den Heroldsstab (caduceus). Es ist derselbe Stab, den ihm einst Apollon schenkte, aus drei Sprossen bestehend, von denen die eine die Handhabe bildete, die beiden anderen sich gabelförmig abzweigten und am Ende in einen Knoten verschlungen wurden. Erst später hat man aus den letzteren Schlangen gemacht. Mit diesem Stabe versetzt Hermes in tiefen Schlummer, wen er will, und erweckt auch die Schlafenden wieder. Insbesondere aber geleitet er mit ihm die Seelen zur Unterwelt hinab. Dies führt zu dem wichtigen Amte des Hermes als **Psychopompos** (Seelenführer). Jede Seele tritt nach dem Abscheiden aus diesem Leben ihre Reise in das Schattenreich unter dem Geleite des Gottes an, der auch in besonderen Fällen, z. B. wenn bei Totenorakeln Geister zitiert werden, die Seelen der Verstorbenen wieder zur Oberwelt zurückgeleitet. So ist er zum Vermittler zwischen den beiden sich sonst streng ausschließenden Reichen geworden.

Da auch die Träume aus der Unterwelt kommen, so ist Hermes natürlich derjenige, welcher den Schlafenden die Träume sendet. Deshalb betete man vor dem Schlafengehen zu ihm um gute Träume.

Seine idealste Gestaltung erhielt Hermes dadurch, daß man ihn zum speziellen Vorsteher der Jugenderziehung machte. Und in der Tat, welcher Gott hätte geeigneter erscheinen können, der griechischen Jugend als Vorbild hingestellt zu werden, als der körperlich wie geistig gleich gewandte Götterbote? Er ist der hurtigste Läufer und geschickteste Diskuswerfer und Faustkämpfer, und wenn er auch nicht, wie Apollon, ein Vertreter des höheren Geisteslebens ist, so besitzt er doch den höchsten Grad jenes praktischen Verstandes, auf den die Griechen einen so hohen Wert legten. Die Ringplätze und Gymnasien galten daher als seine Stiftungen und pflegten mit seinen Bildern geschmückt zu werden. In weiterer Entwicklung dieser seiner Beziehungen zu dem Jugendunterricht machten ihn die Dichter sogar zum Erfinder der Sprache, der Buchstabenschrift und der Kunst, die Sprachen auszulegen. Man opferte ihm Lämmer und Böcke und andere Tiere, besonders ist ihm der Hahn heilig.

Von dem römischen **Mercurius** ist nicht viel zu sagen. Wie schon sein Name andeutet (von mercari, Handel treiben), war er den

I. Die Götter des Olympos. Hermes.

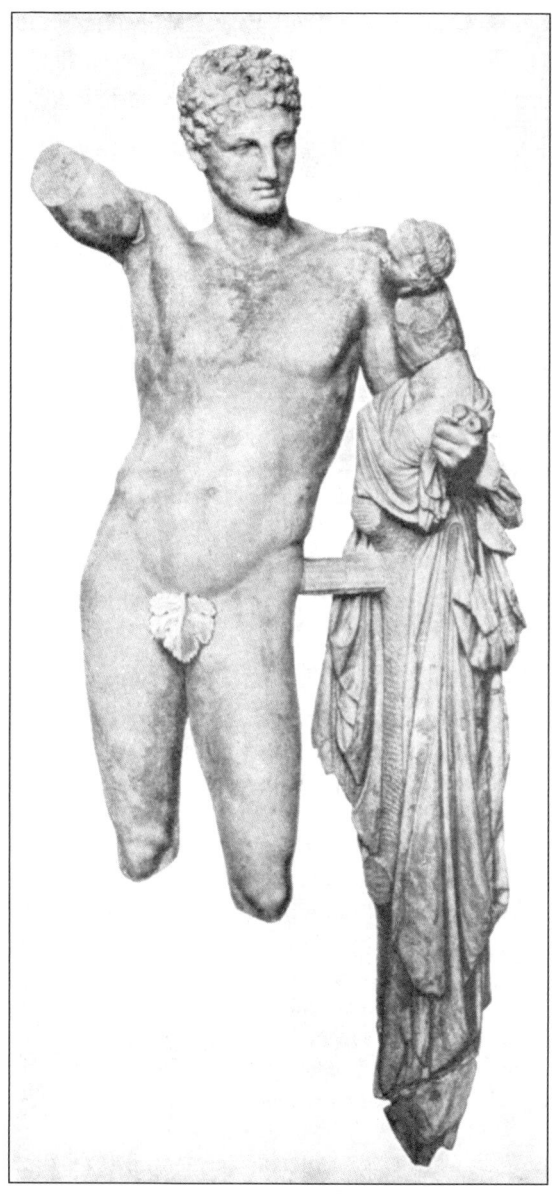

29. Hermes des Praxiteles. Olympia.

Römern lediglich Handelsgott und hat mit dem griechischen Hermes wenig gemein. Sein Kult wurde zugleich mit dem der Ceres einige Jahre nach der Vertreibung der Tarquinier zur Zeit einer großen Teuerung eingeführt, scheint aber rein plebejisch geblieben zu sein. Die Innung der Kaufleute verehrte in ihm ihren Schutzpatron und opferte ihm und seiner Mutter Maja an den Iden des Mai.

Die plastische Darstellung des Hermes hat mit der Entwickelung des Begriffes dieser Gottheit gleichen Schritt gehalten. Aus den altertümlichen Hermen gingen die ersten künstlerischen Darstellungen der Gottheit hervor, die ihn bald als Hirten (einen Widder tragend), bald als Herold und Götterboten auffaßten, aber ihn stets als kräftigen und bärtigen Mann erscheinen ließen. Später erhielt Hermes eine mehr jugendliche Bildung. Er erscheint nun stets unbärtig, in der üppigsten Fülle jugendlicher Kraft, die Brust breit, die Gliedmaßen schlank und kräftig, wie es dem Vorsteher der Palästra geziemt, das Haar leicht gekräuselt; Ohren, Mund und Augen sind klein, so daß Anmut und Kraft in der äußeren Erscheinung des Gottes sich in wunderbarer Weise vereinigen. Nimmt man hierzu den Ausdruck freundlichen Wohlwollens, das seine Lippen umspielt, und den klugen Blick des sinnend vorwärts geneigten Hauptes, so hat man die Hauptzüge beieinander, aus denen sich das Bild des Gottes zusammensetzt.

Der ältere Typus des Hermes ist durch eine kleine Statue der Pembrokeschen Sammlung in Wiltonhouse vertreten, wo der Gott einen Widder tragend erscheint; in jugendlicher Bildung tritt er uns schon auf dem Parthenonfriese entgegen; seit dem vierten Jahrhundert scheint diese die Regel geworden zu sein. Aus dieser Zeit stammt der Hermes des ephesischen Säulenreliefs, bei dem an Skopas gedacht wird, vor allem aber der Hermes des Praxiteles, den noch Pausanias im Heräon zu Olympia sah und der ohne Zweifel den bedeutendsten Fund bildet, den wir den vom Deutschen Reiche in Olympia vorgenommenen Ausgrabungen verdanken (Fig. 28 u. 29). Leider ist die Statue nicht unverstümmelt auf uns gekommen; der Gott trägt auf seinem linken Arme den Dionysosknaben, dessen Aufmerksamkeit er durch einen in der rechten Hand gehaltenen Gegenstand, wohl eine Traube, zu erregen versucht. Doch ist er nicht ganz bei der Sache; sein Blick schweift über das Kind hinweg in die Weite, als ob er träumerisch seinen Gedanken nachhinge. Das Dionysoskind hat die rechte Hand auf die Schulter des Gottes gelegt und griff wohl mit der linken nach dem ihm vorgehaltenen Gegenstande. Von dem linken Arme des Gottes hängt das mit bewundernswerter Meisterschaft gebildete Gewand herab, das zugleich den als Stütze dienenden Baumstamm verdeckt; in der Hand hielt er jedenfalls das aus Bronze gebildete Kerykeion.

Von andern Darstellungen des Hermes kann die herrliche Marmorstatue der vatikanischen Sammlung genannt werden, die unter dem Namen „Antinous des Belvedere" besonders bekannt ist. Sie ist nach

I. Die Götter des Olympos. Hermes.

30. Ruhender Hermes. Neapel.

J. Burckhardts Urteil ein ewiges Urbild der durch Gymnastik veredelten Leiblichkeit. Auf dem fein gebildeten Antlitz liegt „ein Schatten von Trauer, wie es dem unsterblichen Totenführer zukommt, der so viel Leben untergehen sieht." Es sei hier bemerkt, daß gerade dieser Typus mehrfach zu Grabstatuen verwendet worden ist. Eine anmutige Darstellung des Hermes Logios, d. h. des Vorstehers der rhetorischen Kunst, ist uns in der Statue der Villa Ludovisi in Rom erhalten. Hier sind die Flügel an dem runden Petasos angebracht, mit dem der Kopf des Gottes gewöhnlich bedeckt ist. Wegen ihrer großen Schönheit ist ferner die lebensgroße Bronzestatue des ruhenden Hermes in Neapel (in Herculaneum gefunden) anzuführen. Er ist hier als Götterbote abgebildet, der zu kurzer Rast sich auf einen Felsen niedergelassen hat; hier sind die Flügel mit Bändern an den Füßen befestigt (Fig. 30).

Zahlreich endlich sind die Darstellungen, die ihn als Gott des Handels und Verkehrs mit dem gefüllten Geldbeutel in der Hand darstellen.

Die Hauptattribute des Gottes sind schon gelegentlich erwähnt, Flügel an den Füßen, am Kopf oder an dem Reisehute, Heroldstab, Beutel.

9. Hephästos (Vulcanus).

Der Gott des Feuers und der Schmiedekunst Hephästos ist der gewöhnlichen Annahme nach ein Sohn des Zeus und der Hera. Weil er lahm und häßlich war, schämte sich seiner die Mutter und warf ihn vom Himmel hinab ins Meer. Aber die Okeaniden Eurynome und Thetis erbarmten sich des Verstoßenen und pflegten ihn neun Jahre lang in tiefer Meeresgrotte, wofür er ihnen viele Schmucksachen verfertigte. Von hier aus kehrte er dann nach erfolgter Aussöhnung mit seiner Mutter unter dem Geleite des Dionysos in den Olympos zurück. Ein zweites Mal läßt ihn Homer von Zeus aus dem Himmel hinabgeworfen werden: als er nämlich bei Gelegenheit eines zwischen Zeus und Hera ausgebrochenen Zwistes der Mutter zu Hilfe kommen wollte, ergriff ihn der erzürnte Himmelsbeherrscher beim Fuße und schleuderte ihn vom Olymp hinab. Einen ganzen Tag fiel der Unglückliche, bis er gegen Sonnenuntergang kaum noch atmend auf der Insel Lemnos niederfiel. Da pflegten ihn die Sintier, welche diese Insel bewohnten, bis er wieder genesen war. Alle diese Sagen sind nur Variationen desselben Grundgedankens, daß das Feuer in der Gestalt des Blitzes vom Himmel zur Erde niedergefahren ist.

Da Hephästos ursprünglich die Elementarkraft des Feuers bedeutet, so werden auch alle seine Wirkungen auf ihn zurückgeführt. Das Erdfeuer bricht aus den geöffneten Kratern der Vulkane hervor,

I. Die Götter des Olympos. Hephästos. 69

also muß Hephästos im Innern der feuerspeienden Berge tätig sein. So erzählt die Sage von dem Berge Mosychlos auf Lemnos, der Hauptkultusstätte des Hephästos. Nicht minder bekannt ist durch seine Beziehung zu ihm der Berg Ätna auf Sizilien. Da man die Beobachtung machte, daß in der Nähe feuerspeiender Berge der Wein besonders gut geriet, so bildete sich daraus die Sage von der innigen Freundschaft zwischen Hephästos und Dionysos.

Die wohltätigste Wirkung des Feuers äußert sich in seiner Kraft, die Metalle zu schmelzen und für den Gebrauch der Menschen in Form von Geräten und Werkzeugen aller Art nutzbar zu machen. Deshalb klärte sich die Vorstellung von dem Wesen des Hephästos mehr und mehr dahin ab, daß man ihn als den Erfinder aller kunstreichen Metallarbeiten ansah und zum Vorsteher aller der Handwerker und Künstler machte, die zur Herstellung ihrer Arbeiten des Feuers bedürfen. Dadurch tritt er in enge Beziehung zu der kunstliebenden Göttin Athena, und es ist begreiflich, daß diese beiden Gottheiten in Athen, dem Hauptsitze griechischer Kunst und Wissenschaft, gemeinschaftliche Verehrung fanden und gemeinschaftliche Feste hatten. Von den herrlichen Werken des Schmiedekünstlers Hephästos wußten die alten Dichter viel zu sagen. Sie erzählten gern von dem prachtvollen ehernen Palaste, den er sich auf dem Olympos erbaute, worin sich auch eine große Schmiedewerkstätte mit zwanzig Blasebälgen befand, sowie von den unvergänglichen Wohnungen, die er den übrigen Göttern dort errichtete. Auch kunstreiche Gerätschaften aller Art bildete er mit geschickter Hand, wie die wandelnden Tische oder Dreifüße, die sich von selbst in den Speisesaal der Götter und nach beendigter Tafel wieder zurückbegaben. Er selbst bediente sich als Stützen beim Gehen zweier kunstreich von Gold verfertigter Mägde, denen er Sprache und Bewegung verliehen hatte. Andere von den Dichtern erwähnte Arbeiten des Hephästos sind: die Ägis des Zeus, dessen Zepter, der Dreizack des Poseidon, der Schild des Herakles, das Zepter des Agamemnon, die Rüstung des Achilleus. Als Gattin gesellte man ihm die Aphrodite oder die Charis zu, ein deutlicher Hinweis darauf, daß Schönheit und Anmut Erfordernisse der Kunstwerke sind.

Der Dienst des Hephästos war in Griechenland nicht sehr verbreitet. Die wichtigste Stätte seiner Verehrung war die Insel Lemnos, wo man ihn im Berge Mosychlos wohnend dachte und ihm die

Kabiren zu Schmiedegesellen gab, die also den Kyklopen im Ätna entsprechen. Groß war sein Ansehen in Athen, wo man ihm zu Ehren an verschiedenen Festen das beliebte Spiel des Fackellaufs zu veranstalten pflegte. Die Jünglinge mußten dann mit brennenden

31. Hephästos. Vatikan.

Fackeln bis an ein bestimmtes Ziel laufen, und wer zuerst mit noch brennender Fackel anlangte, erhielt den Preis. Außerdem wurde er von den Griechen in Kampanien und Sizilien sehr verehrt, was durch die dortigen feuerspeienden Berge sich sehr leicht erklärt.

Auch die Römer verehrten in diesem Gott, den sie Vulcanus

I. Die Götter des Olympos. Hephästos. 71

nannten, die Segnungen und wohltätigen Wirkungen des Feuers, beteten aber auch zu ihm um Abwendung der Feuersbrünste. Aus der ursprünglich mehr allgemein gehaltenen Vorstellung des Gottes

32. Thetis in der Schmiede des Hephästos. Pomp. Wandgem.

trat unter Einwirkung der Dichter mehr und mehr die Gestalt des Schmiedegottes oder Mulciber heraus, der entweder im Ätna oder auf den liparischen Inseln seine Schmiedewerkstatt hat und mit seinen Gesellen um die Wette den Hammer schwingt. Im Anschlusse an die griechischen Mythen gab man ihm endlich die Venus zur Gemahlin, wobei wohl die Vorstellung vorgeschwebt hat, daß nur im Bunde mit der Schönheit wahrhafte Kunstwerke entstehen könnten.

Die Kultusstätte des Gottes in Rom war das Volcanal neben dem Comitium, eigentlich nur eine überdachte Feuerstätte. Einen wirklichen Tempel dagegen hatte Vulkan im Marsfelde, in der Nähe des Circus Flaminius, woselbst auch das Hauptfest des Gottes, die Volcanalia, am 23. August mit Spielen aller Art gefeiert wurde.

Die griechischen und römischen Künstler pflegten ihn als einen kräftigen und völlig gereiften Mann, daher stets bärtig darzustellen. Auf das Merkmal, das von dem Dichter immer hervorgehoben wird, die Lahmheit, verzichteten die Künstler wohl völlig. Äußerliche Attribute sind das Schmiedegerät, die eiförmig zulaufende Werkmannskappe und das kurze Oberkleid der Handwerker und niederen Bürger, das die rechte Schulter freiläßt (Exomis).

Außer einigen kleinen Bronzen in London und Berlin und einer Marmorbüste im Vatikan (Fig. 31) besitzen wir keine nennenswerten Darstellungen dieses Gottes in Werken der Skulptur; dagegen ist er von der Malerei öfter dargestellt, namentlich im Verkehr mit Thetis und Dionysos (Fig. 32, pomp. Wandgemälde, der Gott zeigt Thetis den für Achilleus neu gefertigten Schild).

10. Hestia (Vesta).

Hestia, die Tochter des Kronos und der Rhea, scheint erst verhältnismäßig spät allgemeine Verehrung gefunden zu haben. Sie ist der gute Schutzgeist des Menschen, der ihm die Sicherheit seiner Ansiedlung verbürgt und daher vorzugsweise in dem Herdfeuer als dem Mittelpunkte des ganzen häuslichen Lebens waltet. Der Herd hatte bei den Alten eine ungleich höhere Bedeutung, als er im Leben der modernen Völker hat. Denn er diente nicht bloß dem gemeinen Zwecke der Zubereitung der Mahlzeiten, sondern war auch gleichzeitig der hohe Altar des Hauses, an dem man die Bilder der Hausgötter aufzustellen pflegte, und an dem nach alter patriarchalischer Sitte der Hausvater bei allen wichtigen Vorkommnissen des häuslichen Lebens als Priester das Opfer darbrachte. Und nie geschah dies, ohne daß Hestia, die man als den lebendigen Mittelpunkt des ganzen Lebens der Familie ehrte, ihren Anteil davon erhalten hätte.

I. Die Götter des Olympos. Hestia.

Da der Staat auf der Familie ruht, so wird die Schutzgöttin des Hauses naturgemäß auch zur Beschützerin jeder staatlichen Vereinigung. Deshalb war in den griechischen Staaten das Prytaneum, der Sitz der Regierung, der Hestia geweiht, dort hatte sie einen Altar, auf dem ihr zu Ehren ein ewiges Feuer unterhalten wurde. Von diesem Altar pflegten die zur Gründung einer neuen Ansiedlung aufbrechenden Kolonisten Feuer mitzunehmen, eine schöne sinnbildliche Andeutung des Zusammenhangs zwischen der Kolonie und dem Mutterstaat.

Und wie das Herdfeuer des Prytaneums für die Staatsangehörigen das sichtbare äußere Zeichen war, daß sie nur eine große Familie bildeten, so versinnlichte die Hestia des Tempels zu Delphi den Griechen ihren nationalen Zusammenhang und die Einheit ihres Kultus. Ihr Opferherd befand sich in der Halle vor der Orakelhöhle, neben dem bekannten Erdnabel (Omphalos), da nach dem Glauben der Griechen Delphi der Mittelpunkt der ganzen Erde war. Auch hier wurde der Hestia ein ewiges Feuer unterhalten.

Rein und lauter wie die Flamme war auch das Wesen der Göttin. Daher blieb sie nicht nur selbst Jungfrau, wiewohl Poseidon und Apollon um ihre Liebe warben, sondern ihr Dienst konnte auch nur durch keusche Frauen oder Jungfrauen versehen werden. Besondere Tempel scheint sie in Griechenland nicht gehabt zu haben, da ihr ohnehin in jedem Tempel eine Stelle angewiesen war.

Eine ungleich wichtigere Rolle spielt der Dienst der Vesta in dem öffentlichen Leben der Römer. Der älteste Vestatempel, angeblich von Numa Pompilius erbaut, lag am Abhange des Palatin gegen das Forum hin. Er war rund und von mäßigem Umfange, eigentlich nichts als eine überdachte Feuerstätte, auf der das ewige Feuer brannte, gleichsam ein Sinnbild der Lebensflamme des Staates. Auch hier wurde ihr Dienst von Jungfrauen versehen, deren Zahl anfänglich vier, später sechs betrug. Ihre Hauptaufgabe war, das heilige Feuer zu unterhalten und täglich am Altare der Göttin für das Wohl des römischen Volkes zu beten. Das Erlöschen der heiligen Flamme galt als eine böse Vorbedeutung nahen Unglücks für den Staat und zog der unachtsamen Priesterin Strafe zu. Die Vestalinnen wurden von dem Pontifex Maximus zwischen dem sechsten und zehnten Lebensjahr erwählt, und zwar stets aus den besten römischen Familien, in denen beide Ehegatten noch am

Leben waren; dreißig Jahre blieben sie zu ihrem heiligen Dienste verpflichtet, während deren sie die strengste Keuschheit zu bewahren hatten; nach Ablauf dieser Zeit konnten sie wieder in das Privatleben zurücktreten und, wenn sie anders Lust dazu hatten, auch heiraten. Doch blieben die meisten Vestalinnen bis zu ihrem Tode

33. Vestalin. Rom.

im Dienste. Ihr Wohnsitz dicht beim Tempel, das Atrium Vestae genannt, ist im Jahre 1884 von der italienischen Regierung freigelegt worden; eine ziemliche Zahl von dabei gefundenen Statuen, Vestalinnen darstellend, bietet die Möglichkeit, uns von ihrer besonderen Tracht eine Vorstellung zu machen (Fig. 33).

I. Die Götter des Olympos. Hestia.

34. Sog. Vesta Giustiniani. Rom, Mus. Torlonia.

Ein anderes Heiligtum der Vesta war in Lavinium, bei dem die römischen Konsuln nach Antritt ihres Amtes ein feierliches Opfer zu verrichten hatten. Das Fest der Vesta wurde am 9. Juni gefeiert. Die römischen Frauen pflegten dann barfuß zum Tempel der Göttin zu wallfahrten und Speiseopfer darzubringen.

In dem häuslichen Leben der Römer spielen der Herd und die Herdgöttin Vesta dieselbe wichtige Rolle wie bei den Griechen. Hier gesellt sich zu der Verehrung der Vesta die der mit ihr innig verbundenen Penaten, der guten, schützenden Hausgeister, die für den täglichen Bedarf an Lebensmitteln sorgen. Von ihnen wird am Schlusse der Götterlehre noch besonders die Rede sein.

Dem keuschen und reinen Wesen dieser Göttin entsprechend konnte ihre künstlerische Darstellung nur den Ausdruck der strengsten Sittlichkeit an sich tragen. Man pflegte sie sitzend oder ruhig stehend mit ernstem Ausdrucke des Gesichts abzubilden. Das alte Rom kannte eine berühmte sitzende Vesta des großen parischen Bildhauers Skopas mit zwei Kandelabern, es ist aber davon jede Spur verloren gegangen. Ihre Hauptattribute sind die Opferschale, die Fackel, das Simpulum (Schöpfgefäß, das bei der Libation gebraucht wurde) und das Zepter. Sie konnte natürlich wegen ihrer Würde und Heiligkeit nur völlig bekleidet dargestellt werden, und das mag mit ein Grund gewesen sein, weshalb ihre Darstellung für die Künstler des Altertums wenig Reiz hatte. Die sogenannte Giustinianische Vesta des Museo Torlonia in Rom wird bei dem Fehlen aller Attribute kaum mit einiger Sicherheit als solche gedeutet werden können. Die Göttin ist stehend dargestellt, in ruhiger Haltung, die rechte Hand in die Seite gestemmt, während die Linke ursprünglich wohl ein Zepter hielt. Wir geben trotz der Unsicherheit der Deutung doch eine Abbildung (Fig. 34).

11. Janus.

Janus ist zwar ein den Griechen gänzlich unbekannter Gott, aber da er zu den vornehmsten Göttern der Römer zählt, so stehen wir nicht an, ihm schon hier eine Stelle einzuräumen. Ob er ursprünglich ein Licht- und Sonnengott, das männliche Gegenbild der Jana oder Diana gewesen ist, ist zweifelhaft, jedenfalls wurde er frühzeitig zu einem Gotte alles Ursprungs und Anfangs schlechthin und gewann dadurch für das öffentliche wie für das Familienleben der Römer eine tief eingreifende Bedeutung.

So ist Janus der Gott alles zeitlichen Anfangs. Er führt das neue Jahr herauf, dessen erster Monat, der Januar, nach ihm benannt ist und ihm besonders heilig war. Deshalb war der Neujahrstag

I. Die Götter des Olympos. Janus.

(Calendae Januariae) der Hauptfesttag des Gottes. Man schmückte an diesem Tage die Häuser und Haustüren mit Kränzen und Lorbeerzweigen, denn der Lorbeer hat nach dem Glauben der Alten eine reinigende, gegen Zauber und böse Krankheiten schützende Kraft, und Verwandte und Freunde wünschten sich gegenseitig unter Überreichung kleiner Geschenke alles Gute und Angenehme für das ganze Jahr. Der Gott selbst erhielt ein Opfer von Kuchen, Wein und Weihrauch, und seine Statue wurde mit frischen Lorbeerzweigen geschmückt. Dieses Opfer wiederholte sich an den ersten Tagen eines jeden Monats, denn Janus eröffnete auch die Monate und heißt deshalb Junonius, da die Kalenden auch der Juno heilig waren. Wie die Monate, so führt Janus endlich auch jeden Tag herauf, er erscheint als der Pförtner des Himmels, dessen Tore er des Morgens öffnet und des Abends schließt.

Aus einem solchen Gotte aller Zeitanfänge wurde nun leicht ein Beschützer und Begünstiger aller Anfänge menschlicher Tätigkeit. Da nämlich die Römer von der Bedeutsamkeit eines guten Anfangs in allen Dingen eine höchst abergläubische Vorstellung hatten, indem sie annahmen, daß dieser auf den guten oder schlimmen Fortgang eines jeden Unternehmens einen magischen Einfluß ausübe, so unternahmen sie weder im öffentlichen noch im privaten Leben irgend etwas Wichtiges, ohne den Anfang unter den Schutz des Janus gestellt zu haben. Zu den wichtigsten Ereignissen im staatlichen Leben gehörte aber in erster Reihe der Auszug der Landesjugend in den Krieg. Deshalb wurde dem Gotte des Anfangs von dem ausziehenden Feldherrn geopfert, und sein Tempel stand zum Zeichen, daß der Gott mit ausgezogen sei und das Heer schützend begleite, während der ganzen Dauer des Krieges offen. Und wie der Konsul nicht versäumte, beim Antritt seines Amtes den Segen des Janus zu erflehen, die Kurien ihre Beratungen nach Anrufung des Janus begannen, so suchte auch der Privatmann in allen wichtigen Vorkommnissen und Unternehmungen sich durch Gebete und Gelübde der Gunst des Janus und damit eines gesegneten Anfangs zu versichern. Wenn der Landmann die Aussaat begann, oder sich anschickte, den reichen Erntesegen einzuheimsen, brachte er dem Janus Consivius ein Voropfer von Kuchen und Wein. Ebenso wenn der Kaufmann eine Geschäftsreise antrat, wenn der Seemann die Anker lichtete, so verfehlten sie nicht den segnenden Gott anzurufen, der als Agonius allen Arbeiten und Geschäften der Menschen vorstand. Aus derselben Vorstellung eines Gottes alles Anfangs ist auch die Sitte zu erklären, daß Janus bei jedem Gebete und jedem Opfer zuerst angerufen wurde, selbst vor Jupiter. Der Pförtner des Himmels schien auch den Gebeten der Menschen erst den Eingang erschließen zu müssen.

Der Gott alles Ursprungs und Werdens ist auch der Urheber aller Quellen, Flüsse und Ströme auf Erden, weshalb ihm die Sage verschiedentlich Quellnymphen zu Gemahlinnen gab, und Fontus und Tiberinus als seine Söhne galten. Daß Janus es vermag, plötzlich Quellen aus der Erde hervorsprudeln zu lassen, erfuhren besonders die Sabiner zu ihrem Schaden. Denn als sie infolge des bekannten Frauenraubes den jungen Staat des Romulus mit Krieg überzogen und durch ein offenstehendes Tor in die palatinische Stadt einzudringen suchten, sahen sie sich plötzlich von einem mit Gewalt aus dem Erdboden dringenden heißen Schwefelquell übergossen und zum schleunigsten Rückzuge genötigt.

35. Münze mit dem Januskopf.

In dieser Legende erscheint Janus zugleich als Beschützer des Stadttores. Als Gott des glücklichen Ein- und Ausganges in allen Häusern, Straßen und Städten stand er bei dem Volke in besonders hohem Ansehen, man machte ihn zum Wächter und Hüter der Türen und setzte deshalb die Penaten sowie die übrigen Hausgeister in enge Beziehung zu ihm. Hieraus entsprang die Sitte, das Bild des schützenden Gottes mit den bekannten zwei Gesichtern, von denen das eine nach außen, das andere nach innen gerichtet war, über der Türe anzubringen.

Eigentliche Tempel des Janus in dem gewöhnlichen Sinne dieses Wortes gab es nicht. Seine Heiligtümer waren gewisse an lebhaften Verkehrsplätzen und Kreuzwegen liegende Torhallen oder überwölbte Durchgänge, in denen das Bild des Gottes aufgestellt war. Ein durch Türen verschließbares Heiligtum dieser Art und wahrscheinlich das älteste Roms war der bereits erwähnte Janustempel am römischen Forum, dessen geöffnete Türen den Kriegszustand anzeigten.

I. Die Götter des Olympos. Quirinus. Eros. 79

Zu einer eigenartigen plastischen Darstellung des Janus hat es die römische Kunst nicht gebracht, da der Doppelkopf des Gottes nichts ist als eine Nachahmung der griechischen Doppelhermen. Mit der Zeit bildete man auch ganze Figuren des Janus, aber auch diese stets mit doppeltem Gesichte, gewöhnlich bärtig, erst spät mit einem bärtigen und einem jugendlichen Gesichte. Erhalten aber ist kein einziges dieser Kunstwerke, so daß wir diese Formen nur durch Münzen kennen (Fig. 35). Die gewöhnlichen Attribute des Janus sind Schlüssel und Stab.

12. Quirinus.

Auch Quirinus ist eine eigentümlich römische Gottheit, die ebenfalls zu den großen Göttern des Himmels gezählt wurde und daher hier erwähnt werden muß. Seiner Bedeutung nach kommt er dem Mars nahe und ist, wie jener der Stammesgott der latinischen Römer, so der Stammesgott der mit Titus Tatius nach Rom gekommenen Sabiner. Daher bildete er mit Jupiter und Mars einen Dreiverein von Schutzgöttern des römischen Reiches. Sein Heiligtum lag auf dem Quirinalis, dem ursprünglich von den Sabinern besetzten Hügel, der nach ihm den Namen erhalten hat. Numa gab ihm einen Eigenpriester. Er hatte ein besonderes Fest am 17. Februar, doch scheint sein Kultus im ganzen gegen den des Mars mehr und mehr zurückgetreten zu sein. Später verschmolz man ihn mit dem vergötterten Romulus.

B. Nebengötter.

1. Begleitende und dienende Umgebung.

a. Eros (Amor).

Eros ist unter den Gottheiten, die im Gefolge der Aphrodite erscheinen, die einzige, die wirklich göttliche Verehrung genossen zu haben scheint, während Pothos, Himeros und Hymenäos nichts weiter als allegorische Figuren sind, durch die gewisse von der Liebesgöttin ausgehende Wirkungen bezeichnet werden sollen. Er galt gewöhnlich als Sohn der Aphrodite und des Ares, und man dachte ihn sich als einen an der Grenze des Jünglingsalters stehenden Knaben von bezaubernder Schönheit. Seine beständige Waffe ist sein goldener Bogen, mit dem er die Pfeile abzuschießen pflegt, deren unfehlbare Wirkung die verzehrenden, zugleich aber auch süßen Schmerzen der Liebe sind. Dieser Wirkung kann selbst Zeus nicht widerstehen, womit also die Liebe für die furchtbarste und gewaltigste Naturmacht erklärt wird.

80 Zweiter Abschnitt.

Da die Liebe ohne Gegenliebe keinen Zweck hat, so schuf die Phantasie der Dichter dem Eros einen Bruder und Gefährten in dem Anteros, der natürlich auch ein Sohn der Aphrodite sein mußte. Da der kleine Eros, so heißt es in dem Mythos, nicht wachsen und

36. Erostorso. Vatikan.

gedeihen wollte, so gab ihm seine Mutter auf den Rat der Themis diesen Bruder zum Gespielen, und nun gedieh der Knabe und war lustig, wenn der Bruder bei ihm war, aber traurig in seiner Abwesenheit. (Vergl. Fig. 37, Rel. des Neapler Mus.).

Eros wurde nicht bloß als der Gott gefeiert, welcher die Liebe zwischen den beiden Geschlechtern entzündet, sondern galt auch als Stifter der Freundschaft und Liebe zwischen Jünglingen und Männern,

I. Die Götter des Olympos. Eros. 81

weshalb sein Bild auch in den Gymnasien zwischen den Statuen des Hermes und Herakles aufgestellt zu werden pflegte, und die Spartaner ihm vor der Schlacht opferten, womit sie sich gleichsam zu treuem und festem Zusammenhalten und zu gegenseitigem Schutze in der Stunde der Gefahr verbanden.

Die Römer nannten den Liebesgott Amor oder Cupido, er ist aber lediglich eine Nachahmung des griechischen Eros und hat bei ihnen nie eine öffentliche Verehrung genossen.

37. Eros und Anteros. Relief in Neapel.

Die sinnreiche Fabel von der Liebe des Amor zu der Psyche, d. i. der personifizierten Menschenseele, ist verhältnismäßig späten Ursprungs, wurde aber von der Kunst mit großer Vorliebe ausgebeutet.

Die Künstler folgten in der Darstellung des Eros den Dichtern, bildeten ihn also in der ältern Zeit als einen an der Schwelle des Jünglingsalters stehenden Knaben. Ein Eros des Praxiteles galt als eins der besten Kunstwerke des ganzen Altertums. Kaiser Nero brachte ihn nach Rom, wo er unter der Regierung des Titus durch eine Feuersbrunst zugrunde ging. In der späteren Zeit bildete man den Liebesgott immer jugendlicher, weil die Kindergestalt sich besser eignete, um den Eros allerlei lose Streiche verüben zu lassen, die durch die Dichter über ihn in Umlauf gebracht worden waren.

Erosstatuen sind noch ziemlich viele aus dem Altertume erhalten. Zu den bedeutendsten rechnet man den Torso (verstümmelte Statue) im Vatikan (Galleria delle Statue) Fig. 36; den sogenannten bogenspannenden Eros im kapitolinischen Museum zu Rom (Fig. 38), endlich die berühmte Gruppe des kapitolinischen Museums, die Amor und Psyche sich umarmend und küssend darstellt.

Eros erscheint in den Kunstwerken des Altertums gewöhnlich geflügelt, seine Attribute sind Bogen und Pfeile, außerdem die brennende Fackel. Unter den Blumen ist ihm die Rose geweiht, weshalb er auch häufig mit Rosen bekränzt erscheint.

In der Umgebung der Venus und in der Gesellschaft des Amor tritt auch wohl Hymenäus auf, eine Personifikation der Hochzeitsfreude, die nur die spätere Dichtung und Kunst kennt. Man bildete ihn als schönen Jüngling, ebenfalls geflügelt wie Eros, nur größer und ernster. Sein unerläßliches Attribut ist die Hochzeitsfackel.

b. Die Musen.

Über den Ursprung der Musen erzählt Pindar folgendes: Nach der Besiegung der Titanen baten die Himmlischen den Vater Zeus, auf die Erschaffung von Wesen Bedacht zu nehmen, die das Andenken an so große Taten der Götter durch die Kunst des Gesanges zu verewigen imstande wären. In Gewährung dieser Bitte erzeugte Zeus mit der Mnemosyne (Erinnerung) die neun Musen, die Gegenwärtiges, Vergangenes und Zukünftiges zu singen wissen und durch ihre holden Gesänge, die Apollon mit seinem Zitherspiel zu begleiten pflegt, die Herzen der Himmlischen erfreuen, wenn sie im hohen Palaste ihres Vaters Zeus auf dem Olympos versammelt sind.

Es ist nicht zweifelhaft, daß die Musen ursprünglich Quellnymphen waren. Der Musendienst stammt aus der Landschaft Pierien am östlichen Abhange des Olympos in Thessalien, von dessen steilen und felsigen Höhen eine Menge melodisch rieselnder und rauschender Bächlein talwärts hinabstürzen. Die Wahrnehmung dieser Naturmusik führte von selbst auf den Glauben an die gesangsfrohen Göttinnen, deren Sitz nur später von den Abhängen des Olympos auf den böotischen Helikon oder auch auf den Parnassos verlegt wurde, an dessen Fuße der ihnen heilige kastalische Quell hervorquoll. Von Haus aus sind die Musen nur singende Gottheiten, doch findet man hin und wieder, namentlich auf Vasenbildern, auch Musen, die Instrumente spielen. Auch treten sie in der älteren Zeit immer nur als Chor auf, und die besonderen Funktionen, die man ihnen als Vorsteherinnen dieses oder jenes Zweiges der Kunst zugewiesen hat,

I. Die Götter des Olympos. Die Musen. 83

sind erst Erfindungen einer späteren Zeit. Ihre Namen sind: Klio, Melpomene, Terpsichore, Polyhymnia, Thalia, Urania, Euterpe, Erato und Kalliope.

38. Bogenspannender Eros. Kapitol.

Für die ältere Auffassung der Musen ist das Relief des Archelaos von Priene, Fig. 39, besonders interessant, auf dessen unterem Teil die Apotheose Homers dargestellt ist. Gemäß der wahrscheinlich erst zur Zeit der Alexandriner gemachten Verteilung der Künste unter die Musen vertritt Kalliope die epische Poesie und die Wissenschaft überhaupt, ihre Attribute sind eine Tafel oder Rolle und ein Stilus; Klio ist die Muse der Geschichte

84 Zweiter Abschnitt.

und wird gleichfalls mit Rolle und Griffel dargestellt, so daß die Entscheidung zwischen ihr und Kalliope bisweilen zweifelhaft ist, doch hat sie wohl auch eine Bücherkiste neben sich; Euterpe vertritt die lyrische Poesie und ist an der Doppelflöte kenntlich; Melpomene, die Muse der Tragödie, pflegt mit Heroenmaske, Keule oder Schwert und einem Kranze

39. Apotheose Homers. London, Brit. Mus.

von Weinlaub dargestellt zu werden; Terpsichore, die Muse der Tanzkunst, hat Lyra und Plektron; Erato, der die erotische Poesie, wie auch Geometrie und Mimik zugeteilt sind, hält gewöhnlich irgendein größeres Saiteninstrument; Thalia ist Muse der Komödie und wird charakterisiert durch die komische Maske, Efeukranz und Krummstab; Polyhymnia vertritt die ernsten gottesdienstlichen Gesänge und wird ohne Attribute dargestellt, sie ist kenntlich an der dichteren Einhüllung und der ernst sinnenden Miene; Urania endlich, die Muse der Astronomie, hält in der einen Hand einen Himmelsglobus, in der anderen ein Stäbchen.

I. Die Götter des Olympos. Die Musen.

40. Melpomene. Vatikan.

41. Thalia. Vatikan.

I. Die Götter des Olympos. Die Musen.

42. Polyhymnia. Vatikan.

Mehrere europäische Museen sind im Besitze von Statuengruppen aus dem Altertum, welche die Musen darstellen; die im Vatikan aufbewahrte nimmt darunter den ersten Rang ein. Wir geben aus dieser Gruppe Melpomene, Thalia und Polyhymnia (Fig. 40—42). Während die vatikanische Polyhymnia die Göttin als Vertreterin des Pantomimus als zum Tanz antretend zeigt, stellt sie eine durch besondere Schönheit hervorragende Statue des Berliner Museums als über neue Gesänge nachdenkend dar (Fig. 43).

Die Römer verehrten eine Anzahl singender und weissagender Quellnymphen unter dem Namen Camenen, unter denen Egeria aus der Geschichte des Numa hinlänglich bekannt ist. Die römischen Dichter haben dann diese Göttinnen ziemlich willkürlich mit den Musen verschmolzen.

c. Die Chariten (Grazien).

Die Chariten erscheinen gewöhnlich im Gefolge der Liebesgöttin, die sie ankleiden und schmücken, doch gesellen sie sich auch zu anderen Göttern, da alles Reizende und Anmutige, mag es nun sinnlicher oder geistiger Natur sein, von ihnen ausgeht oder ihrer Einwirkung zugeschrieben wird. So wird Charis bei Homer an Stelle der sonst genannten Aphrodite als Gemahlin des Hephästos bezeichnet. Ihre Namen sind: Aglaja, Euphrosyne und Thalia, und sie gelten nach der gewöhnlichen Annahme als Töchter des Zeus und der Okeanide Eurynome. Man verehrte sie als die Geberinnen alles dessen, was das menschliche Leben verschönert und angenehm macht. Ohne sie gibt es keinen eigentlichen Lebensgenuß, deshalb mochten selbst die seligen Götter sich ohne die Chariten nicht niedersetzen zum festlichen Mahle, und wo immer fröhliche Menschen bei festlichen Veranlassungen zusammenkamen, da riefen sie zuvor die Chariten an und opferten ihnen den ersten Becher. Musik, Beredsamkeit, Künste und Poesie erhielten erst durch die Chariten ihre höhere Weihe, deshalb nennt Pindar seine Lieder ihr Geschenk. Auch Weisheit, Tapferkeit, mildes Wohltun und Dankbarkeit, kurz alle edlen Tugenden, die den Menschen in den Augen seiner Mitmenschen schmücken und angenehm machen, gehen von ihnen aus.

Die römischen Grazien sind einfach aus der griechischen Mythologie herübergenommen und haben daher ganz dieselbe Bedeutung wie die Chariten.

I. Die Götter des Olympos. Die Chariten.

43. Polyhymnia. Berlin, Museum.

Die Kunst stellte die Chariten oder Grazien als blühende Mädchen von schlanker und zierlicher Gestalt und mit dem Ausdrucke heiterer Unschuld dar. In den Händen tragen sie häufig Blumen, namentlich Rosen und Myrten. Gewöhnlich aber werden sie weniger durch bestimmte Attribute, als durch gegenseitiges Händegeben und Umarmen charakterisiert. Die ältere griechische Kunst kannte nur völlig bekleidete Chariten, so auf dem altertümlichen Relief des Vatikans (Museo Chiaramonti), das die Grazien sich an den Händen fassend darstellt; im weiteren Fortgange der Entwicklung nahm man die Bekleidung immer leichter, bis man sie zur Zeit des Skopas und Praxiteles, wo das Nackte mehr und mehr Eingang

44. Die Horen.
Zusammengestellt aus Bruchstücken in Rom, Florenz und München.

in die Kunst fand, ganz fallen ließ. Ein Beispiel dieses Dreivereins, von dem sehr viel Wiederholungen vorhanden sind, ist z. B. in der stark verstümmelten Gruppe in Siena erhalten, welche Raffael zn seinem bekannten Bild anregte.

d. Themis und die Horen.

An die Chariten schließen sich die ihnen verwandten Horen an, die Töchter des Zeus und der Themis. Gewöhnlich wird eine Dreizahl angenommen, Eunomia, Dike und Eirene. Weil sie den regelmäßigen Gang der Natur in dem Wechsel der Jahreszeiten vertreten, so kann ihre Mutter nur Themis sein, das ewige Gesetz der Weltordnung, die als Tochter des Uranos und der Gäa zu den allerältesten Gottheiten gehört. Als Vertreterin aller gesetzlichen

I. Die Götter des Olympos. Themis und die Horen.

45. Eirene mit Plutos. München.

Ordnung bei Göttern und Menschen beruft Themis im Auftrage des Zeus die Versammlungen der Himmelsbewohner und waltet ebenso in den irdischen Verhältnissen als Vorsteherin der Volksversammlungen und als Beschützerin des Gastrechts.

Wie Themis, so erscheinen auch ihre Töchter, die Horen, in einem untergeordneten und dienenden Verhältnisse. Bei Homer sind sie Dienerinnen des Zeus, welche die Tore des Himmels bald mit dichten Wolken verschließen, bald durch Wegschieben der Wolken wieder öffnen. Sie erscheinen aber auch als Dienerinnen und Begleiterinnen anderer Gottheiten, wie der Hera, der Aphrodite, des Apollon und der Musen. Gleich ihrer Mutter sind sie die Hüterinnen aller gesetzlichen Ordnung in den menschlichen Verhältnissen, unter deren Schutze alles Edle, Schöne und Gute gedeiht.

46.
Die Nike von Samothrake.

Über die Verehrung der Horen bei den Griechen sind wir wenig unterrichtet. Die Athener feierten ihnen zu Ehren ein besonderes Fest, die Horäen, kannten aber nur zwei Horen, Thallo, die Hore der Blüte, und Karpo, die Hore der gezeitigten Frucht. Dagegen verehrten sie Eirene als Friedensgöttin, besonders seit 375 v. Chr. nach dem Siege bei Leukas über die Spartaner. Die Annahme von vier Horen, den vier Jahreszeiten entsprechend, scheint ziemlich späten Ursprungs zu sein.

In der bildenden Kunst ist Themis kaum nachzuweisen. Die Horen bildete man gewöhnlich als liebliche Jungfrauen, hochgeschürzt und tanzend, (Fig. 44, aus zerstreuten Fragmenten zusammengesetzt). Später gab man ihnen auch Attribute, welche die verschiedenen Jahreszeiten erkennen ließen. Eirene als Friedensgöttin mit dem jungen Plutos (Reichtum) auf dem Arme findet sich in einer herrlichen Marmorgruppe der Münchener Glyptothek nach Kephisodot dargestellt. Sie ist eins der schönsten Stücke dieser berühmten Antiken-Sammlung (Fig. 45). Die linke Hand mit dem Krug ist falsch ergänzt; sie hält darin vielmehr das Füllhorn fest, an das Plutos die linke Hand legt.

e. Nike (Viktoria).

Nike ist nichts als eine Personifikation der unwiderstehlichen und siegreichen Gewalt, die der höchste Himmelsbeherrscher durch seine Blitze ausübt. Sie erscheint aber auch in der Umgebung der

47. Nike von Samothrake. Paris, Louvre.

Pallas Athena, die von den Athenern auf dem westlichen Vorsprung der Akropolis selbst als Siegesgöttin verehrt wurde. Besondere Tempel und Feste scheint sie nicht viele gehabt zu haben, da sie gewöhnlich nur im Gefolge anderer Gottheiten erscheint. Weit ausgedehnter war bei den kriegerischen Römern die Verehrung der Victoria. Die Hauptstätte ihrer Verehrung war das Kapitol, wo siegreiche Feldherren Bilder der Göttin zum Andenken an ihre Kriegstaten aufzustellen pflegten. Die prachtvollste Statue dieser Art weihte Augustus nach seinem Siege bei Actium. Das eigentliche Fest der Göttin war am 12. April.

Die griechische und römische Kunst pflegte die Victoria in der Regel geflügelt darzustellen, ihre gewöhnlichen Attribute sind Palmzweig und Lorbeerkranz, die bei den Alten üblichen Belohnungen der Tapferkeit. Da größere Statuen der Göttin selten sind, so erregte es begreiflicherweise ein außerordentliches Interesse, als bei den durch die deutsche Regierung in Olympia vorgenommenen Ausgrabungen am 21. Dezember 1875 die schöne Marmorstatue wieder zum Vorschein kam, welche die Messenier zum Andenken an ihren im Jahre 425 v. Chr. in Sphakteria über die Spartaner gewonnenen Sieg hatten errichten lassen; leider ist sie stark zerstört auf uns gekommen. Die großen weitausgebreiteten Flügel sind bis auf einige Fragmente verloren gegangen, die Arme verstümmelt, der Kopf ebenfalls so gut wie verloren, da das Gesicht völlig abgesplittert ist. Die Statue ist das Werk des Päonios von Mende in Thrazien, eines zu seiner Zeit hochberühmten Künstlers, der in seiner Kunstrichtung sich wohl von Pheidias hat bestimmen lassen. Eine großartige Figur ist auch die von Samothrake in den Louvre versetzte Siegesgöttin (Fig. 47), die ohne Zweifel zum Andenken an den Seesieg des Demetrios Poliorketes über Ptolemäos I. (306 v. Chr.) errichtet worden war; sie hielt in der linken Hand den Flaggenstock eines eroberten Schiffes, in der rechten eine Salpinx, um den Sieg mit Trompetenklang weithin zu verkünden (Fig. 46). Der Basis ist die Form eines Schiffsvorderteils gegeben. Auch die Nike von Brescia, bis auf die Gewandung, von welcher der Oberkörper verhüllt ist, ziemlich genau mit der Aphrodite von Melos übereinstimmend, verdient hohe Beachtung; sie hält mit der linken Hand den Schild fest, um mit der rechten darauf Namen zu schreiben.

f. Iris.

Iris ist ursprünglich die Personifikation des Regenbogens; sie verwandelt sich aber, weil dieser gleichsam eine Himmel und Erde verbindende Brücke ist, leicht in die hurtige Botin der Götter, in welcher Eigenschaft sie schon bei Homer vorkommt. Später scheint sie mehr und mehr aus der allgemeinen Götterbotin eine besondere

Dienerin der Hera geworden zu sein. Ihre Schnelligkeit ist erstaunlich groß. Wie Hagel oder Schnee, der aus den Wolken stürzt, sagt Homer, fährt sie daher von einem Ende der Welt zum andern, ja selbst bis zum tiefsten Grunde des Meeres, und in die Tiefe der Unterwelt taucht sie hinab, um die Aufträge der Himmlischen auszurichten.

Die Kunst stellte sie wie Nike geflügelt dar, weshalb sie der letzteren sehr ähnlich erscheint und nur durch das Attribut des Heroldstabes (caduceus) mit Sicherheit von ihr unterschieden wird. In Skulpturwerken ist sie bis jetzt nur in der hinter Hera im Ostfries des Parthenon stehenden Figur nachgewiesen.

g. Hebe (Juventas).

Hebe ist die Tochter des Zeus und der Hera und ihrer Naturbedeutung nach eine Personifikation der Jugendblüte. Die ausgebildete griechische Götterlehre kennt sie jedoch nur als die Mundschenkin der olympischen Götter, denen sie beim festlichen Mahle den süßen Nektar kredenzt. Es könnte nun wunderbar erscheinen, daß die Tochter der höchsten griechischen Gottheiten eine so untergeordnete Stellung einnimmt, aber es erklärt sich diese Erscheinung leicht aus den altpatriarchalischen Sitten der Griechen, insofern es den jüngern und unvermählten Töchtern selbst in den Häusern der Könige zukam, die männlichen Familienglieder und Gäste bei der Tafel zu bedienen. Die spätere Dichtung kennt Hebe nicht mehr als Mundschenkin, sie hat vielmehr ihr Schenkenamt an den Ganymedes abgetreten, entweder infolge der Beförderung dieses trojanischen Königssohnes zum Mundschenken der Götter, oder infolge ihrer eigenen Vermählung mit dem vergötterten und in den Kreis der Olympier aufgenommenen Herakles.

Im griechischen Kultus nimmt Hebe keine bedeutende Stelle ein, sie scheint meistens nur im Vereine mit ihrer Mutter Hera verehrt worden zu sein, hin und wieder auch in Gemeinschaft mit Herakles.

Juventas oder Juventus ist die der Hebe entsprechende Gottheit der Römer, die auch diese Gottheit wie so viele andere in engere Beziehungen zu ihrem Staatswesen zu setzen wußten, indem sie in ihr die unverwelkliche und ewig blühende Kraft des Staates verehrten. Sie hatte eine besondere Kapelle in dem Tempel des kapitolinischen Jupiter und seit dem Jahre 193 v. Chr. auch einen eigenen Tempel am Circus Maximus.

48. Ganymedes, nach Leochares. Vatikan.

I. Die Götter des Olympos. Hebe. 97

49. Ganymedes. Neapel.

Rundbilder der Hebe scheinen im Altertume außerordentlich selten gewesen zu sein, häufiger begegnet man ihr auf Vasen und Reliefdarstellungen. Gewöhnlich erscheint sie als anmutige Jungfrau, die aus einer Kanne Nektar einschenkt. Als solche hat sie auch der Bildhauer Canova (1757—1822) in einem bekannten Meisterwerke dargestellt.

h. Ganymedes.

Einen ähnlichen Dienst wie Hebe versieht im Olymp Ganymedes, der von Zeus unsterblich gemachte und zum Mundschenken der Götter berufene Sohn des trojanischen Königs Tros. Daß Zeus seinen Adler geschickt habe, um den Ganymedes zu rauben, ist ein verhältnismäßig später, aber von der Kunst mit großer Vorliebe ausgebeuteter Zug der Sage. Andere gingen noch einen Schritt weiter und ließen den erhabenen Beherrscher des Olympos sich selbst in einen Adler verwandeln, um seinen Liebling heraufzuholen. So erzählt den Hergang unter andern auch der römische Dichter Ovid im 10. Buch der Metamorphosen.

Der Raub des schönen Knaben Ganymedes ist von der alten Kunst häufig behandelt worden. Am berühmtesten war die in Bronze ausgeführte Gruppe des Leochares, eines im 4. Jahrhundert v. Chr. blühenden Künstlers, wovon eine Nachahmung noch heute in der berühmten Statue des Ganymedes in der vatikanischen Sammlung zu Rom vorhanden ist (Fig. 48). Der schöne Knabe widerstrebt dem Adler nicht, sondern als ob er wisse, daß es der Vogel des Zeus ist, der ihn aufwärts trägt, ist er in Mienen und Haltung ganz Hingebung und von dem Vorgefühl des seligen Götterloses durchdrungen, das seiner wartet. Der ihm heulend nachblickende Hund dient dazu, die Vorstellung des Schwebens für den Beschauer noch mehr zu verstärken, die am Boden liegende Hirtenflöte deutet die Beschäftigung des Ganymedes vor seiner Wegführung zum Olympos an.

In anderen Kompositionen erscheint Zeus selbst in der Gestalt des Adlers als Räuber, so in Venedig. Auch die Pflege des Adlers durch Ganymed ist vielfach gebildet worden, so z. B. in einer Statue des Museums zu Neapel (Fig. 49).

2. Himmlische Erscheinungen.
a. Helios (Sol).

Helios, lateinisch Sol, der Sonnengott, gehört zu den wenigen Gottheiten, die ihre Naturbedeutung unverändert beibehalten haben. Seine Verehrung ist unzweifelhaft von Asien her nach Griechenland gekommen, beschränkte sich aber auf einige wenige Orte, unter denen die Insel Rhodos den ersten Platz einnimmt. Hier wurde

I. Die Götter des Olympos. Ganymedes. Helios.

dem Sonnengotte unter großem Pompe ein jährliches Fest mit gymnastischen und musischen Spielen gefeiert. Die Dichter schildern ihn als einen schönen Jüngling mit leuchtenden Augen, das Haupt umwallt von glänzenden Locken und mit einem goldenen Helme bedeckt. Sein tägliches Geschäft ist, Göttern und Menschen das Tageslicht zu bringen, indem er bei den östlichen Äthiopen aus dem Meere aufsteigend seinen Lauf an dem Himmelsgewölbe vollendet. Zu diesem Zwecke dient ihm der von vier feurigen Rossen gezogene Sonnenwagen; wie er vom Untergang am westlichen Ende der Erde wieder zu dem Ausgangspunkte zurückkommt, wird von den Dichtern nicht angegeben. Fern im Westen hat Helios einen glänzenden Palast und die berühmten unter Aufsicht der Hesperiden stehenden Gärten. Man nannte ihn einen Sohn des Titanen Hyperion und der Titanin Theia, weswegen er selbst auch ein Titane genannt wird. Mit seiner Gemahlin Perse (die Verderbliche), einer Tochter des Okeanos, erzeugte er den aus der Argonautensage bekannten Kolchierfürsten Äetes und die noch bekanntere Zauberin Kirke (Circe). Ein anderer Sohn des Helios ist Phaëthon, dem der Versuch, des Vaters Wagen zu besteigen und die wilden Sonnenrosse zu lenken, ein unglückliches Ende bereitete.

Helios sieht und hört alles, deshalb glaubte man von ihm, daß er geheime Verbrechen ans Licht ziehe, und rief ihn bei allen feierlichen Beteuerungen und Eidschwüren als Zeugen an. Man opferte ihm Rinder, Schafe, Ziegen und weiße Rosse.

Auf den römischen Sol, der ursprünglich eine sabinische Gottheit war, sind allmählich alle auf Helios bezüglichen Fabeln übertragen worden; man verehrte den unermüdlichen Wagenlenker des Himmels als Beschützer der Rennbahn.

Im Kultus ist Sol nie recht hervorgetreten. Später wurde er häufig mit Apollo vermengt.

Helios mit Selene sind von der bildenden Kunst vielfach zur Umrahmung größerer Kompositionen verwendet worden, so namentlich im Ostgiebel des Parthenon; ein von Schliemann in Troja gefundenes Relief (jetzt in Berlin) stellt den Gott auf seinem Viergespann dar, mit dem langen Gewande der Wagenlenker bekleidet und eine Strahlenkrone auf dem Haupte. In ganz besonders grandioser Gestalt erscheint er auf dem pergamenischen Relief, nach links emporfahrend, vor ihm reitet Eos einher. Mehr als sonstwo ist er in Rhodos gefeiert und durch Bildwerke geehrt worden. Hier errichtete man ihm im Jahre 291 v. Chr. die berühmte eherne

Bildsäule, die unter dem Namen „Koloß von Rhodos" weltbekannt geworden ist und im Altertume zu den sogenannten sieben Weltwundern gerechnet wurde. Sie war ein Werk des Chares aus der rhodischen Stadt Lindos, der als einer der bedeutendsten Schüler des Lysippos bekannt ist, und hatte eine Höhe von 70 griechischen Ellen, stürzte aber schon 66 Jahre nach ihrer Aufstellung infolge eines Erdbebens zusammen. Daß der Koloß mit gespreizten Beinen über dem Eingang des Hafens von Rhodos gestanden habe, ist eine Fabel. — Der Sturz des Phaëthon findet sich vielfach in pompejanischen Wandgemälden und auf Sarkophagen dargestellt.

b. Selene (Luna).

Wie Artemis die Zwillingsschwester des Apollon ist, so Selene die des Helios. Wie jener die Sonne, so bedeutet sie den Mond, ist aber schwerlich jemals in Griechenland eigentliche Kultusgöttin gewesen. Die Dichter schildern sie als weißarmige, schöngelockte Göttin mit einem Strahlendiadem auf dem Haupte, die des Abends aus der heiligen Flut des Okeanos emporsteigt, um auf ihrem von zwei weißen Rossen gezogenen Wagen am Himmelsgewölbe dahinzufahren. Sie ist sanft und schüchtern, und nur verstohlen liebt sie schöne Jünglinge und küßt sie im Schlafe. Von einer solchen verstohlenen Liebe der Selene zu dem schönen Königssohne Endymion aus Elis wußten die alten Dichter viel zu singen. Sie versenkte ihn in ewigen Schlummer, und nun ruht er in einer Felsengrotte des Berges Latmos, wo ihn Selene allnächtlich besucht und sich seines Anblicks freut.

In späterer Zeit wurde sie vielfach mit Artemis, Hekate und Persephone vermengt. Dasselbe gilt auch von der römischen Luna, die übrigens einen eigenen Tempel auf dem Aventin hatte, den Servius Tullius geweiht haben soll. Wie ihr Bruder Sol war sie in Rom circensische, d. h. die öffentlichen Spiele beschützende Gottheit.

Zum Unterschied von Helios fährt Selene gewöhnlich auf einem nur von zwei Pferden oder Rindern gezogenen Wagen. Auch reitend wird sie dargestellt, z. B. auf dem Pergamener Altar. Besonders beliebt auf Sarkophagen und Grabdenkmälern ist die den schlafenden Endymion besuchende Selene; sie ist durch einen Halbmond über der Stirn bezeichnet, hat gewöhnlich das Hinterhaupt verschleiert und hält in der Hand eine Fackel.

c. Eos (Aurora).

Eos, die Morgenröte, ist gleichfalls eine Tochter des Hyperion und der Theia, also eine Schwester der Selene und des Helios. Ihr

I. Die Götter des Olympos. Selene. Eos.

erster Gemahl war der Titane Asträos, von welchem sie die Mutter der Winde Boreas, Zephyros, Notos und Euros (Nord-, West-, Süd- und Ostwind) wurde, eine mythische Einkleidung der Tatsache, daß mit dem Erscheinen der Morgenröte der Wind sich zu erheben pflegt. Nachdem Asträos zur Strafe für die Teilnahme am Kampfe der Titanen gegen Zeus in den Tartaros gestürzt worden war, erkor Eos den schönen Jäger Orion zu ihrem Gemahl, und als die Götter diese Verbindung nicht zugaben und den Orion durch die Pfeile der Artemis töteten, den trojanischen Königssohn Tithonos. Für diesen erbat und erhielt sie von Zeus die Unsterblichkeit; da sie aber vergessen hatte, zugleich um ewige Jugend für ihn zu bitten, so war dieses Geschenk von sehr zweifelhaftem Werte, da Tithonos zuletzt ein altes verschrumpftes Männchen wurde, an dem die Göttin keinen Gefallen mehr finden konnte. Ein Sohn des Tithonos und der Eos ist der aus der trojanischen Sage bekannte Äthiopierfürst Memnon, der von Achilleus erlegt wurde, als er den Trojanern zu Hilfe geeilt war. Seitdem weint Eos unaufhörlich um den geliebten Sohn, und ihre Tränen fallen als Tau zur Erde nieder.

Geschildert wird Eos von den Dichtern als eine herrliche, schöngelockte, rosenfingerige Göttin, das treue Abbild der belebenden Frische des Morgens. Munter und rüstig erhebt sie sich in aller Frühe von ihrem Lager und schirrt, mit safranfarbigem Mantel umhüllt, ihre Rosse Lampos und Phaëthon (Glanz und Schimmer) an, um dem Sonnengotte vorauseilend Göttern und Menschen den Tag zu verkünden.

Dieselben Anschauungen und Fabeln übertrugen die römischen Dichter auf ihre Aurora*).

Darstellungen dieser Göttin findet man hin und wieder auf Vasen und geschnittenen Steinen. Sie lenkt entweder ein Viergespann, oder sie schirrt die Rosse des Sonnengottes an, oder sie schwebt geflügelt durch die Luft, aus einem Gefäße Tau auf die Erde gießend. Auf dem großen pergamenischen Fries des Berliner Museums, der die Gigantomachie darstellt, sieht man sie hoch zu Rosse dem Helios voranreiten.

---

*) Eine der griechischen Eos vergleichbare römische Gottheit ist ferner noch Mater Matuta, die Göttin des Frühlichts, die von den römischen Frauen als hilfreiche Geburtsgöttin sehr verehrt wurde. Auch galt sie zugleich als rettende See- und Hafengöttin wie die griechische Leukothea.

102 Zweiter Abschnitt.

d. Die Sterne.

Unter den Sternen sind nur wenige für die Mythologie von Bedeutung. Den Morgen- und Abendstern, die anfangs für zwei ganz verschiedene Wesen gehalten wurden, **Phosphoros** und **Hesperos** genannt, stellte die Kunst als schöne Knaben mit Fackeln in den Händen dar. Ferner gingen viele Sagen von **Orion** um, der schon als Gemahl der Eos erwähnt wurde. Er wurde als Sternbild an den Himmel versetzt, nachdem ihn die Pfeile der Artemis getötet hatten. Der Hund des Jägers Orion ist Seirios (Sirius), dessen Aufgang die heißeste Zeit des Jahres verkündigt. Auch von

50. Helios mit den Sternen. Vase Blacas, London.

anderen Sternbildern dichtete man allerlei Mythen, so namentlich von den **Hyaden**, deren Aufgang den Eintritt der stürmischen und regnerischen Zeit bedeutet, wo der Schiffer das Meer flieht. Sie wurden nach der Sage von den Göttern aus Mitleid unter die Sterne versetzt, weil sie sich über den Tod ihres Bruders Hyas nicht trösten konnten, den ein Löwe auf der Jagd getötet hatte. Verwandt mit ihnen sind die **Plejaden** oder **Pleiaden**, d. h. Sterne der Schiffahrt, weil mit ihrem Aufgange im Mai die für die Schiffahrt günstige Jahreszeit beginnt. Sie sind sieben an der Zahl und wurden gleichfalls von den Göttern an den Himmel versetzt. Endlich ist **Arktos**, die Bärin, zu erwähnen, von der man die Sage in Umlauf brachte, sie sei die arkadische Nymphe Kallisto gewesen und von

I. Die Götter des Olympos. Die Sterne. Die Winde. 103

Zeus an den Himmel versetzt, um sie den Verfolgungen der Artemis zu entziehen, nachdem sie das der Göttin geleistete Gelübde ewiger Keuschheit verletzt und von Zeus den Arkas geboren habe.

Darstellungen einiger Sternbilder finden sich am Friese des Pergamenischen Altars, wo die Künstler, um den großen zu Gebote stehenden Raum zu füllen, den Kreis der auf Seite der Götter Kämpfenden durch mehrere Sternbilder erweitert haben; Helios mit den Sternen ist auf der sog. Blacas-Vase im Brit. Mus. dargestellt (Fig. 50).

51. Boreas raubt die Oreithyia. Vase in München.

e. Die Winde.

Die vier Hauptwinde wurden schon als Söhne der Eos erwähnt. Man ehrte die Winde besonders beim Antritt von Seereisen mit Gebet und Opferspenden, um sie sich geneigt zu machen, im übrigen sind sie auf der Stufe reiner Naturmächte stehen geblieben und daher von geringer Bedeutung für die Mythologie. Gefürchtet war besonders der rauhe Nordwind Boreas oder Aquilo, den man sich wegen seiner stürmischen Kraft gern als einen kecken Mädchenräuber dachte. So soll er nach einer alten attischen Sage die Oreithyia, des Erechtheus Tochter, entführt haben, als sie am Flusse Ilissos spielte (Fig. 51, nach einer Münchener Vase). Sie gebar ihm die aus der Argonautensage bekannten Boreaden Kalais und Zetes. Seitdem Boreas im Perserkriege die Flotte des Perserkönigs Xerxes arg mitgenommen hatte, stand er übrigens bei den Athenern in großer Gunst, so daß sie ihm eine Kapelle und einen Altar errichteten.

Wenn Boreas der Gott der winterlichen Stürme ist, so erscheint dagegen Zephyros als der liebliche Bote des Frühlings, weshalb man ihm eine der Horen zur Gemahlin gab. Die Römer nannten ihn Favonius (von favere, begünstigen), um seinen wohltätigen Einfluß auf die gedeihliche Entwickelung der Pflanzenwelt zu bezeichnen.

Den Wohnsitz dieser und der anderen Hauptwinde Notos (lat. Auster, der Südwind) und Euros (lat. Eurus, auch Vulturnus, der Südostwind) dachte man sich bald räumlich getrennt, bald ließ man sie vereinigt in Thrazien wohnen, oder man versetzte sie in den Windberg, den man auf die fabelhafte Insel Äolia verlegte, wo die Winde unter der Obhut des Königs Äolus stehen.

Eine höchst lebendige Charakteristik der vier Haupt- und vier Nebenwinde geben die am sogenannten Turm der Winde in Athen erhaltenen Reliefs. Es ist dies ein aus dem ersten Jahrhundert v. Chr. stammender achteckiger Bau mit Vorhallen, an dessen Gesims die Gestalten der acht Winde im Relief angebracht sind. Eine um einen Zapfen sich drehende Tritonfigur auf der Spitze des Daches zeigte mit einem Stabe den gerade herrschenden Wind an.

3. Geburts- und Heilgötter.

a. Asklepios (Aesculapius).

Das Bedürfnis, besondere Geburts- und Heilgötter zu verehren, scheint sich erst spät geltend gemacht zu haben, wenigstens kommt Asklepios, den die Römer Aeskulap nannten, bei Homer noch nicht als Gott vor. Auch läßt ihn eine Sage durch den Blitzstrahl des Zeus getötet werden, der darüber erzürnt war, daß Asklepios durch seine wunderbare Kunst sogar Tote wieder zum Leben erweckte und dadurch in seine Rechte sich einen frevelhaften Eingriff erlaubte. Er galt allgemein als ein Sohn des Apollon, der sich auch wegen seines Todes durch Tötung der Kyklopen, der Verfertiger der Blitze, gerächt haben soll. Der Kultus dieses Gottes, der ursprünglich wohl ein thessalischer Orakelgott war, scheint von Epidauros her allgemeine Verbreitung gefunden zu haben. Hier

I. Die Götter des Olympos. Asklepios. 105

52. Asklepios. Neapel.

hatten die Priester des Asklepios eine große Krankenheilanstalt errichtet, die sich eines bedeutenden Rufes erfreute. Eine der am meisten üblichen Heilmethoden bestand darin, daß man die Kranken in dem Tempel schlafen ließ, worauf ihnen nach fleißigen Gebeten und genügenden Opfern der Gott im Traume erschien, um ihnen das richtige Heilmittel zu offenbaren (Inkubation).

In Rom führte man den Dienst des Gottes im J. 291 v. Chr. ein, als die wegen einer Pestilenz befragten sibyllinischen Bücher den Rat erteilten, den Asklepios von Epidauros herbeizuholen. Die heilige Schlange des Gottes folgte, wie die fromme Sage erzählt, dem römischen Gesandten freiwillig und erwählte sich die Tiberinsel als Aufenthaltsort. Dort erbaute man dem Aesculapius einen Tempel und errichtete ihm im J. 13 v. Chr. eine vergoldete Bildsäule. Das erwähnte Mittel des Tempelschlafs oder der Inkubation wurde hier gleichfalls in Anwendung gebracht.

In der Kunst wird der Gott gewöhnlich als gereifter, bärtiger Mann dargestellt, mit ungemein edlen Zügen des Antlitzes von zeusähnlicher Bildung, aus denen das milde Wohlwollen des hilfsbereiten Wohltäters der Menschheit spricht. Kenntlich ist er an der ihn begleitenden Schlange, dem Symbol der sich verjüngenden Lebenskraft, die entweder von ihm gefüttert und geliebkost wird, oder sich um seinen Stab windet. In dieser Auffassung zeigt ihn die nebenstehende Abbildung nach einer in Neapel bewahrten Statue (Fig. 52). Auch andere Attribute deuten den Heilgott an, die Schale mit dem heilenden Tranke, ein Kräuterbüschel oder ein Pinienapfel, endlich wird ihm auch wohl ein Hund beigegeben, dessen Zunge von den Alten heilende Kraft zugeschrieben wurde. Von der Goldelfenbeinstatue des Thrasymedes in Epidauros können wir uns aus Münzen eine Vorstellung machen; die zahlreichen von Asklepios sonst erhaltenen Statuen gehen, wie die Berliner, meist auf einen gemeinsamen Typus zurück, der in Pergamon seinen Ursprung zu haben scheint. Die Ausgrabungen in Epidauros und am Südabhang der Akropolis in Athen, wo gleichfalls ein berühmtes Asklepieion lag, haben viele auf Asklepios und seinen Dienst bezügliche Denkmäler zutage gefördert.

b. Niedere Geburts- und Heilgottheiten.

Als Geburtsgöttin verehrten die Griechen Eileithyia, was ursprünglich nur ein Beiname der Hera in ihrer Eigenschaft als Beschützerin der Gebärenden gewesen zu sein scheint. Neben ihr galt als eine die Gesundheit überhaupt fördernde Heilgöttin Hygieia, die Tochter des Asklepios.

Daher ist Asklepios mit Hygieia häufig als Gruppe dargestellt worden. Eine große Gruppe dieser Art ist im Turiner Schloßhofe, eine andere im Vatikan.

Die Römer hatten kein Bedürfnis nach einer besonderen Geburtsgöttin, wohl aber verehrten sie ein der Hygieia gleichgesetztes Wesen, das sie Strenia oder Salus nannten, ferner als Hüterin der Wochenstube Carna oder Cardea, von der man glaubte, daß sie namentlich die bösen Strigen abwehre, die nachts kommen, um den neugeborenen Kindern das Blut auszusaugen. Doch wurde Carna auch allgemein als Beschützerin des körperlichen Wohlseins verehrt. Eine andere dieser niederen Gottheiten, die man um langes Leben und dauernde Gesundheit anrief, führte den Namen Anna Perenna.

4. Schicksalsgötter.

a. Die Moiren (Parzen).

Die unter ihrem lateinischen Namen Parzen viel bekannteren Moiren bezeichnen eigentlich den Anteil des Lebens und der Lebensgeschicke, der jedem Einzelnen von seiner Geburt an beschieden ist, so daß es in diesem Sinne so viele Moiren als Individuen gibt. Allein die Griechen pflegten solche Vielheiten unter der geheiligten Dreizahl zu verehren, und man nahm daher im Gegensatz zu Homer, der nur eine Moira kennt, für gewöhnlich drei an, die man als dunkle und unerforschliche Schicksalsmächte zu Töchtern der Nacht machte. Ihre Namen sind Klotho (Spinnerin), Lachesis (Erlosung) und Atropos (die Unabwendbare).

Die Römer kannten ursprünglich nur zwei Parzen und fügten erst die dritte hinzu, um die Übereinstimmung mit der griechischen Mythologie auch in diesem Punkte vollständig zu machen.

Für die Moiren hat die bildende Kunst erst verhältnismäßig spät einen Ausdruck gesucht und die drei unterschiedlos nebeneinander gestellten weiblichen Gestalten durch Attribute näher zu charakterisieren unternommen. Man stellt sie als Spinnerinnen und Spruchverkünderinnen dar und gibt ihnen zu dem Zweck eine Rolle in die Hand oder läßt sie auf eine Rolle schreiben. Erst ziemlich spät bürgern sich die drei Namen Klotho, Lachesis und Atropos und damit auch eine Scheidung der Attribute ein. Ein Relief in Tegel sowie ein Marmoraltar in Madrid verdienen von antiken Darstellungen hier angeführt zu werden.

b. Nemesis, Tyche (Fortuna) und Agathodämon (Bonus Eventus).

Nemesis bezeichnet eigentlich das Zuteilen des Gebührenden und infolgedessen den Unwillen über das Ungebührliche. Da sie Homer als Göttin noch nicht kennt, so scheint ihre öffentliche Verehrung erst spät Eingang gefunden zu haben. Sie galt als Göttin des Gleichmaßes, die darüber wacht, daß das Gleichgewicht der sittlichen Weltordnung nicht gestört, sondern Glück und Unglück den Menschen nach Gebühr zugeteilt werde. Hieraus entsprang später die Vorstellung von einer Rächerin und Bestraferin aller menschlichen Verbrechen und Frevel, so daß sie in dieser Auffassung den Furien nahe kommt. Die Römer haben sie gleichfalls bei sich aufgenommen, wenigstens stand ihr Bild auf dem Kapitol, der römische Volksglaube hat sich aber nie mit ihr befreundet.

In der älteren Zeit ist sie ganz ähnlich der bekleideten Aphrodite gebildet worden, so daß nach einer Künstlersage eine als Aphrodite gedachte Statue ohne weiteres als Nemesis geweiht werden konnte. Eine spätere Zeit suchte durch Häufung von Attributen den verschiedenen Auffassungen gerecht zu werden.

Tyche, die Göttin des guten Glücks, nach der gewöhnlichsten Annahme die Tochter des Okeanos und der Tethys, wurde am häufigsten als Beschirmerin und Erhalterin der Städte verehrt und hatte in dieser Eigenschaft in zahlreichen griechischen und asiatischen Städten Tempel und Statuen. Mit der Zeit jedoch bildete sich mehr und mehr die Vorstellung aus, daß Tyche sowohl Glück als Unglück verleihe, wodurch sie der römischen Fortuna gleichkommt, in der man die Quelle alles Unverhofften im Verlaufe des menschlichen Lebens zu erblicken pflegt. Als Stifter des römischen Fortunadienstes galt der König Servius Tullius; er erbaute ihr unter dem Beinamen Fors Fortuna einen Tempel und machte den 24. Juni zu einem allgemeinen Festtage dieser Göttin. Später gewann der Fortunadienst in Rom eine stets wachsende Ausdehnung. Unter den verschiedensten Beinamen, die teils auf den ganzen Staat (Fortuna populi Romani) teils auf die mannigfaltigsten Privatverhältnisse Bezug hatten, wurde ihr eine große Anzahl von Tempeln und Kapellen gestiftet. Auch in Antium und Präneste gab es berühmte Tempel dieser Göttin.

Die alten Künstler gaben dieser Göttin mannigfaltige Attribute, unter denen das wichtigste das Steuerruder ist, das sie als Lenkerin der menschlichen Schicksale kennzeichnet. In derselben Absicht gab man ihr das

I. Die Götter des Olympos. Nemesis, Tyche und Agathodämon. 109

53. Fortuna. Vatikan.

54. Tyche nach Eutychides. Vatikan.

I. Die Götter des Olympos. Nemesis, Tyche und Agathodämon. 111

Zepter, als Geberin des guten Glückes ein Füllhorn (vgl. Fig. 53, eine Statue des Braccio Nuovo im Vatikan), oder man bildete sie mit dem jungen Plutos auf dem Arme. Die spätere Auffassung als Schicksalsgöttin spiegelt sich in den Kunstwerken wider, die sie auf einer Kugel oder auf einem Rade stehend darstellen. Unter den vorhandenen größeren Kunstdenkmälern ist hervorzuheben die im Vatikan bewahrte Kopie einer in Antiochia verehrten Tyche des Eutychides aus Sikyon. Die Göttin trägt hier als beschützende Stadtgöttin eine Mauerkrone auf dem Haupte, in der rechten Hand ein Ährenbüschel, während zu ihren Füßen der Flußgott Orontes sichtbar wird (Fig. 54).

Neben der Fortuna verehrten die Römer noch die Felicitas, der Lucullus einen Tempel in Rom erbaut haben soll, den er mit Kunstdenkmälern aus der Beute des Mummius, des Zerstörers von Korinth, schmückte. Selbst damit war aber dem religiösen Bedürfnisse noch nicht Genüge geleistet. Vielmehr entwickelte sich bei den Griechen sowohl wie bei den Römern mehr und mehr der Glaube an persönliche Schutzgeister der einzelnen Menschen und Völker, Dämonen oder Genien genannt. Man dachte sie sich als unsichtbare Ratgeber jedes einzelnen Menschen, den sie von der Stunde der Geburt bis zum Tode durch alle Stadien seines Lebens warnend und tröstend begleiten, und opferte ihnen besonders am Geburtstage Wein, Kuchen, Weihrauch und Kränze.

II. Die Götter des Meeres und der Gewässer.
1. Poseidon (Neptun).

oseidon, von den Römern Neptunus genannt, ist der Sohn des Kronos und der Rhea, und zwar bei Homer der jüngere Bruder des Zeus, so daß seine Unterordnung unter diesen natürlich erscheint, während nach der gewöhnlichen Sage Zeus der jüngste der Kronossöhne ist, der das Recht auf die Herrschaft über die älteren Brüder sich durch die Bezwingung ihres tückischen Vaters erkämpft hat. Poseidon verdankt also die Herrschaft über das Meer und die Meeresgötter seinem Bruder und ist ihm deshalb untertänig. Sein gewöhnlicher Aufenthalt ist nicht der Olympos, sondern die Tiefe des ägäischen Meeres, in dem er mit seiner Gemahlin Amphitrite einen goldenen Palast bewohnt. Ursprünglich hat er wohl wie die theogonischen Gottheiten Okeanos und Pontos das feuchte Element selbst bedeutet, bis er sich allmählich zu einer völlig freiwaltenden Persönlichkeit gestaltete. Ungestüm und gewalttätig ist er wie das Element, das er vertritt. Wenn er mit seinem Dreizack, dem Abzeichen seiner Herrscherwürde*), in das Meer stößt, so erheben sich die Wogen mit Ungestüm, zerschmettern die Schiffe und überfluten weithin das Land. Ebenso vermag er Erdbeben zu erregen, Felsen zu stürzen und Inseln aus der Tiefe sich erheben zu lassen. Aber es genügt auf der andern Seite auch ein Wink von ihm, um den wildesten Sturm zum Schweigen zu bringen. Eine herrliche Schilderung von einer solchen Bändigung des wilden Elementes liefert Vergil im ersten Buche der Aeneide.

Poseidon ist naturgemäß der Hauptgott aller derer, die mit dem Meere zu tun haben, also aller Fischer, Schiffer usw. In ihm verehren sie ihren Schutzpatron, zu ihm beten sie vor Antritt einer

---

*) Ursprünglich ist der Dreizack das Werkzeug des Fischers, dessen er sich bedient, um die Fische aufzuspießen.

II. Die Götter des Meeres und der Gewässer. Poseidon.

jeden Fahrt, ihm bringen sie Dankopfer nach jeder glücklich erfolgten Heimkehr.

Die vorzüglichste Verehrung genoß Poseidon daher auch bei dem griechischen Stamme, der uns am meisten als seefahrender bekannt ist, bei den Ioniern, und am zahlreichsten waren seine Tempel, Altäre und Standbilder in den See- und Hafenplätzen, auf den Inseln und Vorgebirgen. Unter den zahlreichen Kultusstätten des meerbeherrschenden Gottes sei hier nur auf Korinth aufmerksam gemacht, in dessen Nähe ihm zu Ehren die isthmischen Spiele gefeiert wurden, auf Pylos und Athen, die Inseln Rhodos, Kos und Tenos.

Es konnte nicht ausbleiben, daß ein in das Leben der seefahrenden Völker so tief eingreifender Gott auch der Mittelpunkt vieler örtlicher und landschaftlicher Sagen wurde. In der trojanischen Sage tritt er als heftiger Feind der Trojaner auf, gereizt durch eine von dem trojanischen Könige Laomedon ihm zugefügte Beleidigung. Er hatte nämlich diesem Könige in Gemeinschaft mit Apollon die Mauern Trojas erbaut, wurde aber von Laomedon um den ausbedungenen Lohn betrogen. Aus Zorn hierüber sandte Poseidon ein furchtbares Seeungeheuer, das die Saaten verwüstete und die Menschen tötete, so daß man endlich keinen Rat wußte, als ihm auf Geheiß des Orakels Hesione, die Tochter des Königs, zum Fraß auszusetzen. Aber die Unglückliche wurde noch zur rechten Zeit durch Herakles gerettet. Zahllos sind die Sagen, in denen Poseidon als Vater verschiedener Landesheroen erscheint. Die wichtigste darunter ist die Theseussage, die weiter unten ihre besondere Behandlung finden wird. Es ist wohl kaum eine griechische Stadt oder Landschaft, die nicht ihrem Gründer oder Stammheros göttliche Abkunft beigelegt hätte. Die Vorstellung von der wilden und stürmischen Natur des Meeres machte ihn ferner zum Erzeuger verschiedener Riesen und Ungeheuer. So ist er der Vater des wilden Polyphemos, durch dessen Blendung Odysseus sich den unversöhnlichen Haß des Poseidon zuzog. Auch der Riese Antäos, mit welchem Herakles kämpfte, wird ein Sohn des Poseidon genannt, anderer Unholde, als des Prokrustes, des Kerkyon, der Aloiden, nicht zu gedenken.

Das Lieblingstier des Poseidon, das er auch erschaffen haben soll, ist das Pferd. Man mag auf diese Vorstellung verfallen sein, weil die Phantasie in den hüpfenden und springenden Wellen die

Rosse des Poseidon erblickte. In Athen führte man bekanntlich den Ursprung des Pferdes auf den Wettstreit zwischen Poseidon und Athena zurück, wer dem Lande das nützlichste Geschenk zu machen wüßte. In der korinthischen Sage ist Poseidon der Vater des bekannten Flügelrosses Pegasos, das er mit der Medusa erzeugt haben soll. Oder, wenn nicht die Erschaffung, so wird ihm die Zähmung des Rosses zugeschrieben. Wegen dieser engen Beziehung zu dem Pferde ist nun Poseidon vorzugsweise der Vorsteher der Kampfspiele und hatte deshalb in allen Rennbahnen einen eigenen Altar, und die Teilnehmer am Wagenrennen riefen ihn vor dem Beginn mit Gebeten an und brachten ihm Opfer dar.

Unter den Tieren war dem Poseidon sonst noch der Delphin heilig, unter den Bäumen die Fichte, wahrscheinlich weil sie Hauptmaterial für den Schiffsbau war. Geopfert wurden ihm gewöhnlich Stiere, auch Pferde, Widder und Eber.

Daß bei den Römern, die eigentlich nie ein seefahrendes Volk gewesen sind, Neptun nicht in so hohem Ansehen stand, wie bei den Griechen Poseidon, ist natürlich. Bei ihnen treten seine Beziehungen zum Pferde und zu der Rennbahn in den Vordergrund, die auch in Rom unter seinem Schutze stand, weshalb auch der einzige Tempel, den er in Rom hatte, am Circus Flaminius errichtet war.

Die künstlerische Darstellung des Poseidon hat sich ziemlich genau an die Beschreibungen der Dichter angeschlossen. Nach diesen ist er an Wuchs und Gestalt seinem Bruder Zeus ähnlich, hat eine mächtig gewölbte Brust, dunkle, gleichsam feucht ins Gesicht herabhängende Locken und blitzende Augen. Den ungestümeren Charakter des Meerbeherrschers drückten die Künstler dadurch aus, daß sie ihm eckigere Formen des Gesichts und ein verworreneres Haupthaar verliehen, als dem Zeus, auch ist der Ausdruck seines Gesichts strenger und ernster, und es fehlt ihm das freundliche Lächeln, das den Mund des Vaters der Götter und Menschen umspielt. Charakteristisch ist für ihn auch eine eigentümliche Art des Stehens, indem man ihn gern das eine Bein in nachdrucksvoller Weise auf eine Erhöhung aufstützen ließ.

Die älteste auf uns gekommene statuarische Darstellung des Gottes ist wohl die leider nur in Bruchstücken erhaltene Figur aus dem Westgiebel des Parthenon, wo der Streit zwischen Athena und Poseidon um den Besitz von Attika dargestellt war. Einzelfiguren des Gottes sind nicht allzu zahlreich; die meisten tragen den verhältnismäßig jungen Typus der Lateranensischen Statue (Fig. 55). Sein Hauptattribut ist der Dreizack (tridens), den er gewöhnlich in der Rechten hält; oft hat man ihm auch einen Fisch als charakteristisches Zeichen zugesellt.

II. Die Götter des Meeres und der Gewässer. Poseidon. 115

55. Poseidon. Rom, Lateran.

2. Amphitrite.

Seitdem in Poseidon der meerbeherrschende Gott zur fast ausschließlichen Geltung gekommen war, machte man Amphitrite, eine der Nereiden oder Töchter des Nereus, zu seiner Gemahlin. Nach der gewöhnlichen Sage entführte er sie von Naxos, eine andere Tradition aber läßt sie, dem ungestümen Werben des Gottes ausweichend, erst zum Atlas entfliehen, wo der Delphin des Poseidon sie entdeckte und ihm zuführte.

Plastisch dargestellt wurde sie als jugendlich schöne, schlanke Gestalt, gewöhnlich nackt oder halbbekleidet, auf dem Wagen Poseidons an seiner Seite oder allein fahrend, auch sieht man sie auf geschnittenen Steinen wohl auf dem Rücken eines mächtigen Triton thronend, oder reitend auf einem Meerpferde oder einem Delphin. Ihr Haar pflegt losgebunden über die Schultern zu fallen. Sie trägt Diadem und Zepter, auch schwingt sie wohl den Dreizack ihres Gemahls. Eine herrliche, in Rom gefundene Marmor-Reliefgruppe der Münchener Glyptothek, die vielleicht auf ein Original des Skopas zurückzuführen ist, stellt die Hochzeit des Poseidon und der Amphitrite dar. (Seemanns kunsthist. Bilderb. Hand-Ausg. Nr. 179).

Die Römer kannten den Kultus der Amphitrite gar nicht, sie gaben ihrem Neptun die Meeresgöttin Salacia zur Gemahlin.

3. Triton und die Tritonen.

Triton (der Rauschende) ist der einzige Sohn des Poseidon und der Amphitrite, scheint aber niemals öffentliche Verehrung genossen zu haben. Daher ist es erklärbar, daß er mit der Zeit zu einem fabelhaften Seeungeheuer herabgedrückt wurde. Schon der Dichter Apollonios von Rhodos beschreibt ihn, so wie er meistens auf Bildwerken zu sehen ist, mit menschlich gestalteter oberer Hälfte, während die untere vom Bauche an in einen zweigabeligen Fischschwanz ausläuft. Dichter und Künstler befreundeten sich nun bald mit dem Gedanken eines ganzen Geschlechtes gleichartig gebildeter Tritonen, unter denen man sich ein übermütiges, neckisches Völkchen, gleich den Satyrn des Festlandes, dachte.

Die Tritonen sind als Seedämonen von phantastischer Gestalt für die höhere Kunst von geringer Bedeutung. Desto häufiger bediente man sich ihrer bei Brunnen und Wasserkünsten. Zu dem menschlichen Oberleibe und dem Fischschwanze gesellte man häufig noch die Vorderbeine eines Pferdes, wodurch die Figur der sogenannten Ichthyokentauren entstand. Eine wohlerhaltene Gruppe, Triton eine Nereide entführend, zeigt man im vatikanischen Museum (Saal der Tiere).

II. Die Götter des Meeres und der Gewässer. Triton. Pontos. 117

4. Pontos und sein Geschlecht.

Von Pontos und seinem Geschlechte war schon oben in der Theogonie die Rede. Hier sind nur diejenigen seiner Kinder zu besprechen, die für den Gottesdienst oder die Kunst einige Bedeutung haben. Unter ihnen ist der älteste Nereus.

a) Nereus und die Nereiden.

Nereus vertritt die freundliche und anmutige Seite des Meeres und wird als ein wohlwollender und gütiger Meergreis gedacht. Er ist der gute und helfende Dämon des ägäischen Meeres, dessen Tiefe er mit seinen fünfzig lieblichen Töchtern, den Nereiden, bewohnt. Wie alle Wassergeister hat er die Gabe der Weissagung und ist ein außerordentlich kluger und erfahrener Mann, der schon manchem vom Sturme verschlagenen Schiffer sich hilfreich erwiesen hat. Freilich nicht gegen jedermann macht er von seiner Gabe freiwillig Gebrauch. Als Herakles auf seiner Fahrt zu den Gärten der Hesperiden ihn aufsuchte, um von ihm Auskunft zu erhalten, wie er am besten in den Besitz der goldenen Äpfel gelangen könnte, entzog er sich seinem Andringen durch allerlei Verwandlungen; aber umsonst, denn Herakles ließ ihn nicht los, bis er ihm die gewünschte Auskunft erteilt hatte.

Mit seiner Gemahlin Doris, einer Okeanide, hat er fünfzig, nach andern hundert Töchter erzeugt, in denen man den Menschen freundlich gesinnten und wohltätige Nymphen des Meeres verehrte. Sie sind ein zierliches und liebliches Geschlecht, die den Schiffer bald durch ihre heiteren Spiele und Tänze erfreuen, bald auch in der Gefahr ihm helfend und rettend zur Seite stehen. Ihr fröhlicher und lärmender Chor bildet das stehende Gefolge des Poseidon und der Amphitrite. Unter ihnen ist außer der Amphitrite selbst, die Poseidon zur Gattin erwählt hatte, besonders Thetis, die schöne Mutter des Achilleus, von den Dichtern verherrlicht worden. Gewöhnlich wird sie als Chorführerin unter ihnen bezeichnet. Ihre Schönheit und Anmut war so groß, daß selbst Zeus um ihre Liebe warb. Er gab sie aber doch einem Sterblichen, dem Aeakiden Peleus, zur Gemahlin, weil ein Orakelspruch lautete, der Sohn der Thetis werde größer werden, als sein Vater.

Die bildende Kunst pflegte den Nereus als einen Greis darzustellen, sein gewöhnliches Attribut ist das Zepter, auch wohl der Dreizack. Die

Nereiden wurden als anmutige Mädchengestalten gebildet, in den älteren Zeiten leicht bekleidet, später in der Regel nackt, meist auf Delphinen, Tritonen oder sonstigen phantastischen Ungeheuern der Tiefe reitend. Das bedeutendste Marmorwerk dieser Art, eine Nereide auf dem Seepferd, befindet sich in der Galerie der Uffizien zu Florenz.

b) Thaumas, Phorkys, Keto.

Vertritt Nereus mit seinen lieblichen Töchtern die friedliche Seite des Meeres, so stellt sich dieses in Thaumas, dem zweiten Sohne des Pontos, als eine Welt der reichsten und herrlichsten Wundererscheinungen dar. Er erzeugte mit der Okeanide Elektra die hurtige Götterbotin Iris und die Harpyien. Die letzteren sind eine Personifikation der Sturmwinde. Man dachte sie sich als geflügelte Wesen, halb Vögel, halb Menschen, mit jungfräulichen Gesichtern, am ganzen Leibe mit Geierfedern bedeckt. Ihr Aussehen ist bleich und abgezehrt, weil sie von einem nie zu stillenden Hunger beständig gequält werden. Am bekanntesten sind sie aus der Argonautensage, wo die Dichter sie als Plagegeister des blinden Königs Phineus auftreten ließen, dem sie jedesmal, wenn er sich zu Tische setzen wollte, die aufgetragenen Speisen raubten. Sie galten den Alten auch als Genien des schnellen Todes. Ihre Zahl wird gewöhnlich auf zwei oder drei angegeben.

Eine monumentale Darstellung der Harpyien zeigt das sogenannte Harpyienmonument von Xanthos, ein von dem Engländer Fellows in dem Jahre 1838 auf einer Reise durch Kleinasien entdecktes Grabdenkmal. Die ehemals daran befindlichen Marmorreliefs sind sämtlich in das britische Museum zu London übergeführt. Auf ihnen erscheinen die Harpyien mit weiblichem Oberkörper, großen Flügeln und Vogelkrallen, mit den Seelen der Verstorbenen davonfliegend. (Seemanns Kunsth. Bilderbogen, Hand-Ausg. Nr. 175). Häufiger finden sie sich auf Vasen, die den Phineusmythos darstellen.

In Phorkys und Keto, den Geschwistern des Thaumas, stellte man sich das Meer von seiner schrecklichen Seite vor; aus ihrer Verbindung gehen die grausigen Gorgonen, die Gräen und der Drache der Hesperiden hervor, über die weiter unten in der Perseussage noch die Rede sein wird.

5. Proteus.

Eine Meergottheit niederen Ranges ist Proteus, ein wahrsagender Meergreis und Diener des Poseidon, der in der trojanischen Sage dieselbe Rolle spielt, wie Nereus in der Heraklessage. Sein gewöhnlicher Aufenthaltsort ist die Insel Pharos, wo der auf der Heimkehr von Troja nach Ägypten verschlagene Menelaos sich in seiner Not an den „untrüglichen Meergreis" wendet, um eine Weissagung zu erhalten. Aber Proteus sucht sich durch allerlei Verwandlungen dem Andringen des Helden zu entziehen, bis dieser ihn doch endlich müde macht und ihm eine Antwort abnötigt. Man dachte ihn sich als den Hirten der die Meerestiefe bewohnenden Fische und sonstiger Seetiere.

6. Glaukos.

Unter den niederen Dämonen der See verdient ferner Glaukos, der in der Argonautensage eine Rolle spielt, erwähnt zu werden. Er war eigentlich eine Lokalgottheit der Anthedonier in Böotien und sein Dienst sonst nicht viel in Griechenland verbreitet. Aber wenn ihm auch kein prächtiger Tempel erbaut wurde, so stand er in desto höherer Gunst bei den niederen Klassen der Schiffer und Fischer, wie es überhaupt eine durchgehende Erscheinung ist, daß das gemeine Volk sich lieber an die ihm gemütlich näher stehenden niederen Dämonen mit allen

56. Meeresgottheit. Vatikan.

seinen Anliegen wendet, als an die vornehmeren und höheren Götter. Nach der Sage war Glaukos ursprünglich ein Fischer zu Anthedon und gelangte auf eine wunderbare Weise zu der Würde eines Gottes. Eines Tages, da er Fische gefangen und die schon halbtoten Tiere neben sich auf den Rasen gelegt hatte, bemerkte er mit Erstaunen, wie diese durch Berührung mit einem ihm unbekannten Kraute wieder ganz lebendig wurden und in das Meer zurücksprangen. Er aß nun auch von diesem Wunderkraute und fühlte sich alsbald von einer so wunderbaren Seligkeit und Begeisterung durchdrungen, daß er in seiner Aufregung ins Meer sprang, wo ihn Okeanos und Thetis von allen noch an ihm haftenden menschlichen Schlacken reinigten und unter die Meeresgötter aufnahmen. Außerhalb Anthedons genoß er auf vielen Inseln und Küsten Griechenlands Verehrung als ein freundlicher, milder und gegen alle Schiffbrüchigen und Verschlagenen zur Hilfe bereiter Gott.

Man hat auf Glaukos eine berühmte in Puteoli gefundene Büste des Vatikan (Fig. 56) deuten wollen, aber die Attribute lassen mehr auf die Personifikation eines bestimmten Meeresteiles, z. B. des Golfes von Bajae, schließen.

7. Ino Leukothea und Melikertes.

Wie Glaukos, so erwarb sich Ino, die Tochter des Kadmos, durch einen Sprung ins Meer Unsterblichkeit und göttliches Wesen. Sie war eine Schwester der Semele, der Mutter des Dionysos, und die Gattin des Königs Athamas von Orchomenos. Nach dem unglücklichen Ausgange der Semele ließ sie sich das Dionysoskind zur Pflege übergeben, Hera indessen bestrafte sie dafür, indem sie den Athamas rasend machte, der nun seinen Sohn Learchos an einem Felsen zerschmetterte und auch den zweiten, Melikertes, den Ino auf den Armen trug, zu töten trachtete. In wilder Hast suchte die Unglückliche sich und ihr Kind zu retten. Als aber der rasende Gemahl sie bis zum Isthmos hin verfolgt hatte, und sie keine Rettung mehr sah, stürzte sie sich von einem Felsen ins Meer, wo sie von den Nereiden freundlich aufgenommen und nebst ihrem Sohne unter die Seegötter versetzt wurde. Ino erhielt den Namen Leukothea, Melikertes aber wurde als Palämon verehrt. Beide galten als wohltätige Dämonen der stürmischen See, die Bedrängten und Schiffbrüchigen freundlichen Beistand gewähren. Ein Beispiel davon findet sich in der Odyssee, wo der schon den gewissen Tod vor Augen sehende Odysseus an der Küste von Scheria durch einen von Leukothea ihm geliehenen Schleier gerettet wird.

8. Die Sirenen.

Zu den Meeresgottheiten müssen auch die Sirenen gerechnet werden. Am bekanntesten sind sie aus der Odyssee durch das Abenteuer, das Odysseus mit ihnen erlebte, der jedoch glücklich mit seinen Gefährten an ihnen vorüber kam, ohne sich von ihrem Gesange betören zu lassen (Fig. 57). Er gebrauchte freilich auch die Vorsicht, seinen Gefährten die Ohren mit Wachs zu verstopfen,

II. Die Götter des Meeres und der Gewässer. Die Sirenen.

sich selbst aber an den Mast des Schiffes festbinden zu lassen. Als die Eltern der Sirenen nennt man entweder den Flußgott Acheloos und eine der Musen, oder Phorkys und Keto. Bei Homer sind ihrer nur zwei, später nahm man drei oder vier Sirenen an und verflocht sie in verschiedene andere Sagen, wie die Argonautensage und die sizilische Sage von dem Raube der Proserpina. Demeter soll ihnen nämlich den Vogelleib gegeben haben zur Strafe dafür, daß sie ihrer Gespielin nicht zu Hilfe kamen, als diese von dem Herrscher der

57. Odysseus bei den Sirenen. Vasenbild in London.

Unterwelt geraubt wurde. Auch ließ man sie mit den Musen einen Wettstreit eingehen und darin besiegt werden.

Die Kunst bildete sie den Harpyien ähnlich als Jungfrauen mit Flügeln und Vogelfüßen, bisweilen auch als vollständige Vögel mit Mädchenköpfen, oder auch mit Armen und halbmenschlichem Oberleibe, wo sie dann musikalische Instrumente zu halten pflegen. Weil ihr Gesang den von ihnen Betörten zur Ursache des Todes wurde, so lag es nahe, sie als Genien des Todes auf Grabmonumenten anzubringen.

9. Das Geschlecht des Okeanos.

Schließlich gehört zu den Wassergeistern noch das zahlreiche Geschlecht der Nachkommen des alten Okeanos, die Okeaniden oder **Okeaninen** und die Flüsse, welche sich weithin über die Erde verbreiten. Man dachte sich nämlich den Ursprung der Flüsse so, daß sie aus dem die Erdscheibe rings umfließenden Okeanos entsprängen und unter der Erde herfließend in den Quellen zur Oberfläche gelangten.

Okeanos selbst ist nach der theogonischen Sage der älteste Sohn des Uranos und der Gäa, also ein Titane wie auch seine Gemahlin Tethys. Da er aber nicht an dem Kampfe der übrigen Titanen gegen die Herrschaft des Zeus teilnahm, so erlitt er auch nicht ihr furchtbares Schicksal, sondern durfte in Freuden und völliger Unabhängigkeit sein altes Reich beherrschen. Seine Wohnung dachte man sich am fernen Westrande der Erde, weshalb er niemals zu den Versammlungen der Götter kommt.

Wegen ihrer großen Wichtigkeit für die Fruchtbarkeit des Landes standen bei den Griechen auch die **Flußgötter** in hohem Ansehen, ihr Kultus war jedoch nur lokaler Natur. Nur **Acheloos**, der größte unter allen griechischen Flüssen, wurde allgemeiner verehrt. Man dachte sich die Flußgötter entweder in der Tiefe des Flusses selbst wohnend, oder in Felsgrotten in der Nähe der Quelle, und stellte sie sich je nach der Größe des Flusses entweder als zarte Jünglinge oder als kräftige Männer oder endlich als Greise vor. Alle haben der Natur ihres Elementes gemäß die Gabe der Verwandlung, ebenso pflegen sie die Gabe der Weissagung mit allen Wassergeistern gemein zu haben.

Auch den Römern waren alle fließenden Gewässer heilig. **Fontus**, der Sohn des Janus, galt als der Gott aller Quellen überhaupt, jeder Fluß hatte aber wie bei den Griechen seinen besonderen Gott, unter denen der wichtigste **Tiberinus** ist. In den Quellen dachte man sich weissagende und zaubernde Nymphen wohnend, die bisweilen einzelnen Menschenkindern ihre Gunst schenkten, wie die Nymphe Egeria dem Könige Numa.

Die Kunst stellt die Flußgötter gern unter der Tiergestalt dar, die sie am meisten anzunehmen liebten, nämlich des Stieres, meist mit Menschenantlitz. Daneben ging aber auch eine rein menschliche Bildung her, nur daß sie wohl durch kleine Hörner zu beiden Seiten der Stirn charakterisiert wurden. Ihre Attribute sind Urnen und Füllhörner, die Sinnbilder des von ihnen ausgehenden Segens. Abbildungen von Flußgöttern sind im allgemeinen nicht selten. Die schönste unter ihnen ist der **Nil** (im Braccio

II. Die Götter des Meeres und der Gewässer. Okeanos. Der Nil. 123

58. Der Nil. Rom, Vatikan.

nuovo des Vatikans), aus der Zeit des Augustus stammend (Fig. 58). Die sechzehn Genien, welche um die nachlässig ruhende Gestalt des Gottes herumspielen, stellen die 16 Ellen vor, um die der Fluß jährlich beim Eintritt des Hochwassers zu wachsen pflegt.

Beachtenswert ist auch noch eine Statue des Tigris ebenda mit einem von Michelangelo restaurierten Kopfe.

III. Die Gottheiten der Erde und der Unterwelt.

ir kommen nun zu einer Reihe von Gottheiten, die zu den in den vorhergehenden Abschnitten beschriebenen Göttern des Himmels und des feuchten Elements im entschiedensten Gegensatze stehen. Es sind das die Götter, die auf oder unter der Erde unablässig schaffen und wirken und dadurch in die innigste Beziehung zu dem menschlichen Leben treten. Indem man nämlich in der Erdtiefe einerseits den fruchtbaren Mutterschoß sah, aus dem alles Leben in der Natur entspringt, verhehlte man sich auf der andern Seite auch nicht, daß sie das stets offene Grab ist, in das alles irdische Dasein wieder versinkt. Der Kultus dieser Gottheiten gestaltete sich daher wesentlich zu Freudenfesten über das wiedererwachte Leben der Natur und zu Trauerfesten über ihr Absterben. Beides, Freude wie Schmerz, pflegte sich in einer lauten, lärmenden und leidenschaftlichen Weise zu äußern, die man gewöhnlich mit dem Ausdrucke orgiastisch bezeichnet. Leicht mischte sich in die Verehrung dieser Gottheiten etwas Geheimnisvolles, weil sie schon wegen ihres Aufenthaltsortes ein größeres Grauen zu verursachen imstande waren, als die lichten Gestalten der Himmelsbewohner, sodann aber auch weil ihr Zorn, der sich in der Unfruchtbarkeit des Bodens äußert, ganz besonders gefürchtet wurde. Eigentliche Mysterien oder Geheimdienste findet man indessen nur bei den Griechen, den italischen Kulten ist dergleichen gänzlich fremd geblieben.

Wir zählen hier zuerst die Gottheiten auf, welche auf der Oberwelt lebend das Gedeihen der Früchte und die Fruchtbarkeit der Herden befördern, sodann diejenigen, deren eigentlicher Wohnsitz die Unterwelt ist.

1. Gäa (Tellus).

An erster Stelle gehört hierher die Mutter Erde selbst, Gäa oder Tellus, in der Kosmogonie eine der ältesten zeugenden Urkräfte, da sie unmittelbar aus dem Chaos hervorgeht. Später gewann

III. Die Gottheiten der Erde und der Unterwelt. Gäa.

sie eine mehr persönliche und plastische Gestalt, kam aber im Kultus der Griechen nie zu einer rechten Bedeutung, weil sie schon früh durch ähnliche mehr persönlich ausgeprägte Wesen verdrängt wurde, wie Rhea, Hestia, Demeter und Themis. Bedeutender war in Rom der Kultus der Tellus, wenn auch hier stark beeinträchtigt durch den Dienst der Ceres und verwandter Gottheiten.

Die Hauptbedeutung der Gäa beruht darin, daß sie die Erzeugerin alles Lebens und Wachstums in der Natur ist, daher vorzugsweise als Mutter gedacht, die mit liebender Sorgfalt für alle ihre Geschöpfe sorgt. Als solche preist sie Hesiod in den „Werken und Tagen" und ein alter dodonäischer Hymnus, in dem es heißt:

„Früchte sendet die Ge, drum nennet Mutter die Gäa".

Als Segen und Gedeihen spendende Göttin ist sie aber wie Demeter und andere Gottheiten auch eine Pflegerin und Nährerin der Jugend; als solche wurde sie besonders in Athen verehrt.

Dieselbe segenspendende Göttin ist nun aber auch wieder das allgemeine Grab der Dinge, das alles Lebende mit unerbittlicher Strenge in seinen finstern Schoß zieht. Daher ist sie im eigentlichen Sinne Todes- und Unterweltsgöttin, die man neben den Manen anzurufen pflegte, besonders auch beim Beschwören feierlicher Verträge als Zeugin des Schwures.

In Rom, wo sie gleichzeitig auch als Göttin der Ehe verehrt wurde, stand ihr Tempel auf dem Platze, wo früher das Haus des Sp. Cassius gestanden hatte. Beim Beginn und Beschluß der Saatzeit veranstaltete man ihr festliche Opfer. An den Paganalien wurde sie nebst der Ceres durch das Opfer eines trächtigen Schweines versöhnt, was besonders die Fruchtbarkeit des Jahres befördern sollte.

Die alten Künstler liebten es, sie nur mit halbem Leibe aus dem Boden hervorragend darzustellen. So sieht man sie, den jungen Erichthonios seiner Pflegerin Athena übergebend, auf einem Relief im Museo Chiaramonti des Vatikans; in gleicher Weise erscheint sie auf dem Relief von Pergamon, die Athena um Gnade für ihre Kinder, die Giganten, anflehend (vgl. Fig. 3). Auch in statuarischer Darstellung kam Gäa so vor, z. B. auf der Akropolis, Zeus um Regen anflehend. Eine vortreffliche sitzende Statue der inschriftlich bezeichneten Tellus ist 1872 in Rom gefunden.

2. Rhea-Kybele (Magna mater Idaea).

Rhea ist uns als Tochter des Uranos und der Gäa, als Gemahlin des Kronos und Mutter des Zeus und der übrigen Kroniden bekannt. Kultusgottheit scheint sie aber nur in sehr beschränktem Umfange gewesen zu sein, bis man sie mit der phrygischen Kybele identifizierte. Diese war ein asiatisches Symbol der Fruchtbarkeit der Natur, wie die ägyptische Isis, und in Lydien und Phrygien allgemein unter dem Namen der „Großen Mutter" verehrt. Von dort kam ihr besonders rauschender (orgiastischer) Dienst durch Berührung jener Länder mit den Kolonien nach Griechenland und wurde gegen Ende des zweiten punischen Krieges auf den Rat der sibyllinischen Bücher auch nach Rom verpflanzt. Der König Attalus von Pergamon war bei dieser Gelegenheit gefällig genug, den Römern einen heiligen Stein zu überlassen, der den Einwohnern von Pessinus als die „Große Mutter" selbst galt. Dieser Stein wurde nach seiner Ankunft in Ostia in feierlicher Prozession von römischen Frauen nach Rom geleitet, und der Tag seiner Ankunft in Rom (10. April) blieb ein stehender Festtag, der mit großen Spielen unter Aufsicht des Prätors gefeiert wurde. Recht heimisch scheint dieser Kultus aber vor der Kaiserzeit in Rom nicht geworden zu sein, da sich Römer nicht als Priester daran beteiligen durften. Unter den Kaisern gewann die Verehrung der „Magna mater" eine größere Bedeutung durch Einführung eines neuen Festes von sehr leidenschaftlichem Charakter, das sie als Befruchterin der Felder und Weinberge feierte und in die Zeit des Frühlingsanfangs fiel.

Die eigentliche Heimat des Dienstes der Kybele war die Gegend von Pessinus, ein rauhes und zerklüftetes Bergland, besonders der Berg Dindymos daselbst, weshalb sie auch Dindymene genannt wird. Hier hielt sie ihre lärmenden Umzüge auf einem von Löwen oder Panthern gezogenen Wagen unter der rauschenden Musik ihrer Begleiter, der Korybanten und Kureten. Die Mythen, die auf diese Göttin Bezug haben, tragen einen ebenso wild phantastischen Charakter, wie ihr ganzer Kultus. Am bekanntesten ist der Mythus von ihrem Geliebten Attis oder Atys. Dieser war ein phrygischer Jüngling von so ausnehmender Schönheit, daß die große Göttermutter sich ihn zum Gemahl erkor. Er wurde ihr aber bald wieder ungetreu und wollte sich mit der Königstochter von Pessinus vermählen. Dafür traf ihn die Rache der erzürnten Göttin. Denn als

III. Die Gottheiten der Erde und der Unterwelt. Rhea-Kybele.

die Hochzeitsgäste beim festlichen Schmause versammelt waren, trat sie mitten unter sie und erfüllte die Anwesenden mit panischem Schrecken und Geistesverwirrung. Attis floh ins Gebirge und tötete sich selbst in einem Anfalle von Raserei. Ihm zu Ehren verordnete darauf die Göttin selbst zur Zeit des Frühlings-Äquinoctiums ein großes Trauerfest. Die Priester der Göttin zogen unter dem rauschenden Lärm von Handpauken und Pfeifen in die Berge, um den verlorenen Attis zu suchen. Endlich wurde er, d. h. irgend ein Bild, das ihn vorstellte, aufgefunden, und nun überließen sich die Priester der maßlosesten Freude, tanzten in wilder Begeisterung umher und brachten sich blutige Schnittwunden bei.

Bildliche Darstellungen der Rhea-Kybele sind selten; am bekanntesten ist die auf die Einführung ihres Kultus in Rom bezügliche (Fig. 59). Eine Statue, welche sie thronend darstellt, zeigt man im Vatikan, eine auf dem Löwen reitende Kybele in Villa Pamfili bei Rom; auch

59. Einführung der Kybele in Rom.

auf dem pergamenischen Altarrelief erscheint sie auf dem Löwen sitzend. Ihr gewöhnliches Attribut ist die Handpauke.

3. Dionysos (Bacchus oder Liber).

Dionysos oder Bacchus ist bei den Griechen und Römern der Gott des Weines und der Weinkultur, in weiterer Bedeutung aber auch der Gott alles Herbstsegens, der die Früchte zur Nahrung für die Menschen zeitigt und ihnen zugleich alle Wohltaten der Kultur, höhere Gesittung und geordnete staatliche Verhältnisse zuteil werden läßt.

Als Geburtsort des Gottes galt Theben. Seine Mutter war Semele, eine der Töchter des Kadmos, die Zeus seiner Liebe gewürdigt hatte. Ihr selbst zwar ward diese Liebe zum Verderben. Denn die eifersüchtige Hera nahete sich ihr in der Gestalt ihrer Amme Beroë und wußte ihren Argwohn zu erregen, ob ihr Liebhaber auch wirklich der sei, für den er sich ausgab. Ihren schlauen Überredungskünsten gelang es endlich, die Semele zu verleiten, daß sie ihren Geliebten auf die Probe stellte, indem sie ihn zuerst schwören ließ, daß er tun wolle, was sie von ihm begehre, und dann die Bitte an ihn richtete, ihr in seiner göttlichen Gestalt und Majestät zu erscheinen. Vergebens beschwor sie Zeus, diese törichte

Bitte zurückzunehmen, sie bestand auf ihrer Erfüllung und kam nun elendiglich ums Leben, von der Glut des im Feuer des Blitzes nahenden Gottes zu Asche verbrannt. Aber das noch ungeborene Kind rettete Zeus vom Untergange und ließ es durch Hermes den Nymphen von Nysa zur Auferziehung bringen. (Eine spätere Sage nennt als erste Pflegemutter des Dionysos Ino, die Schwester der Semele). Wo dies Nysa zu suchen sei, ist ungewiß, doch versteht man darunter gewöhnlich eine Gegend am Berge Pangäos in Thrazien.

In der Waldeinsamkeit groß geworden und im Kampfe mit den wilden Tieren erstarkt, pflanzt nun Dionysos den Weinstock, berauscht sich mit seinen Pflegerinnen in dem daraus gewonnenen Getränk und schweift dann, mit Efeu und Lorbeer bekränzt und begleitet von einer zahllosen Schar von Nymphen, Satyrn und andern Walddämonen, in den Wäldern umher, die von dem lauten Jubel seiner begeisterten Verehrer und Verehrerinnen widerhallen. Die Erziehung des Dionysos läßt die Sage durch Seilenos, den Sohn des Pan, vollendet werden. Dann aber zieht er in Begleitung seines Lehrers und des übrigen Gefolges aus, um unter den Völkern der Erde seinen Dienst und die Kultur des Weinstockes zu verbreiten. Und nicht bloß Reben pflanzt er, er gründet überall Städte und verbreitet mildere Sitten und ein geselligeres Leben unter den Menschen. Schrecklich aber traf sein Zorn diejenigen, welche seine Wohltaten nicht annehmen wollten. So machte er Agaue, die Mutter des thebanischen Königs Pentheus, der ihm die Aufnahme verweigert hatte, nebst andern thebanischen Frauen rasend, so daß sie den König in ihrem Wahnsinn für ein wildes Tier ansahen und zerrissen.

III. Die Gottheiten der Erde und der Unterwelt. Dionysos. 129

60. Relief des Lysikratesdenkmals in Athen.

Unter den zahlreichen Mythen, welche die Wundermacht des Dionysos verherrlichen, ist kaum eine bekannter, als die Bestrafung der tyrrhenischen Seeräuber. Bei Gelegenheit einer Überfahrt von Ikaria nach Naxos wollten sie ihn in Fesseln schlagen, um ihn nach Italien zu führen und dort als Sklaven zu verkaufen. Jedoch auf einen Wink des schönen Götterjünglings fallen die Fesseln von seinen Gliedern, Weinreben und Efeuranken umschlingen Mast und Segel des Schiffes und zwingen es still zu stehen, während die Nymphen ihren Gesang ertönen lassen. Da bemächtigte sich eine entsetzliche Angst der Schiffer, sie stürzen sich über Bord ins Meer und werden in Delphine verwandelt. Eine schöne Darstellung dieser Begebenheit aus der besten Zeit der griechischen Kunst (334 v. Chr. laut der daran befindlichen Inschrift) findet sich noch in Athen an dem sogenannten Denkmale des Lysikrates, in der die Figur des in heiterster Unbefangenheit mit seinem Panther spielenden Gottes von überwältigender Schönheit ist (Fig. 60). An den Namen Naxos, welche Insel eine Hauptkultusstätte des Dionysos war, knüpft sich auch die bekannte Sage von der Vermählung des Gottes mit **Ariadne**, der Tochter des Minos. Diese hatte der attische Heros Theseus, nachdem er durch ihre Hilfe den Gefahren des Labyrinths entgangen war, von Kreta entführt, um sie zu seiner Gemahlin zu machen, ließ sie aber auf der Insel Naxos entweder freiwillig, oder weil der Gott es ihm so im Traume befohlen hatte, schlafend zurück. Wer beschreibt den Schmerz und die Verzweiflung der Armen, als sie sich beim Erwachen einsam und verlassen an einer fremden Küste sah, wer aber auch ihre freudige Überraschung, als unmittelbar darauf Bacchos, von seinem indischen Zuge zurückkehrend, sie dort findet und zu seiner Braut und Gemahlin erklärt? Daß Zeus ihr dann die Unsterblichkeit verlieh, die er dem Sohne wegen seiner herrlichen Taten und außerordentlichen Verdienste um das Menschengeschlecht bereits gewährt hatte, lesen wir nicht nur bei den Dichtern, sondern es scheint dies auch allgemeiner Volksglaube gewesen zu sein. In Athen feierte man zu Ehren beider eine Art von Erntedankfest, an dem Weinreben mit daran hängenden Trauben in feierlicher Prozession durch die Straßen der Stadt getragen wurden.

Der Kultus des Dionysos hatte die weiteste Verbreitung nicht nur in Griechenland, sondern auch in Italien und Kleinasien, Thrazien

III. Die Gottheiten der Erde und der Unterwelt. Dionysos.

und Makedonien, kurz überall, wo von den Griechen Weinbau getrieben wurde. Man pries ihn als Bakcheus, d. h. Erreger des Wahnsinns, und als Lysios, den vom orgiastischen Wahnsinn befreienden, und veranstaltete ihm große, beim gemeinen Volke sehr beliebte Feste, die durchweg einen sehr rauschenden Charakter hatten. Trauerfeste waren sie um die Zeit des Wintersolstitiums. Man dachte sich dann, weil um diese Zeit die Rebe ganz abzusterben scheint, den Gott leidend, von den bösen Dämonen des Winters verfolgt und daher in das Meer oder in die Unterwelt flüchtend. Man litt mit ihm und gab seiner Trauer über das Verschwinden des Gottes durch allerlei wilde Gebärden Ausdruck. An diesen winterlichen Dionysosfesten, die ein um das andere Jahr stattfanden, nahmen nur Frauen und Jungfrauen teil. Eigentliche Freudenfeste waren dagegen die Feste des Gottes zu Anfang des Frühlings, wenn man den jungen Wein zum ersten Male probierte, z. B. die großen Dionysien zu Athen. An solchen Festen wurde die Verjüngung der Natur mit ebenso maßlosem Jubel und ausgelassener Lust gefeiert. Man trieb dann allerhand Scherze und Neckereien, und festliche Aufzüge wechselten mit theatralischen Aufführungen. Von den in Athen gefeierten Dionysosfesten sind zu erwähnen:

1. **Die kleinen oder ländlichen Dionysien**, das eigentliche Fest der Weinlese, das in Attika, weil man die Trauben gern möglichst lange hängen ließ, erst gegen Ende November oder Anfang Dezember stattfand. Einem feierlichen Opfer, bei dem der Bock das gewöhnliche Opfertier war, folgte ein festlicher Umzug mit den heiligen Geräten des Gottes, und allerlei ländliche Lustbarkeiten, Tanz und Mummenschanz und Schmausereien beschlossen das Fest. Eine Hauptbelustigung der Jugend war dabei der Schlauchtanz. Aus dem Felle des geopferten Bockes machte man einen Schlauch; nachdem man ihn aufgeblasen und mit Öl bestrichen hatte, versuchte man auf ihm zu tanzen.

2. **Die Lenäen**, das Kelterfest, das im Monat Januar in der Stadt gefeiert wurde, und zwar an der Stelle, wo nach einer alten Überlieferung die erste Kelter gestanden haben soll. Hier befand sich das Lenäon, einer der beiden Haupttempel des Gottes. Den Mittelpunkt des Festes bildete wiederum ein großer festlicher Umzug mit den heiligen Symbolen des Gottes, worauf ein großer Festschmaus folgte, für den die Stadt Athen das Fleisch lieferte. Der

61. Dionysos. London.

III. Die Gottheiten der Erde und der Unterwelt. Dionysos. 133

62. Jugendlicher Dionysos. Vatikan.

junge Most, den man bei dieser Gelegenheit trank, erhöhte nicht wenig die fröhliche Stimmung, so daß es an allerlei Neckerei und Mutwillen nicht fehlte.

3. Die Anthesterien wurden im Februar, am 11., 12. und 13. des Monats Anthesterion gefeiert und sollten eigentlich die Rückkehr des Dionysos aus der Unterwelt, das heißt das Wiedererwachen der Natur aus winterlicher Erstarrung, feiern. Der erste Tag hatte den Namen von der Faßeröffnung, weil man dann zum ersten Male den jungen Wein anzapfte. Den zweiten Tag, den Hauptfesttag, nannte man das Kannenfest. Es fand ein Festzug und ein großer Festschmaus statt, an dem die Gäste mit Blumen bekränzt teilnahmen. Den Sklaven wurde bei dieser Gelegenheit, wie an den römischen Saturnalien, manche Freiheit gegönnt. Den Beschluß machte am dritten Tage das Topffest, so genannt von den mit allerlei gekochten Hülsenfrüchten ausgesetzten Töpfen, die als Opfer für die Seelen der Verstorbenen dienen sollten, die nach dem Volksglauben an diesem Tage an die Oberwelt kamen.

4. Die großen oder städtischen Dionysien, das Hauptfest des Gottes, wurden im Monat März mit außerordentlichem Glanze gefeiert und waren das eigentliche Frühlingsfest der Athener. Sie dauerten ebenfalls mehrere Tage und pflegten eine sehr große Menge von Fremden aus der Nähe und Ferne nach Athen zu locken. Dann strahlte die durch ihren feinen Kunstsinn wie durch den allezeit schlagfertigen Witz der Bewohner berühmte Stadt in vollem Festschmucke, und des fröhlichen Treibens der zahllosen Menschenmassen auf allen Straßen und Plätzen war kein Ende. Die Hauptfeier war eine große Prozession, bei der ein altes hölzernes Tempelbild des Dionysos durch die Straßen getragen wurde. Auch feierte man den Tag durch Festschmäuse und komische Aufzüge mit Masken aller Art, und große Aufführungen neuer Tragödien und Komödien mit Preisverteilungen an die Sieger machten den Beschluß des Festes.

Auch die italischen Völkerstämme feierten im Monat März, und zwar am 17. dieses Monats, das Fest der Liberalien, d. h. des Bacchus. Dieses hatte aber einen durchaus einfachen und ländlichen Charakter, ähnlich den kleinen Dionysien der attischen Landleute. Man trieb allerlei Scherz und Mutwillen und vermummte sich mit Masken, die aus Baumrinde geschnitzt waren. Hauptzweck der Feier

III. Die Gottheiten der Erde und der Unterwelt. Dionysos. 135

war, Fruchtbarkeit für die Weinpflanzungen zu erflehen. Mit den üppigen Bacchanalien, die später im Gefolge der griechischen Mysterien Eingang in Rom fanden und trotz des strengsten Einschreitens der Behörden nicht unterdrückt werden konnten, hatten diese harmlosen Winzerfeste nichts zu tun.

Fassen wir die Bedeutung des Dionysos oder Bacchus in der Religion der Alten noch einmal kurz zusammen, so ist er seinem ursprünglichen Wesen nach eine Personifikation der treibenden und

63. Dionysos. Kapitol.

schwellenden Produktionskraft der Natur. Wie Demeter (Ceres) den Menschen das Getreide und alle Feldfrüchte überhaupt verleiht, so schenkt ihnen Dionysos die Baumfrüchte und speziell den Wein. Er ist der Gott, welcher mit den Wein- und Baumpflanzungen den Menschen alle Segnungen der Kultur zuteil werden läßt, so daß er auch nach dieser Seite nur eine Ergänzung des Begriffes der großen Kulturgöttin Demeter bildet, mit der er bei Griechen und Römern vielfach Tempel und Feste gemeinsam hatte. Dagegen trifft Dionysos nach einer andern Seite seines Wesens hin mit Apollon zusammen, da er im Menschen musische Begeisterung erweckt, weshalb er neben Apollon als Freund und Führer der Musen verehrt wurde.

Bildliche Darstellungen des Dionysos sind in zahlreichen Denkmälern auf uns gekommen. Die ältere Kunst pflegte ihn majestätisch darzustellen und ließ daher den Bart nicht fehlen. Am schönsten gibt diesen Typus die im Vatikan und in London befindliche Statue des sogenannten Sardanapallos wieder (Fig. 61). Bei aller Majestät und ruhigen Würde des Antlitzes umschwebt doch ein mildes Lächeln den leise geöffneten Mund. Später gab man dem Gotte der Naturwonne mehr jugendlich schöne Körperformen (Zeit des Skopas und Praxiteles). Die Dionysosbilder dieser jüngeren Kunst sind leicht an dem fast weiblichen Ausdrucke der Gesichtszüge, dem Rundlichen aller Körperformen und der leichten Anmut aller Bewegungen zu erkennen. Ein berühmtes Beispiel dieser späteren Auffassungsweise ist der jugendliche Dionysos im Louvre zu Paris, ferner der sitzende Torso des Museums zu Neapel, ein anderer schöner Torso im Vatikan (Fig 62; der Kopf, die Arme und die Beine sind ergänzt). Ein ganz jugendlicher Dionysos ist ohne Zweifel der höchst ausdrucksvolle, von süßer Schwärmerei beseelte Kopf des kapitolinischen Museums, der früher für eine Ariadne gehalten wurde (Fig. 63). Ganz besondere Beachtung verdient die 1881 in Tivoli gefundene und nach Rom in das Museo delle Terme übergeführte Statue aus Marmor, die den jugendlichen Gott mit einem Rehfelle bekleidet zeigt. In vollerer Tracht erscheint er auf dem pergamenischen Altarfries, von zwei Satyrn und seinem Panther begleitet. Charakteristisch für den Gott ist das weiche, in schön geringelten Locken auf die Schultern niederfallende Haar, das in der Regel mit einem Kranze von Wein- oder Efeuranken durchflochten ist. Weitere Attribute des Gottes sind der Thyrsosstab, die Kopfbinde, das quer über die Brust herabfallende Tierfell (häufig die einzige Bekleidung), das Trinkgefäß in der Hand. Begleitende Tiere sind Löwe, Tiger oder Panther, außerdem sind ihm der Stier und der Bock, unter den Pflanzen außer dem Weinstock und dem Efeu auch noch der Lorbeer wegen seiner Begeisterung erzeugenden Wirkung heilig.

Unter den in der Dionysossage vorkommenden Persönlichkeiten hat besonders Ariadne vielfache Beachtung seitens der bildenden Künste gefunden. Das berühmteste aus dem Altertum stammende Denkmal dieser Art bewahrt das vatikanische Museum in Rom, eine überlebensgroße Marmorfigur der schlafenden Ariadne von seltener Schönheit, die auf ein hellenistisches Original zurückzuführen ist (Fig. 64).

4. Die Nymphen.

Wir gehen jetzt zu einigen niederen Erdgottheiten über, die sich häufig im Gefolge des Bacchos befinden. Am zahlreichsten und verbreitetsten ist unter diesen das luftige Geschlecht der Nymphen, Personifikationen des rastlosen Lebens und Schaffens in der Natur, auf deren ganzen Umkreis sich ihre Wirksamkeit erstreckt. Sie offenbaren sich in dem Rauschen und Rieseln der

III. Die Gottheiten der Erde u. d. Unterwelt. Dionysos. Die Nymphen. 137

64. Schlafende Ariadne. Vatikan.

Quellen und Bäche so gut wie in der sprossenden Vegetation von Wald und Flur. Sie sind zarte und anmutige Jungfrauen, die, wenn auch den Menschen im allgemeinen freundlich und hold gesinnt, doch die Nähe der menschlichen Wohnungen und der geräuschvollen menschlichen Tätigkeit nicht lieben, sondern sich scheu davor in die träumerische Einsamkeit des Waldes und Gebirges zurückziehen. Da führen sie ein heiteres und geselliges Leben in Grotten und Klüften. Bald widmen sie sich nützlicher Tätigkeit, indem sie spinnen und weben, bald führen sie ihre anmutigen Reigentänze auf, oder sie tauchen ihre zarten Glieder in den perlenden Schaum der einsamen Quellen und Bäche. Gern schließen sie sich den höheren Gottheiten, die man sich vorzugsweise in dem Leben der Natur waltend dachte, als dienendes Gefolge an. Daher sehen wir sie in dem Gefolge des Dionysos oder als Begleiterinnen der Aphrodite oder als hurtige Jägerinnen mit Artemis durch Wald und Feld streifend.

Nach den Naturgebieten, in denen die Nymphen waltend gedacht werden, lassen sich folgende Klassen unterscheiden:

1. **Nymphen der Gewässer**, zu denen im weiteren Sinne auch die Okeaniden und Nereiden gehören. Hier haben wir es nur mit den Nymphen der Landgewässer, der Bäche und Quellen zu tun, die den besonderen Namen **Najaden** führen. Als die wohltätigen Ernährerinnen der Pflanzen, denen sie die Nahrung zuführen, und dadurch wieder indirekt als Ernährerinnen der Menschen und des Viehs erfreuten sie sich besonders hoher Verehrung, wenn sie auch als niedere Gottheiten auf besondere Tempel keinen Anspruch machen konnten. Mit den Meernymphen teilen sie die Gabe der Weissagung, sie sind Freundinnen des Gesanges und der Dichtkunst.

2. **Nymphen der Berge oder Oreaden**, zu denen auch die Nymphen der Täler und Schluchten gehören, ein weitverbreitetes Geschlecht, die nach besonderen Bergrevieren wieder besondere Namen führen. Unter ihnen ist keine sagenberühmter geworden, als die böotische Nymphe **Echo**. Von Liebe zu dem schönen **Narkissos** entbrannt, der ein Sohn des Flußgottes Kephisos war, fand sie bei ihm keine Gegenliebe und verzehrte sich darüber in stets wachsendem Gram, bis endlich ihr ganz verschmachtetes Gebein zu Felsen ward, und nichts mehr übrig blieb, als die Stimme.

III. Die Gottheiten der Erde und der Unterwelt. Die Nymphen. 139

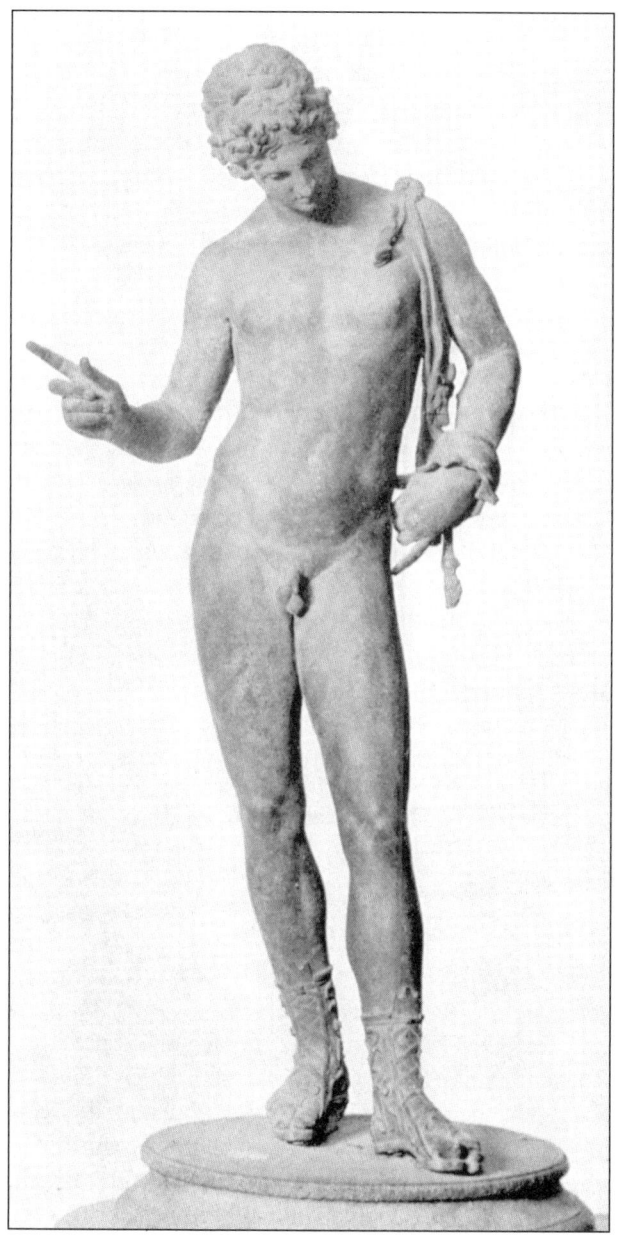

65. Sog. Narkissos. Neapel.

An Narkissos aber, der in eitler Selbstliebe die schöne Nymphe verschmäht hatte, rächte Aphrodite das beleidigte Geschlecht. Als er einst am Helikon jagte und von Durst getrieben sich über eine silberhelle Quelle beugte, um zu trinken, bewirkte die Göttin, daß er sich in sein eigenes Bild verliebte, das der Wasserspiegel ihm wiedergab. Da ihm nun der Gegenstand seiner Sehnsucht ewig unerreichbar blieb, so verzehrte ihn der Gram darüber. Die nach ihm benannte Blume ist aber das Sinnbild herzloser Schönheit geblieben.

Einen Narkissos dem Echo lauschend, Bronzestatuette von wunderbarer Schönheit, hat das Museum in Neapel, doch wird diese Figur besser als jugendlicher Bacchus erklärt (Fig. 65).

3. Die Dryaden oder Hamadryaden (Baumnymphen) sind, wie es scheint, erst spät in den Kreis der Nymphen aufgenommen. Da man von ihnen glaubte, daß ihr Dasein an die von ihnen bewohnten Bäume geknüpft sei, so daß deren Zerstörung auch ihren Tod zur Folge habe, so können sie als der Unsterblichkeit unteilhaftig nur uneigentlich zu den Gottheiten gerechnet werden.

Die Verehrung der Nymphen war in Griechenland uralt und ging von dort auch zu den Römern über. Man opferte ihnen Ziegen und Lämmer, Milch und Öl.

Die Kunst stellte die Nymphen als liebliche Mädchengestalten dar, gewöhnlich ziemlich leicht bekleidet, und gab ihnen als Auszeichnung Blumen und Kränze. Besonders zahlreich sind die Reliefs, die sie von Hermes geführt zu den Tönen der Syrinx des Pan im Tanzschritt sich bewegend zeigen. Die Najaden werden auch wohl wasserschöpfend dargestellt oder mit sonstigen auf ihr Element Bezug habenden Attributen.

5. Die Satyrn.

Den Nymphen als den weiblichen Repräsentanten des Naturlebens stehen eine Anzahl niederer Wald- und Wasserdämonen männlichen Geschlechts gegenüber, die Satyrn, Silene und Pane, zwischen denen eine scharfe Grenzlinie zu ziehen schwer ist. Gewöhnlich versteht man unter den Satyrn (Faunen) die eigentlichen Berg- und Waldgeister und denkt sie sich unzertrennlich von Dionysos, dessen dienende Begleitung sie neben den Bacchantinnen bilden. Derbe Sinnlichkeit und mutwillige Schalkhaftigkeit bilden die Grundzüge ihres Wesens. Wegen ihrer halb tierischen Lüsternheit dachte man sich auch ihre Gestalt halb tierisch: stumpfnasige

III. Die Gottheiten der Erde und der Unterwelt. Die Satyrn. 141

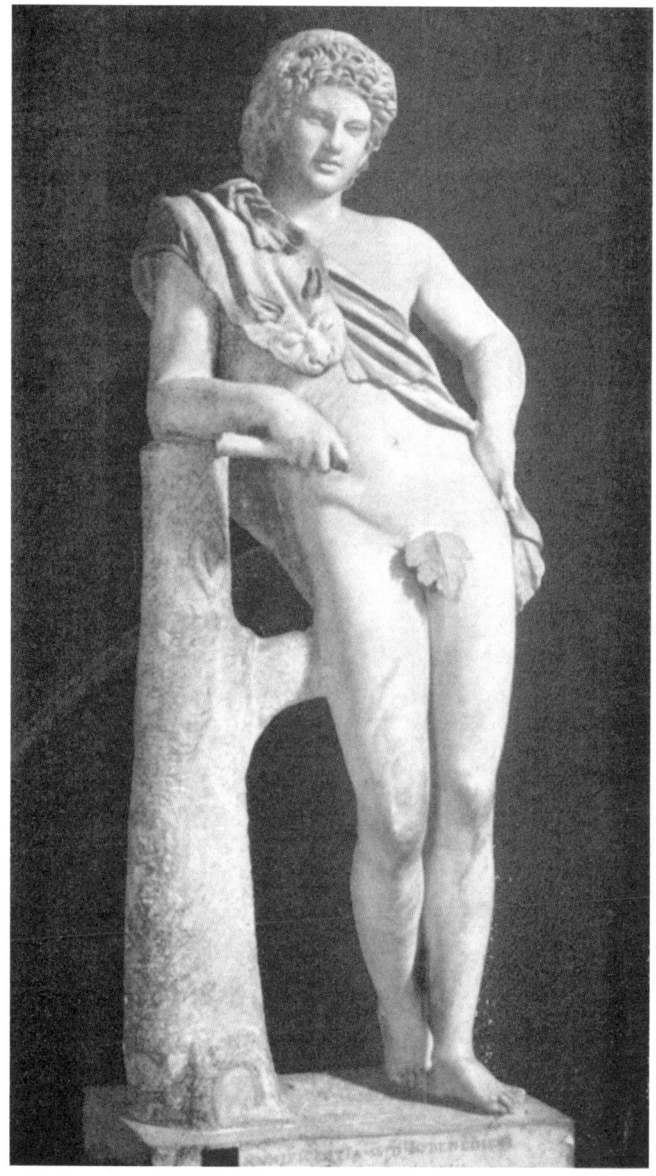

66. Satyr, nach Praxiteles. Kapitol.

67. Satyr aus Rosso antico. Kapitol.

III. Die Gottheiten der Erde und der Unterwelt. Die Satyrn. 143

68. Tanzende Bacchantin. Kapitol.

und auch sonst unedel gebildete Gesichter, struppiges Haar, ziegenähnliche Ohren und ein Pferde- oder Ziegenschwänzchen im Rücken bei sonst menschlichen Gliedmaßen. Wie die Nymphen lieben sie Musik und Tanz; ihre Instrumente sind die Syrinx, Flöte, Cymbeln, Tamburin und Kastagnetten. Dem Weingenuß sind sie wie ihr Herr und Meister leidenschaftlich ergeben. Aber während der Weinrausch bei jenem ein schwärmerisches Entzücken hervorruft, wirkt er bei ihnen nur nach der sinnlichen Seite hin und macht sie aufgelegt zu allerlei wilden Streichen.

Die Künstler des Altertums haben sich sehr häufig in der Darstellung von Satyrn versucht. Von der ursprünglichen abschreckenden und halb tierischen Bildung nahm man indes bald Abstand und begnügte sich, als charakteristische Merkmale die stumpfere Nase und die zugespitzten Ohren, bisweilen auch das Ziegenschwänzchen beizubehalten. Die bacchischen Attribute der Stirnbinde und des Epheukranzes sind auch ihnen eigen. Besonders schöne antike Satyrn hat man in den Kunstsammlungen zu München, Rom, Neapel und Florenz, unter denen der mit Flöten in der Hand an einen Baumstamm gelehnte Satyr des kapitolinischen Museums in Rom besondere Beachtung verdient (Fig. 66). Wie dieser in einer großen Zahl antiker Kopien auf uns gekommen wird auch der gleichfalls mehrfach erhaltene jugendliche Satyr, der in der rechten erhobenen Hand die Kanne hält, um mit anmutiger Bewegung Wein in das in der linken Hand befindliche Trinkhorn einzugießen, auf Praxiteles zurückgeführt. Der berühmte „barberinische Faun" der Münchener Glyptothek, der einen vom Schlafe überwältigten trunkenen Satyr darstellt, ist ein Kunstwerk ersten Ranges, wahrscheinlich ein griechisches Original aus der Zeit der Nachblüte der griechischen Kunst. In derselben Sammlung findet man die Marmorbüste eines lachenden älteren Satyrs (aus Villa Albani stammend und unter dem Namen „Faun mit dem Flecken" bekannt) mit höchst ausdrucksvollem Kopf, in dem der höchste Grad sinnlichen Wohlbehagens in meisterhafter Weise wiedergegeben ist. Berühmt sind noch der tanzende Faun der Villa Borghese in Rom, die lebensgroße Bronze im Museum zu Neapel, der musizierende Satyr der Uffizien zu Florenz (Zimmer der mediceischen Venus), und der Satyr aus Rosso antico im Kapitol. Mus. (Fig. 67).

Um das Bild des bacchischen Kreises zu vervollständigen, fügen wir noch eine tanzende Bacchantin nach einem Marmorrelief des Kapitolinischen Museums bei (Fig. 68).

6. Seilenos.

Seilenos gilt in der gewöhnlichen Sage für einen älteren Satyr, der den Dionysos pflegte und erzog und sein treuer Begleiter auf seinen Wanderzügen wurde. Die späteren Dichter schildern

III. Die Gottheiten der Erde und der Unterwelt. Die Satyrn. Seilenos.   145

69. Seilenos mit dem Bacchuskinde.   Paris, Louvre.

ihn als einen schon alternden Mann mit stumpfer Nase und einem Glatzkopf, stark behaart an Brust und Schenkeln, außerdem mit einem so dicken Bauche versehen, daß ihm das Gehen schwer fällt. Er reitet deshalb fast immer auf einem Esel dem bacchischen Zuge voran, zu beiden Seiten von Satyrn gehalten, die den Halbberauschten stützen.

Die alten Künstler scheinen sich vielfach in der Darstellung des Seilenos versucht zu haben, und zwar bildeten sie ihn entweder als Pfleger und Erzieher des jungen Bacchus, das Kind in den Armen haltend und mit liebevollen Blicken betrachtend (Fig. 69), oder sie stellten den unersättlichen, aber stets gemütlich bleibenden Weinschwelg dar. Sein stehendes Attribut ist dann der Weinschlauch. Im übrigen kommen ihm wie andern Figuren des bacchischen Kreises Thyrsos und Efeukranz zu.

Außer diesem als Erzieher des jungen Dionysos bekannten Seilenos nahm man bald eine ganze Menge von Silenen an. Ob dies daher gekommen ist, daß man sich gewöhnte, die älteren Satyrn Silene zu nennen, oder ob sie eine besondere Art von Naturgottheiten und zwar des fließenden und quellenden Wassers waren, läßt sich nicht mit Sicherheit entscheiden.

Zu dem Geschlecht der Silene werden gewöhnlich auch zwei Persönlichkeiten gerechnet, die in der Dionysossage eine Rolle spielen, nämlich Marsyas und Midas. Jener war Meister im Flötenspiele und ließ sich mit seinem Instrumente in einen für ihn verhängnisvollen Wettstreit gegen die Kithar des Apollon ein. Da nämlich zur Bedingung des Wettkampfes gemacht worden war, daß der Besiegte sich ganz in die Gewalt des Siegers geben müsse, so ließ Apollon, dem der Sieg zugefallen war, den Marsyas an einem Fichtenbaum aufhängen und ihm die Haut abziehen.

Eine berühmte Marmorstatue des lateranischen Museums in Rom, die als Nachbildung eines Werkes des Myron, eines Zeitgenossen des Pheidias, gilt, stellt den Marsyas dar, wie er die von Athena weggeworfene Flöte anstaunt (die zu der Gruppe gehörige Figur der Athena ist vor kurzem gefunden worden) (Fig. 70).

Auch der von Apollon besiegte und zum Vollzug der Strafe an einem Baume aufgehängte Marsyas ist von Künstlern des 2. Jahrhunderts gebildet worden; ein Torso findet sich z. B. in Berlin, wahrscheinlich der Teil einer Gruppe, zu der auch der das Messer schleifende Scythe, der sogenannte Schleifer der Uffizien in Florenz, gehörte.

Midas ist der mythische Gründer des phrygischen Reiches in Kleinasien, wohin er von Makedonien eingewandert sein soll; die

III. Die Gottheiten der Erde und der Unterwelt. Seilenos. 147

Sage machte ihn zu einem Sohne der Kybele, die ihn mit fabelhaftem Reichtum überschüttet. Aber seine Goldgier verleitete ihn zu einer großen Torheit. Eines Tages nämlich hatte sich der trunkene Silen von dem Gefolge des Bacchus in die Rosengärten des Königs Midas am Bermios verirrt und war dann von diesem gastlich aufgenommen und

70. Marsyas und Athena, Gruppe des Myron.

nach einer zehntägigen glänzenden Bewirtung wieder zurückgebracht worden, worauf der erfreute Gott ihm aus Dankbarkeit einen Wunsch freistellte. Und nun wünschte sich Midas, daß alles, was er berühren würde, zu Gold werden möchte. Natürlich gereichte ihm die Gewährung des Wunsches bald zur größten Plage, von der er sich nur dadurch befreien konnte, daß er sich auf Befehl des Gottes im Flusse Paktolos badete, der seitdem Gold mit sich führte. Eine spätere Fabel machte den Midas auch zum Schiedsrichter in dem erwähnten Wettstreite zwischen Apollon und Marsyas, bei welcher Gelegenheit er wegen seines für Marsyas lautenden Urteils von dem Gotte seine berühmten Eselsohren bekommen haben soll. Diese Fabel bezweckt natürlich bloß eine Erklärung der silenartigen Bildung des Midas.

7. Griechische und römische Walddämonen.

a. Pan.

Pan (der Weidende) ist ein uralter griechischer Wald- und Weidegott, der, anfangs nur im arkadischen Bergland verehrt, erst später allgemeinere Anerkennung gewann. Nach der gewöhnlichen Annahme ist er ein Sohn des Hermes und der Nymphe Penelope, einer Tochter des Dryops. Als seine Mutter ihn geboren hatte, erschrak sie nicht wenig über seinen Anblick, denn er war gehörnt, am ganzen Leibe behaart und hatte Ziegenfüße. Sein Vater aber trug ihn in ein Hasenfell gewickelt zum Olympos hinauf und zeigte ihn dort den übrigen Göttern, die über den seltsam gestalteten kleinen Waldteufel keine geringe Freude bezeigten.

In Pan verehrten die griechischen Hirten ihren Beschützer, deshalb waren auch die Gebirgshöhlen, in die man zur Nachtzeit oder bei drohendem Unwetter das Vieh zusammentrieb, ihm besonders heilig. Dergleichen Panshöhlen gab es besonders viele in den arkadischen Bergen, aber auch eine am Fuße der Akropolis von Athen, am Berge Parnassos in Böotien und anderswo. Man dachte ihn sich als einen Gott von großer Munterkeit und Lebhaftigkeit des Wesens, der am liebsten als Jäger durch die Wälder streife, weshalb auch Pan bei den Jägern in nicht minderem Ansehen stand, als bei den Hirten. Auch der Fischfang und die Bienenzucht standen unter seinem Schutze.

Als Hirtengott ist Pan auch Liebhaber der Musik. Wenn er abends von der Jagd heimkehrt, heißt es in dem homerischen Hymnus, dann spielt er süße Lieder auf der von ihm erfundenen Hirtenflöte (Syrinx), und die Oreaden singen dazu das Lob der Götter und führen muntere Reigentänze auf. Aus der Erfindung der Hirtenflöte haben die Fabeldichter in ihrer Weise eine Erzählung gemacht, indem sie eine Nymphe Syrinx annahmen, die Pan heftig geliebt habe. Diese habe aber seine Liebe nicht erwidert, sondern

III. Die Gottheiten der Erde und der Unterwelt. Pan.

sei vor ihm geflohen, und als Pan sie nun verfolgte, habe sie den Schutz der Gäa angefleht und sei von ihr in ein Schilfrohr verwandelt worden. Aus diesem bildete Pan durch Aneinanderfügen von sieben Pfeifen die nach der Nymphe genannte Syrinx.

Auch den Tanz liebt Pan ebenso leidenschaftlich wie die Musik. Er ist, wie der griechische Dichter Pindar sagt, »der vollkommenste Tänzer der Götter«. Am liebsten tanzt er auf blumigen Wiesen in Gesellschaft der Bergnymphen und ergötzt dann alle durch seine possierlichen Sprünge, bei deren Ausführung ihm seine Bocksfüße sehr zu statten kommen.

Wie alle Walddämonen besitzt Pan auch die Gabe der Weissagung, ja er soll nach einigen diese Gabe erst dem Apollon mitgeteilt haben. Gewiß ist es, daß er in Arkadien ein sehr altes Orakel besaß.

Weil die öde Gebirgslandschaft und der dichte Urwald für den einsamen Wanderer leicht etwas Grausenerweckendes haben, so war man geneigt, jede Anwandelung von plötzlicher und unerklärlicher Furcht dem Pan zuzuschreiben (panischer Schrecken), und erzählte von ihm, daß er es liebe, dem Wanderer durch allerlei seltsame Töne und Stimmen Angst zu verursachen. Daher entstand später die Sage, daß er dem Zeus im Titanenkampfe wesentliche Dienste geleistet habe; denn als er angefangen habe, auf einer von ihm erfundenen Muscheltrompete zu blasen, seien die Titanen plötzlich von gewaltigem Schrecken befallen worden. Es ist das nur eine Wiederholung der Erzählung von den Leistungen des Triton in der Gigantenschlacht. Bekannt ist, daß die Athener aus Anlaß der Schlacht bei Marathon, in der sie von Pan unterstützt zu sein glaubten, den ihnen bis dahin fremden Kultus des Gottes einführten.

Dies sind die älteren und einfacheren Elemente, aus denen sich das Wesen des Pan zusammensetzte. Eine höhere Bedeutung gewann er, als man anfing, ihn zu einem Begleiter der »Großen Mutter« zu machen und in die bacchischen Kreise hineinzuziehen. Nun sah man in ihm eine erzeugende Naturkraft gleich dem phrygischen Attis, ja man machte ihn infolge einer Mißdeutung seines Namens zum Schöpfer und Gott des Weltalls.

Nachdem Pan einmal in das Gefolge des Dionysos aufgenommen worden war, kamen Dichter und Künstler leicht dahin, eine Mehrzahl von Panen und kleinen Panen (Panisken) anzunehmen, die dann leicht mit Satyrn und Silenen verwechselt wurden.

Das Hauptheiligtum des Pan war zu Akakesion in Arkadien. Man schlachtete ihm Kühe, Ziegen und Schafe und brachte ihm Trankopfer dar von Milch, Honig und Most.

In der Kunst unterscheidet man eine ältere und eine jüngere Pansbildung. Die ältere aus der besten Zeit der griechischen Kunst ist mit Ausnahme der keimenden Hörner zu beiden Seiten der Stirn eine rein menschliche. Später bildete man ihn mit mehr ausgebildeten Hörnern, langem Ziegenbart und Ziegenfüßen. Die gewöhnlichen Attribute sind Syrinx und Hirtenstab, auch wohl ein Fichtenkranz.

b. *Silvanus.*

Unter den römischen Walddämonen kommt Silvanus dem Pan am nächsten, wenn auch die Übereinstimmung nicht ganz vollständig ist. Der Name, abgeleitet von silva (Wald), bezeichnet ihn als Gott des Waldes, wo er als ein den Menschen freundlicher, das Gedeihen der Bäume und Pflanzen wie auch der Viehherden beschützender Dämon hauset. Gelegentlich ist er aber auch wie Pan ein neckischer Spukgeist, der dem einsamen Wanderer gern Schrecken einjagt. Seine Tätigkeit wurde jedoch nicht auf den Wald beschränkt, sondern man betrachtete ihn auch als Urheber des Segens in Gärten und Obstpflanzungen. Auf diese Weise wurde Silvanus dem Terminus ähnlich, dem Gotte der Grenzen und des Grundeigentums, indem er wie dieser alle Schäden von Äckern, Gärten und Häusern fernhielt. Von öffentlichen Heiligtümern, die ihm geweiht waren, wird nur ein Tempel am Aventin genannt.

Dichter und Künstler zeichnen ihn als Greis mit Pinienkranz im Haar, einen Pinienzweig in der Linken und ein Gartenmesser in der Rechten. Oft trägt er ein mit Früchten gefülltes Fell; als Begleiter gesellt man ihm häufig einen Hund.

c. *Faunus und Fauna.*

Dem Silvanus nahe verwandt ist Faunus, einer der ältesten und volkstümlichsten Götter Italiens, ein guter Geist der Berge und Fluren, in dem die Hirten einen mächtigen Beschützer verehrten, weil er das Vieh fruchtbar machte und die schädlichen Raubtiere von ihnen abwehrte. In ersterer Beziehung heißt er auch Inuus (der Befruchtende), in letzterer Lupercus (der Wolfabwehrer).

Wie Pan liebt er den Aufenthalt im Walde, wo er auch gelegentlich die Menschen schreckt und ängstigt. Auch beschleicht er

III. Die Gottheiten der Erde und der Unterwelt. Faunus und Fauna.

sie nachts in ihren Häusern und plagt sie durch böse Träume und schreckhafte Erscheinungen (Incubus).

Mit Pan hat er ferner die Gabe der Weissagung gemein und offenbart sich sowohl durch unmittelbare Eröffnungen als durch Träume. In dieser Eigenschaft hieß er auch Fatuus und hatte ein berühmtes Orakel im Haine zu Tibur an der Quelle Albunea.

Nachdem aber die Dichter dazu übergegangen waren, eine Mehrzahl von Faunen anzunehmen, lag es sehr nahe, sie den griechischen Satyrn gleich zu setzen.

Zur Verherrlichung dieses äußerst volkstümlichen Gottes feierte man verschiedene Feste, an denen man ihm Böcke opferte und Milch und Wein spendete. Die Faunalia wurden an den Nonen des Dezember gefeiert, man überließ sich dann einer ausgelassenen Fröhlichkeit bei festlichem Schmause und gestattete auch den Sklaven manche Freiheit. Das eigentliche Sühnungsfest des Faunus waren aber die Lupercalien, die am 16. Februar unter Beobachtung höchst altertümlicher Gebräuche gefeiert wurden. Der merkwürdigste darunter war der Umlauf der Luperci oder Priester des Faunus, die nach Darbringung des Opfers, nur mit einem aus Fellen der geschlachteten Böcke geschnittenen Schurz bekleidet, von dem Heiligtume des Gottes am palatinischen Berge (Lupercal) durch die Straßen Roms liefen, indem sie die ihnen Begegnenden mit Riemen schlugen, die gleichfalls aus den noch blutigen Fellen der Opfertiere geschnitten waren. Kinderlose Frauen pflegten sich ihnen absichtlich in den Weg zu stellen, weil man glaubte, daß durch diese Schläge die für schimpflich gehaltene Kinderlosigkeit abgewendet werden könne. Als Tag der Sühnung hieß dieser Tag »dies februatus« (von februare, reinigen), und der ganze Monat hat davon seinen Namen erhalten.

Das weibliche Gegenbild des Faunus ist Fauna, eine fördernde und segnende Göttin der Flur, auch Maja und Bona Dea genannt. Ihr brachten die Frauen in der Nacht vom 3.—4. Dezember im Hause des Konsuls oder des Praetor urbanus ein Opfer nach alten Satzungen, wobei die Gegenwart von Personen männlichen Geschlechts ausgeschlossen war.

Was die Darstellung des Faunus betrifft, so war sie ganz die des griechischen Pan, mit dem man ihn am meisten zu identifizieren pflegte.

8. Priapos (Priapus).

Der Kultus des bekannten Feld- und Gartengottes Priapos scheint lange Zeit in den Gegenden am Hellespont ein bloß lokaler gewesen zu sein, da die älteren Dichter ihn gar nicht erwähnen. Er war ein Dämon aller üppigen Fruchtbarkeit in der Natur, ein Sohn des Dionysos und der Aphrodite. Man schrieb ihm Einfluß auf die Fruchtbarkeit der Ziegen- und Schafherden zu, auch Bienenzucht und Fischfang standen unter seinem Schutze. Vorzugsweise aber wurde er als Beschützer der Gärten und Weinberge angesehen. Man opferte ihm Esel, was den Dichtern Anlaß zu allerlei komischen Erzählungen über die Feindschaft des Priapos gegen dieses Tier gegeben hat. Außerdem brachte man ihm die Erstlinge der Garben und Feldfrüchte und Trinkopfer von Milch und Honig dar.

Mit dem Dienste der Venus kam auch der Kultus des Priapos nach Italien, ohne daß man ihn einem heimischen Feldgotte gleichgesetzt hätte.

Die höhere Kunst hat sich mit diesem Gotte kaum beschäftigt. Man pflegte ziemlich rohe und hermenartige geschnitzte Bildsäulen von ihm aus Holz in den Gärten aufzustellen.

9. Saturnus und Ops.

Ehe wir zu der großen Kulturgöttin Demeter oder Ceres übergehen, der Griechen und Römer hauptsächlich den Erntesegen zuschrieben, und die am besten den Übergang zu den eigentlichen Unterweltsgottheiten vermittelt, wollen wir hier noch einige nur den Römern eigentümliche Götter des Feldbaues und der Viehzucht folgen lassen. Unter ihnen gehören Saturnus und Ops zu den ältesten und volkstümlichsten Gottheiten aller italischen Volksstämme. Man schrieb dem Saturnus die Einführung des Ackerbaus, der Obstzucht und Weinkultur zu und verehrte ihn deshalb als den größten Wohltäter der Menschheit, der nicht nur den Wohlstand befördert, sondern auch eine höhere Gesittung gebracht habe. Nachdem die Römer mit der griechischen Mythologie bekannt geworden waren, stellten sie ihn dem Kronos gleich, und es entstand infolgedessen die Sage, Saturnus habe sich, nachdem ihn sein Sohn Jupiter vom Throne gestoßen, nach Italien geflüchtet, und nachdem er bei Janus eine gastliche Aufnahme gefunden, sich am Fuße des kapitolinischen Hügels niedergelassen. Er habe hierauf die damals noch ohne feste

III. Die Gottheiten der Erde und der Unterwelt. Saturnus und Ops. 153

Wohnsitze umherschweifenden Menschen zu einer staatlichen Gemeinschaft vereinigt und eine Zeitlang selbst über sie geherrscht (goldenes Zeitalter). Zur Erinnerung an diese glückliche Zeit, wo die Menschen noch von keiner irdischen Not und Sorge betroffen wurden, feierte man vom 17. Dezember an drei Tage lang das Fest der Saturnalien. Dieses Fest, das mit veränderter Bedeutung in den heutigen Karnevalslustbarkeiten gleichsam noch fortlebt, wurde besonders in Rom mit großem Glanze begangen. Eine ausgelassene Fröhlichkeit herrschte dann durch die ganze Stadt, die sich durch allerlei Scherz und Mutwillen kund gab, der Unterschied der Stände schien völlig aufgehoben zu sein, die Gerichte und die Schulen feierten, die Kaufläden waren geschlossen. Der Hauptfesttag war der 19. Dezember, ein besonders hoher Freudentag für die zahlreiche Klasse der Sklaven und Sklavinnen. Denn an diesem Tage gab es keine Sklaven in Rom, man ließ sie Herrenkleider anziehen und forderte nicht nur keinerlei Dienstleistungen von ihnen, sondern bediente sie sogar selbst bei Tische und ließ sie essen und trinken, soviel sie Lust hatten. Gewiß eine schöne Sitte, diese sonst so gequälte Menschenklasse wenigstens einmal im Jahre ihr Elend vergessen zu lassen. Reiche Römer pflegten an diesem Tage offene Tafel für jedermann zu halten und überboten sich in einer glänzenden Bewirtung ihrer Gäste. Wie sich von selbst versteht, war mit diesem Feste ein feierliches Opfer für Saturnus verbunden, man löste während der Tage der Saturnalien dem Gotte die wollenen Binden, womit sonst das Jahr hindurch die Füße der Bildsäule umwickelt waren, damit er mit dem von ihm ausgehenden Segen sich nicht entfernen könne, und erleuchtete seinen Tempel auch die Nacht hindurch mit Wachskerzen. Auch öffentliche Zirkusspiele verherrlichten dieses bei dem römischen Volke besonders beliebte Fest.

Der Haupttempel des Saturnus, dessen Bau bereits von Tarquinius Superbus begonnen, aber erst in den ersten Jahren der Republik beendigt worden war, lag am Aufgange zum Kapitol vom Forum her. Unter ihm war ein ausgemauertes Gewölbe, das die römische Staatskasse, das sogenannte Ärarium, enthielt. Dem Saturnus als dem Gotte, von dem aller Wohlstand ausging, gebührte auch die Obhut des Staatsschatzes.

Ops galt als die Gemahlin des Saturnus und als Göttin der Saaten und Ernten, weshalb sie im Kultus mit jenem aufs engste vereinigt war und in seinem Tempel am kapitolinischen Hügel eine Stelle hatte. Am 25. August, wenn die eingeerntete Frucht ausgedroschen war, wurde ihr ein Erntedankfest gefeiert.

Saturnus und Ops galten zusammen auch als Götter der Ehe und der Kindererziehung, da es natürlich sehr nahe lag, Gottheiten der keimenden und reifenden Saat auch zu Gottheiten des keimenden und gedeihenden Menschenlebens zu machen.

Saturnus ist immer als Greis dargestellt worden, sein stehendes Attribut ist das Gartenmesser oder die Sichel.

10. Vertumnus und Pomona.

Dem Saturnus und der Ops ähnliche Gottheiten sind **Vertumnus** und **Pomona**, nur daß sich ihre Tätigkeit fast ausschließlich auf das Wachstum und Gedeihen der Gartenfrüchte und Obstpflanzungen bezieht. Vertumnus bezeichnet eigentlich den sich Wandelnden mit Rücksicht auf die mannigfaltigen Wandlungen, welche die Frucht von dem ersten Erscheinen der Blütenknospe an bis zur vollendeten Reife durchzumachen hat. Aus derselben Ursache dichtete man dem Gotte auch eine Proteusnatur an, d. h. die Gabe, allerlei verschiedene Gestalten annehmen zu können. Man opferte ihm die Erstlinge der Blumen und Früchte.

Pomona ist schon durch ihren Namen als Göttin des Obstsegens bezeichnet, die Dichter machten sie zu einer Gemahlin des Vertumnus. Beide Gottheiten hatten in Rom einen Eigenpriester (Flamen), der freilich der geringsten einer war.

11. Flora.

Zu den niederen Gottheiten der Flur gehört auch **Flora**, eine bei den Sabinern und überhaupt im Innern Italiens vielfach verehrte Göttin der Blüten und Blumen. Schon Numa soll ihren Dienst in Rom eingeführt und einen Eigenpriester für sie bestellt haben. Sie gewann dadurch eine höhere Bedeutung, daß sie zu einer Art von mütterlicher Göttin wurde, zu der in Hoffnung lebende Frauen um eine leichte Geburt beteten. Ihr Fest fiel auf den 28. April und wurde mit großer Ausgelassenheit bis zum 1. Mai gefeiert (Floralien). Man bekränzte dann die Türen der Häuser mit Blumen und trug auch selbst Kränze im Haar. Seit dem ersten punischen Kriege kamen auch eigene Spiele zu diesem Feste auf, die einen sehr

III. Die Gottheiten der Erde und der Unterwelt. Flora. 155

heiteren und ausgelassenen Charakter hatten, indem man statt der wilden Raubtiere allerlei niederes Wild, als Hasen, Rehe usw., im Zirkus jagte.

71. Farnesische Flora. Neapel.

Die Künstler scheinen die Flora wie eine Hore des Frühlings gebildet zu haben, als blühende, blumenbekränzte Jungfrau. Eine schöne überlebensgroße Marmorfigur dieser Art ist die farnesische Flora des Museums zu Neapel, aus den Bädern des Caracalla in Rom stammend (Fig. 71).

12. Pales.

Pales oder Pares ist eine alte Hirtengottheit unbestimmten Geschlechts, auf die der Name Palatium zurückzuführen ist; zu ihr beteten die Hirten um Fruchtbarkeit und Gesundheit ihrer Herden; ihr am 21. April gefeierter Festtag galt zugleich als der Tag der Gründung Roms. Es ging dabei sehr ländlich zu, und es wurden sehr altertümliche Gebräuche beobachtet, unter denen besonders dieser merkwürdig ist, daß die Hirten zur Reinigung von ihren Sünden durch ein angezündetes Strohfeuer sprangen und auch ihre Herden durch das brennende Stroh springen ließen. Man opferte ihr aus Hirse gebackene Kuchen und Milch. Eine Darstellung der Göttin ist bis jetzt noch nicht nachgewiesen.

13. Terminus.

Wenn auch ohne Einfluß auf das Gedeihen der Saaten und die Fruchtbarkeit der Herden, darf Terminus, der Gott der Grenze, doch in gewissem Sinne zu den Feldgöttern gerechnet werden. Er ist der Beschützer des Privateigentums, und alle Grenzsteine waren ihm heilig, weshalb das Setzen der Steine auch stets unter religiösen Zeremonien geschah. Damit aber die Heiligkeit der Grenze dem Volke recht eindringlich zum Bewußtsein komme, richtete König Numa ein besonderes Fest des Grenzgottes, die Terminalien, ein, das jährlich am 23. Februar gefeiert wurde. Die Besitzer aneinander grenzender Grundstücke pflegten dann den Grenzstein zu salben und zu bekränzen und dem Gotte einen Fladen, auch wohl ein Lamm oder Ferkel zu opfern.

In weiterer Bedeutung ist er aber auch der Gott, unter dessen Schutze und Obhut die Staatsgrenzen stehen. Deshalb hatte er eine Kapelle im Tempel der Minerva auf dem Kapitol, und ein Bild des Gottes stand mitten im Tempel des kapitolinischen Jupiter, was die Sage auf folgende Weise erklärt: Als Tarquinius den Plan zu dem Bau des großen Jupitertempels auf dem Kapitol faßte, mußten des beschränkten Raumes wegen mehrere dort bereits vorhandene Heiligtümer beseitigt werden, was nur unter Zustimmung der betreffenden Gottheiten geschehen konnte. Durch Augurien um ihre Willensmeinung befragt, erklärten sich alle bereit, dem höchsten Gotte zu weichen, nur der einzige Terminus weigerte sich und mußte deshalb in den Jupitertempel eingeschlossen werden.

III. Die Gottheiten der Erde und der Unterwelt. Demeter. 157

14. Demeter (Ceres).

Demeter, eine Tochter des Kronos und der Rhea, bedeutet ihrem Namen nach die Mutter Erde, ist also eine besondere Ausprägung des alten Urbegriffs der Erdgöttin mit einer speziellen Beziehung zur Natur und menschlichen Kultur. Man schrieb ihr das Gedeihen der Feldfrüchte zu und machte sie zu einer Vorsteherin des Ackerbaues überhaupt, den die Menschen erst von ihr gelernt haben sollen. Dadurch erhebt sich Demeter zu einer eigentlichen Kulturgöttin, die den Menschen der niederen Kulturstufe der Jäger- und Hirtenvölker entreißt und seine ursprüngliche Roheit und Wildheit durch Gesetz und Sitte bändigt. Sie wird dadurch zu jener segensreichen Himmelstochter, die, wie Schiller im Liede von der Glocke singt:

> Herein von den Gefilden
> Rief den ungesell'gen Wilden,
> Eintrat in der Menschen Hütten,
> Sie gewöhnt zu sanften Sitten
> Und das teuerste der Bande
> Wob, den Trieb zum Vaterlande.

Nach dieser Seite ihres Wesens, als Begründerin aller staatlichen und bürgerlichen Ordnung, trifft sie mit dem Dionysos zusammen, dessen segensreichen Einfluß auf menschliche Kultur und Gesittung wir gleichfalls kennen gelernt haben. Daher der innige Zusammenhang dieser beiden großen Kulturgottheiten in den Mysterien, wo Dionysos-Bakchos als der Sohn der Demeter und Bräutigam der Kora-Persephone erscheint. Wegen dieser innigen Beziehung der Demeter zu dem Eintreten des Menschengeschlechts in den Zustand geordneter staatlicher Verhältnisse wurde sie auch als ehestiftende Göttin verehrt, weil die Ehe die notwendige Grundlage der bürgerlichen Gesellschaft bildet, wie auch als Beschützerin und Vorsteherin der Volksversammlungen.

Unter den heiligen Sagen, die sich an den Namen dieser Göttin knüpfen, ist keine bekannter und für ihren Kultus bedeutungsvoller, als die von dem Raube ihrer Tochter Persephone oder Kora. Diese spielte einst mit den Okeaniden auf einer blumigen Wiese und vergnügte sich mit ihnen daran, Blumen zu pflücken und Kränze zu winden; da öffnete sich plötzlich vor ihr die Erde, aus der Kluft stürzte auf einem von schnaubenden Rossen gezogenen

Wagen Hades oder Pluto, der Beherrscher der Unterwelt, hervor, und entführte die sich vergebens Sträubende mit Windeseile in seine finstere Behausung. Das geschah aber mit Wissen des Zeus, der die Tochter ihm hinter dem Rücken der Mutter zugesagt hatte. Als Demeter das geliebte Kind vermißte und von niemandem erfahren konnte, wo es geblieben, zündete sie Fackeln an und durchirrte, ängstlich die Spur der Verlorenen suchend, neun Tage und Nächte alle Länder der Erde, bis ihr endlich Helios, der alles Schauende, das Geschehene offenbart, zugleich aber auch nicht verschweigt, daß Hades den gewaltsamen Raub mit Genehmigung des Zeus verübt habe. Voll Zorn und Kummer zog sich nun die Göttin aus der Gesellschaft der übrigen Götter in die tiefste Einsamkeit zurück, während inzwischen alle Fruchtbarkeit der Erde aufhörte und eine allgemeine Hungersnot das Menschengeschlecht zu vertilgen drohte. Vergebens sandte Zeus einen Boten nach dem andern an die Erzürnte ab, um sie zur Rückkehr in den Olymp zu bewegen, sie schwur, daß sie nicht eher wiederkehren und Früchte wachsen lassen werde, als bis ihr teures Kind ihr zurückgegeben sei. Da mußte sich denn Zeus wohl bequemen, den Hermes in die Unterwelt zu senden, daß er die Persephone wieder an das Licht der Oberwelt heraufbringe. Freudig gehorcht diese dem überbrachten Befehle, aber der Scheidenden gibt Hades einen Granatkern zu essen, nun ist sie an ihn gebunden und kann nicht für immer zu ihrer Mutter zurückkehren. Daher kommt durch Vermittlung des Zeus ein Vertrag zustande, wonach Persephone zwei Drittel des Jahres auf der Oberwelt bei der Mutter verweilen darf, die übrige Zeit aber in der Unterwelt an der Seite ihres Gemahls zubringen muß. Und so steigt sie denn jedes Jahr, wenn der Frühling sich erneut, aus der Tiefe ihres unterirdischen Reiches empor zur Lust und Freude ihrer göttlichen Mutter, um im Spätherbst wieder in das Reich des Todes hinab zu steigen.

In unmittelbarem Zusammenhange mit diesem schönen und sinnigen Mythus steht ein anderer, der sich auf die Stiftung der Mysterien in Eleusis bezieht. Als Demeter nach dem Verluste ihrer Tochter in der Gestalt einer alten Frau über die Erde wandelte, kam sie auch nach Eleusis. Die Töchter des Keleos, des Fürsten dieser Stadt, trafen sie auf einem Steine neben dem Jungfrauenbrunnen sitzend, als sie, um Wasser zu schöpfen, dorthin gekommen waren,

III. Die Gottheiten der Erde und der Unterwelt. Demeter. 159

und boten der Unbekannten einen Dienst im Hause ihrer Eltern an, wo sie die Pflege ihres jüngstgeborenen Bruders Demophon übernehmen sollte. Die Göttin willigte ein und fand im Hause des Keleos freundliche Aufnahme, wo sie alsbald sich der Pflege des jungen Königssohnes unterzog. Sie gewann ihn so lieb, daß sie vorhatte, ihn unsterblich zu machen, indem sie ihn des Tages mit

72. Einweihung in die Mysterien. Neapel

Ambrosia salbte und dann während der Nacht in die Glut des Herdfeuers legte. Aber da sie bei diesem Werke einst von der Mutter des Kindes belauscht und durch deren Jammergeschrei gestört wurde, so konnte sie ihre wohlmeinende Absicht nicht verwirklichen. Doch offenbarte sie sich jetzt dem Keleos als Göttin und gebot ihm, in Eleusis einen Tempel zu bauen. Als dieser mit ihrer Hilfe rasch vollendet war, weihte sie den Keleos nebst einigen andern Fürsten von Eleusis, Triptolemos, Eumolpos und Diokles, in die heiligen Gebräuche ihres Dienstes ein. Dem Triptolemos, der auch ein Sohn des Keleos genannt wird, übertrug sie das Geschäft der weiteren Verbreitung des Ackerbaues und ihres Dienstes, indem sie ihm ihren Drachenwagen lieh, auf dem er durch die Länder der Erde umherzog, überall die Segnungen des Ackerbaues verbreitend und die Menschen zu geordneten staatlichen Verbänden vereinend. Nicht überall wurde er willig aufgenommen, und die Göttin mußte manchmal gegen die Verächter ihrer Wohltaten strafend einschreiten, wie gegen den skythischen Herrscher Lynkeus und den thessalischen Fürsten Erysichthon, aber endlich triumphierte sie doch, und der Dienst der segensreichen Göttin des Ackerbaues verbreitete sich über die ganze bewohnte Erde.

Hauptkultusstätte der Demeter blieb das an der Bucht von Salamis freundlich gelegene Städtchen Eleusis, auch nachdem es seine Selbständigkeit verloren hatte und in den Besitz der Athener übergegangen war. Hier und in Athen wurden ihr und den mit ihr in den Mysterien verbundenen Gottheiten die Eleusinien gefeiert, die sich auf den Mythos von dem Raube der Kora bezogen.

Man unterscheidet zwischen kleinen und großen Eleusinien. Die ersteren wurden im Monat Anthesterion (Februar) zu Athen gefeiert und waren eine Art von Vorbereitung auf die großen Eleusinien, die neun Tage lang im September teils in Athen, teils in Eleusis stattfanden. An der geheimen Feier konnten indes nur die in die Mysterien Eingeweihten teilnehmen (vgl. Fig. 72, ein Relief des Neapler Museums, in dem wahrscheinlich die Einweihung in die Mysterien dargestellt ist). Der Glanzpunkt des Festes war die große und feierliche Prozession, die sich am fünften Tage von Athen aus nach dem vier Stunden entfernten Eleusis bewegte. Alle Teilnehmer, deren nicht selten an 30000 gewesen sein sollen, waren mit Myrten bekränzt und trugen, da der Zug erst mit einbrechender Dunkelheit von Athen ausging, Fackeln in den Händen.

Minder bedeutend als die Eleusinien war das zu Anfang des Monats November der Demeter als Ehegöttin und Gesetzgeberin gefeierte Fest der Thesmophorien. Es dauerte fünf Tage, und nur verheiratete Frauen durften an ihm teilnehmen.

Der griechischen Demeter in allen Stücken entsprechend ist die römische Ceres, ohne Zweifel eine altitalische Göttin, aber nach der bereits in den ersten Jahren der Republik erfolgten Einführung des Demeter-Kultus mit der griechischen Göttin ganz verschmolzen.

III. Die Gottheiten der Erde und der Unterwelt. Demeter. 161

73. Das sog. Eleusinische Relief. Athen.

Doch blieb sie vorwiegend eine plebejische Gottheit, und ihr Tempel stand unter der Aufsicht der plebejischen Ädilen. Das Hauptfest der Ceres und der mit ihr verbundenen Gottheiten Liber und Libera fiel auf den 19. April, welcher Monat als der eigentliche Frühlingsmonat überhaupt bei den Bewohnern Italiens vorzugsweise den Gottheiten des Feldbaues gewidmet war. Die Ceralien wurden durch eine große Prozession eröffnet, wobei alles in Weiß gekleidet ging, und bestanden in feierlichen Opfern und Zirkusspielen, deren Leitung Sache der plebejischen Ädilen war.

Außerdem begingen die römischen Frauen im August eine Feier der Wiederauffindung der Proserpina, wobei sie in weißen Kleidern die Erstlinge der Früchte darbrachten.

Auch die Dea Dia, die im Arvalenhain von einer Bruderschaft mit merkwürdigen archaischen, wohl aus Eleusis entlehnten Riten verehrt wurde, ist im Wesen der Ceres gleich.

Das gewöhnliche Opfertier, das der Ceres bei Römern und Griechen geschlachtet wurde, war das Schwein (Symbol der Fruchtbarkeit); außerdem opferte man ihr Rinder, die Erstlinge der Früchte und Honigwaben.

Man stellte diese Göttin mit dem Ausdrucke erhabener Würde, verbunden mit herablassender Güte und Milde, dar. Ihre hauptsächlichsten Attribute sind Fackel, Ährenbüschel in der Hand oder ein durch das Haar geflochtener Ährenkranz, Mohn und eine verschlossene Schachtel, die sogenannte mystische Ciste. Unter den sicheren statuarischen Darstellungen der Göttin ist die älteste das bekannte im Jahre 1859 in Eleusis gefundene Relief in Athen, Triptolemos zwischen den beiden Göttinnen darstellend (Fig. 73). Einen jungen, dem vierten Jahrhundert angehörenden Typus vertritt das schöne bei Knidos gefundene Sitzbild des britischen Museums, aus dem Demeterheiligtum stammend (Fig. 74). Auf einem pompejanischen Gemälde des Museums in Neapel erscheint sie als segnende Göttin des Ackerbaues auf einem Sessel thronend, eine aus zwei Blütenkelchen zusammengesetzte brennende Fackel in der Rechten, ein Ährenbündel in der Linken haltend.

15. Persephone (Proserpina).

In der Unterweltsgöttin Persephone (d. i. die das Licht Vernichtende), welche die Attiker lieber mit ihrem mystischen Namen Kora benannten, bergen sich zwei verschiedene Vorstellungen. Auf der einen Seite nämlich ist sie als Gattin des finsteren Beherrschers der Unterwelt mit diesem dem Begriffe nach übereinstimmend, eine ebenfalls finstere und dämonische Macht, die alles Lebende erbar-

III. Die Gottheiten d. Erde u. d. Unterwelt. Demeter. Persephone.

74. Demeter von Knidos. London.

mungslos hinabzieht in den dunkeln Schoß der Erdtiefe, weshalb man auch das Grab die Kammern der Persephone nannte. Diese Anschauung ist bei Homer und den späteren epischen Dichtern die allein herrschende, sie erscheint hier als die neben dem finstern Gatten freudlos thronende Herrscherin des weiten Reiches der Unterwelt, in der weilen zu müssen als ein höchst grausames und beklagenswertes Geschick erschien. Auf der andern Seite aber ist sie eben Kora, das holdselige Kind der allnährenden, allgütigen und segenspendenden Mutter Erde, also eine Personifikation der nie versiegenden Triebkraft der Natur, durch die jedes Jahr die üppigste Vegetation vor unsern Augen entsteht, um im Herbste wieder der Vernichtung anheimzufallen. Im engern Sinne ist sie auch Symbol des Samenkorns, das, in die Erde gesenkt, eine Zeitlang wie tot in ihr ruht, um dann zu neuem Leben sich zu entfalten. Es lag nahe, an diese Vorstellung Ideen von der Unsterblichkeit der Seele anzuknüpfen, für die Persephone in den Mysterien zum Sinnbilde geworden ist. So wenig wir auch im einzelnen über diese unterrichtet sind, so wissen wir doch, daß sie hauptsächlich bezweckten, bessere und gereinigtere Vorstellungen über das jenseitige Leben zu verbreiten, als uns in dem griechischen Volksglauben entgegentreten. Während nach diesem die Seelen in der Unterwelt nur eine dumpfe und traurige Scheinexistenz als Schattenbilder führen, wurden die Eingeweihten belehrt, daß der Tod eine Wiedergeburt der Seele zu einem schöneren und freudenreicheren Dasein sei, vorausgesetzt natürlich, daß der Mensch durch einen gerechten und den Göttern wohlgefälligen Wandel sich dieser Seligkeit würdig gemacht habe.

Den Römern, die überhaupt alle Vorstellungen von der Unterwelt den Griechen entlehnt haben, ist Persephone oder Proserpina, wie sie den Namen lateinisch umgestalten, ursprünglich eine ganz fremde Gottheit, doch vermengten sie mit ihr eine alte ländliche Gottheit der Fruchtbarkeit, Libera, das weibliche Gegenbild des Liber oder Bacchus, unter welchem Namen sie also dasselbe bedeutet wie die griechische Kora.

Man opferte der Persephone als einer unterirdischen Gottheit schwarze unfruchtbare Kühe; besondere Tempel scheint sie aber nirgends gehabt zu haben.

Für die Kunst ist Persephone von keiner großen Bedeutung gewesen, man stellte sie entweder als die liebliche Tochter der Demeter oder als

III. Die Gottheiten der Erde u. d. Unterwelt. Persephone. Hades.

strenge und ernste Beherrscherin des Schattenreichs dar. In letzterer Eigenschaft wird sie gewöhnlich durch Zepter und Diadem kenntlich gemacht, ihre sonstigen Attribute sind Ähren und Mohn, ferner die Fackel, das Symbol der eleusinischen Weihen, außerdem der Granatapfel und die Narzisse.

16. Hades (Pluto).

Dieselbe Doppelnatur, die wir an der Persephone kennen lernten, findet sich auch bei ihrem Gemahl, Hades oder Aidoneus (d. i. der Unsichtbare), wie sein Name bei den epischen Dichtern lautet, wegen des geheimnisvollen Dunkels, das ihn umgibt. Nach der älteren Vorstellung nämlich ist er der unerbittliche und unversöhnliche Feind alles Lebens, an den man nicht ohne Furcht und Grauen zu denken vermag, von dem Homer deshalb auch sagt, er sei den Sterblichen unter allen Göttern der verhaßteste. Bald jedoch machte sich auch in betreff seiner eine mildere Vorstellung geltend, und es trat nun die andere Seite seines Wesens mehr in den Vordergrund, wonach er nicht nur aus dem tiefen Schoße der Erde den Pflanzen Nahrung spendet, sondern auch einen unermeßlichen Reichtum an edlen Metallen in seinen unterirdischen Gängen und Kammern den Menschen zum Nutzen darbietet. In diesem Sinne nannte man ihn Pluton oder Pluteus, das ist den reichmachenden Gott.

Hades gehört zu den ältesten griechischen Gottheiten; er ist wie Poseidon ein Bruder des Zeus und erhielt, als die drei Kronossöhne die Welt unter sich teilten, den dunkeln Schoß der Erde als sein eigentümliches und ihm ausschließlich gehörendes Reich, dessen Pforte er fest verschlossen hält, damit ohne seinen Willen keine Seele wieder zurückkehren könne zu dem Lichte der Oberwelt. Weil er alle Menschen ohne Unterschied, wenn die ihnen bestimmte Lebenszeit verstrichen ist, in sein geheimnisvolles Reich hinabzieht, so heißt er auch wohl Polydektes, d. h. der viele aufnimmt. Über die Art und Weise, wie Hades diese seine Gewalt über die Sterblichen geltend macht, hatte man in der ältesten Zeit Vorstellungen, die der düstern Auffassung des Gottes entsprachen. Man dachte sich ihn als einen gewalttätigen, starken Räuber, wie er auch in dem Mythos von dem Raube der Persephone erscheint, wo er mit schnellen Rossen seine Beute entführt. Später trat auch hier eine mildere Auffassung ein, man übertrug das Amt, die Seelen der

Verstorbenen in die Unterwelt hinabzugeleiten, dem Hermes, der in dieser Eigenschaft eines Seelenführers also ein Diener des Pluton oder des unterirdischen Zeus ist, wie er sonst in dem Dienste des olympischen Zeus steht.

Wie sehr sich auch die ursprüngliche düstere Vorstellung von dem unerbittlichen Todesgotte im Laufe der Zeit gemildert hatte, immer behielt dieser Gott für die Griechen etwas Unheimliches, weshalb außer dem Raube der Proserpina fast gar keine Mythen von ihm gedichtet worden sind. Auch in dem öffentlichen Kultus hatte er kaum eine Stelle.

Von diesen griechischen Vorstellungen waren die römischen nicht verschieden, da die Römer auch diesen Gott von den Griechen entlehnt haben. Sie nannten ihn Pluto oder Dis pater. Einen Tempel hatte er in Rom nicht, sondern nur mit Proserpina gemeinschaftlich einen unterirdischen Altar auf dem Marsfelde, der alljährlich einmal aufgedeckt und benutzt wurde. Man opferte ihm ebenfalls nur schwarze Tiere.

Ein solches Wesen wie Hades, dessen Namen man nicht einmal auszusprechen wagte, scheuten sich natürlich auch die Künstler plastisch darzustellen. Daher sind antike Abbildungen dieses Gottes höchst selten. Ein finsterer Ausdruck des Gesichts, festgeschlossene Lippen und verworren herabfallendes Haar sind seine Hauptmerkmale, wie das in der Villa Borghese befindliche Sitzbild des Gottes mit dem Kerberos zur Seite erkennen läßt. Attribute des Gottes sind gewöhnlich der Herrscherstab, vielfach auch das Füllhorn; der Zweizack dagegen ist eine dem Dreizack des Poseidon analog gebildete Zutat moderner Künstler.

17. Die Unterwelt.

Wir knüpfen an die Person des Hades die Besprechung der Vorstellungen an, welche die alten Griechen und, im Anschluß an sie, die Römer von dem jenseitigen Leben und dem Aufenthaltsorte der Verstorbenen hatten. Auch die Vorstellungen der Griechen sind nicht zu allen Zeiten dieselben gewesen. Schon in den Gesängen Homers begegnen wir zwei ganz verschiedenen Ansichten über die örtliche Lage des Totenreiches. Nach der einen, die in der Ilias hervortritt, ist es unter der scheibenförmig gedachten Erde gelegen, so daß es nur eine dünne Decke von der Oberwelt trennt. Recht anschaulich wird dieses bei Gelegenheit des großen Götterkampfes im 20. Buche gemacht, wo es heißt:

III. Die Gottheiten der Erde und der Unterwelt. Die Unterwelt.

Bebend sprang er vom Thron mit Geschrei auf, daß ihm von oben
Nicht die Erd' aufrisse der Landerschütt'rer Poseidon,
Daß nicht Menschen erschien' und Unsterblichen seine Behausung
Fürchterlich, dumpf, wustvoll und selbst den Göttern ein Abscheu:
Solch ein Getös' erscholl, da die Götter zum Kampf sich erhuben.
Bang erschrak dort unten der Schattenfürst Aidoneus.

Nach einer zweiten in der Odyssee vorherrschenden Ansicht zieht sich das Schattenreich nicht unter der ganzen Erdoberfläche hin, sondern liegt im fernen Westen. So unbestimmt und nebelhaft demnach bei Homer noch die Vorstellungen von der örtlichen Lage des Totenreiches sind, so wenig ausgeprägt treten uns auch die Vorstellungen von dem Leben der abgeschiedenen Seelen entgegen. Die Unterwelt erscheint als ein öder und düsterer Raum, wo die Abgeschiedenen ein schattenhaftes und traumartiges Dasein führen. Ein Unterschied findet zwischen ihnen nicht statt, da von einem Totengericht noch keine Rede ist. Das sogenannte Elysium, wohin die besonderen Lieblinge der Götter versetzt werden, ist bei Homer noch keine Abteilung der Unterwelt, sondern ein ganz unbestimmt im fernen Westen gedachtes Land (Insel der Seligen). Bei den späteren Dichtern treten dagegen die Umrisse der Unterwelt immer deutlicher und schärfer hervor. Sie ist ein im Innern der Erde befindlicher Raum, zu dem von der Oberwelt her mehrere Eingänge führen, und der von mehreren Flüssen durchströmt wird, dem Kokytos, Pyriphlegethon, Acheron und Styx. Dieser windet sich mehrmals um die ganze Unterwelt, und man kann ihn nur mit Hilfe des Fährmanns Charon überschreiten, den man sich als einen grämlichen alten Mann mit struppigem Barte vorstellte. Die Griechen pflegten deshalb ihren Toten einen Obolos (kleine Kupfermünze) in den Mund zu stecken, als Fährgeld für Charon, wie man später annahm, während man ursprünglich durch die Mitgabe der Münze dem Toten seinen Besitz abkaufen wollte. Jenseits des Flusses wacht am Tore der furchtbare Höllenhund Kerberos (Cerberus), ein dreiköpfiges Ungeheuer, das niemandem den Eintritt in das Haus des Pluto wehrt, aber den Austritt keinem gestattet. Sobald die Seelen in die Unterwelt gelangt sind, erwartet sie dort das Gericht der Totenrichter Minos, Rhadamanthys und Äakos. Ihr Spruch sendet die Gerechten ins Elysium, wo sie ein ewig seliges Dasein genießen, die Verbrecher aber und Bösewichter zum Tartarus, wo sie von den Erinyen und andern bösen Geistern gequält werden. Diejenigen, welche weder entschieden gut, noch entschieden böse gewesen sind, bleiben auf der Asphodeloswiese, wo sie als wesenlose Schatten ein dumpfes und freudeloses Dasein führen.

Sehr vielen Stoff gaben den Dichtern die in der Unterwelt über besonders große Verbrecher verhängten Strafen. Die bekanntesten darunter sind Tityos, Tantalos, Sisyphos, Ixion und die Danaiden. Die Strafe des erstgenannten, der sich an der Leto hatte vergreifen wollen, besteht darin, daß er gefesselt am Boden liegen muß, während ihm zwei Geier die stets wieder wachsende Leber fressen. Tantalos, der bekannte Ahnherr der Atriden Agamemnon und Menelaos, den die Götter ihres Umgangs gewürdigt hatten, mußte seine Schwatzhaftigkeit, die ihn bewog, den Menschen die Ratschläge des Zeus mitzuteilen, oder den Versuch, die Allwissenheit der Götter auf die Probe zu stellen, indem er ihnen das Fleisch seines Sohnes Pelops als Speise vorsetzte, damit büßen, daß er zur Qual ewigen Hungerns und Durstens verurteilt wurde. Über seinem Haupte hingen die lieblichsten Früchte, aber wenn er danach greifen wollte, führte ein Windhauch sie in eine für ihn unerreichbare Höhe; zu seinen Füßen floß das klarste Wasser, aber wenn er zu trinken begehrte, war es plötzlich in den Boden verschwunden. Sisyphos, König von Korinth, der durch vielfache Frevel den Zorn der Götter erregt hatte, erlitt in der Unterwelt die Strafe, daß er einen Felsblock einen hohen Berg hinaufwälzen mußte, der dann immer wieder in die Ebene hinabrollte. Ixion, ein nicht weniger übermütiger Frevler, erlitt die Strafe, mit Händen und Füßen an ein ewig umrollendes Rad gefesselt zu sein. Die Danaiden endlich, die Töchter des Danaos, mußten, weil sie in der Brautnacht auf Befehl ihres Vaters ihre Männer umgebracht hatten, ein Faß mit Wasser füllen, das einen durchlöcherten Boden hatte und daher niemals voll werden konnte. Vgl. Fig. 75, ein Münchener Vasenbild, auf dem der Besuch des Orpheus in der Unterwelt dargestellt ist. Links oben ist Megara mit ihren Söhnen, rechts oben Theseus und Peirithoos abgebildet; darunter folgen die Richter der Unterwelt, in der untersten Reihe erscheint Herakles mit dem Kerberos, links Sisyphos und rechts Tantalos.

18. Die Erinyen (Furien).

Als Dienerinnen des Hades und der Persephone erscheinen die Erinyen oder Furien, die daher auch in der Unterwelt ihren beständ-

III. Die Gottheiten der Erde und der Unterwelt. Die Erinyen. 169

digen Wohnsitz haben: Tisiphone, Alekto und Megära. Mit ihrer Dreizahl hat es dieselbe Bewandtnis wie mit den drei Grazien, drei Parzen usw. Der Grieche stellte sich eben jede unbestimmte Vielheit in der geheiligten Dreizahl vor. Ihrer ursprünglichen Bedeutung nach sind sie die Rächerinnen und Bestraferinnen jeder von Göttern oder Menschen ausgegangenen Störung der sittlichen Weltordnung. Als sich aber später die Vorstellung von der rächenden

75. Orpheus in der Unterwelt. Vase in München.

Nemesis mehr und mehr ausbildete (s. o. S. 108), schrumpfte die Bedeutung der Erinyen zusammen, und es wurde ihnen als spezielles Gebiet, wo sie ihr rächendes Strafamt auszuüben hatten, die Familie zugewiesen.

Als die unerbittlichen Verfolgerinnen jeglicher Verletzung der von der Natur geheiligten Bande des Blutes, namentlich des Verwandtenmordes, haben sie besonders bei den Tragikern ihre weitere Ausbildung gefunden, von denen sie sogar auf die Bühne gebracht wurden. Gewaltig und ergreifend sind die Schilderungen, welche die griechischen Tragiker von der Tätigkeit der Erinyen entwerfen. Auf sie gründet sich die herrliche Beschreibung in Schillers »Kranichen des Ibykus«. Nichts gleicht dem Scharfblicke, mit dem sie das begangene Verbrechen ausfindig machen, nichts der Schnelligkeit und Unermüdlichkeit ihrer Verfolgung. Zur sinnlichen Bezeichnung der letzteren gaben ihnen die Dichter eherne Füße. Verzerrt und gorgonenartig sind die Züge ihres Antlitzes, wilde Mordgier leuchtet aus den Blicken, und die Schlangen, die statt der Haare um ihre Häupter sich ringeln, speien Tod und Verderben auf den Unglücklichen, den sie sich zum Opfer erlesen haben. Nichts hilft ihm auch die rascheste Flucht, es gibt keinen Raum, wohin sie nicht folgen, keine Entfernung, vor der sie zurückschrecken würden. Mit hochgeschwungener Fackel sind sie hinter ihm her, wie hurtige Jägerinnen der Spur des gehetzten Wildes folgend und nimmer rastend, bis sie ihn in Wahnsinn und Tod getrieben haben.

Das ist das Bild der Erinyen nach ihrer schrecklichsten Seite und nach der älteren Auffassung. Wie wir aber an Hades und Persephone eine Doppelnatur kennen gelernt haben, indem sie auf der einen Seite als unerbittliche und grausame Todesgottheiten, auf der andern als milde und segenspendende Gottheiten des fruchtbaren Schoßes der Erde erscheinen, so steht auch bei den Erinyen jener finstern und strengen Auffassung eine freundlichere und mildere gegenüber. So lange die Menschen unter der Herrschaft des Gesetzes der Blutrache standen, jenes furchtbaren »Auge um Auge, Zahn um Zahn«, mochten sie sich in dem Gedanken an die Unerbittlichkeit und Unversöhnlichkeit der Erinyen gefallen. Als aber jene rohen Urzustände milderen Sitten wichen und die bürgerliche Gesellschaft sich mit Einrichtungen umgab, die das Leben des Einzelnen gegen willkürliche Angriffe schützten, da konnte auch die Idee der besänftigten Erinyen Eingang finden. Die dichtende Mythologie hat diese Wandelung an ein bestimmtes Ereignis angeknüpft, an die Stiftung des Areopags in Athen und die durch diesen Gerichtshof bewirkte Entsühnung des Muttermörders Orestes. Als dieser, so lautet die Sage, um den Tod seines edlen Vaters Agamemnon zu rächen, seine Mutter Klytämestra samt ihrem Buhlen Aegisthos erschlagen hatte, irrte er lange Zeit, von den Erinyen verfolgt, auf Erden umher, bis sich Apollon und Athena seiner annahmen. Apollon reinigte den Orestes an seinem Altare zu Delphi und verteidigte dann seinen Schützling vor dem von Athena gestifteten Gerichtshofe des

III. Die Gottheiten der Erde und der Unterwelt. Die Erinyen. 171

Areopags. Durch diesen wurde Orestes freigesprochen. Denn Athena wandelte dadurch, daß sie eine weiße Kugel in die Urne warf, die ursprüngliche Stimmengleichheit der Richter zu einem freisprechenden Urteile um. Zwar zürnten darob zuerst die Erinyen und bedrohten das attische Land mit Unfruchtbarkeit, allein dem freundlichen Zureden der Athena gelang es, sie durch das Versprechen eines Heiligtums am Fuße des Areopag zu versöhnen. Nachdem sie darauf den ihnen eingeweihten Sitz eingenommen, wurden sie unter dem Namen Semnae (die Ehrwürdigen) oder Eumeniden (die Wohlgesinnten) von den Athenern als segenbringende Gottheiten verehrt, die zwar noch immer fortfahren, das Verbrechen zu verfolgen, aber den reuigen Sünder zu Gnaden annehmen und allen guten Menschen sich hilfreich und wohlwollend erweisen.

Über die Herkunft der Erinyen gab es verschiedene Sagen. Ursprünglich ist die Erinys die Seele des Ermordeten selbst, die den Mörder verfolgt, aber schon frühzeitig hat man sie in die Theogonie einzufügen gewußt. Nach Hesiod rief sie das erste fluchwürdige Verbrechen ins Dasein, das seit Anbeginn der Dinge begangen wurde; sie waren nämlich Töchter der Erde und entstanden aus den Blutstropfen, die von dem Leibe des grausam durch den eigenen Sohn verstümmelten Uranos herniederrannen, sind also gleichsam eine Verkörperung der Flüche und Verwünschungen, die der ergrimmte Vater auf das Haupt seines ruchlosen Sohnes herabbeschwor. Dagegen nennt sie Sophokles Töchter der Gäa und des Skotos (nächtliches Dunkel), Äschylos aber bezeichnet sie kurz als Töchter der Nacht. Außer dem erwähnten Heiligtume in Athen hatten sie ein zweites in der Nähe der Stadt, einen heiligen Hain in Kolonos, bekannt als letzte Zufluchtsstätte des unglücklichen Ödipus. In Athen hatten sie auch ein jährliches Fest, an dem ihnen Trankopfer von Milch und Honig dargebracht wurden.

Die Kunst stellte die Furien als rasche Jägerinnen, mit Speer, Bogen und Köcher bewaffnet dar, auch gab man ihnen Fackeln, Geißeln oder Schlangen in die Hände, öfter auch einen Spiegel, um dem Schuldigen sein Bild vorzuhalten. Um ihre Geschwindigkeit anzudeuten, versah man sie mit Flügeln an den Schultern oder am Kopfe.

19. Hekate.

Zu den mystischen Gottheiten der Unterwelt gehört auch Hekate, deren öffentlicher Kultus bei den Römern keinen Eingang gefunden hat. Nach der gewöhnlichen Annahme galt sie für eine Tochter des Titanen Perseus und der Asteria. Sie waltete über die geheimen Kräfte der Natur, woraus es sich erklärt, daß die Erscheinung dieser Göttin etwas Gespenstisches hatte. Namentlich ist sie die Göttin aller nächtlichen Schrecknisse, wie sie denn nicht nur selbst nachts mit den Geistern der Verstorbenen, besonders an Kreuzwegen und Grabstätten herumschwärmt, sondern auch nächtliche Schreckgestalten aus der Unterwelt heraufsendet, wie das menschenfressende Gespenst Empusa, und was dergleichen Fabeln mehr waren.

Wie der Name Hekate (Ferntreffende) andeutet, ist diese Göttin ursprünglich Mondgöttin, aber weder der Artemis, noch der Selene gleich, sondern der Mond in der Phase der Unsichtbarkeit als Neumond. Da sich die Alten von den verschiedenen Phasen des Mondes keine Erklärung machen konnten, so entstand leicht der Glaube, der unsichtbar gewordene Mond weile in der Unterwelt. Der öffentliche Dienst dieser Göttin war nicht sehr verbreitet, desto größer war ihre Bedeutung in den Mysterien. Man pflegte kleine Bilder von ihr an den Häusern und Stadttoren anzubringen, um allem bösen Zauber den Eingang in Stadt und Haus zu wehren, und ehrte sie dadurch, daß man am letzten Tage eines jeden Monats vor ihrem bekränzten Bilde Speisen aussetzte, die dann von armen Leuten verzehrt wurden. Dies sind die sogenannten Mahlzeiten der Hekate. An Dreiwegen pflegte man hölzerne Bilder der Göttin mit drei Gesichtern aufzustellen und opferte ihr dort Hunde als Sühnopfer für die Verstorbenen. Dies geschah in der Regel am 30. Tage nach dem Tode. Man opferte ihr auch, wie andern unterweltlichen Gottheiten, schwarze Lämmer und brachte ihr Trankopfer von Milch und Honig dar.

Hekate pflegt gewöhnlich dreigestaltig (triformis), wohl wegen der drei Erscheinungsformen des Mondes, dargestellt zu werden, vgl. Fig. 76, nach einer Bronzestatuette des kapitolinischen Museums in Rom. Die vordere Figur trägt eine phrygische Mütze mit einem daran befestigten Strahlendiadem von sieben Strahlen, in der rechten Hand hält sie ein Messer, in der Linken eine Schlange, Attribute, die wohl von den Erinyen auf Hekate übertragen sind; die Figur zu ihrer Linken hat in beiden Händen Fackeln als mystische Göttin, über der Stirn den Halbmond und darüber eine Lotosblume; die dritte Figur endlich trägt in den Händen einen Schlüssel und Stricke, womit sie als Pförtnerin der Unterwelt bezeichnet werden soll,

III. Die Gottheiten der Erde und der Unterwelt. Hekate. 173

76. Dreigestaltige Hekate. Kapitol.

über der Stirn einen Diskos, die dunkle Scheibe des Neumondes. Auch in dem Relief des großen Zeusaltars in Pergamon erscheint sie als dreigestaltete Mitkämpferin unter den Göttern.

20. Schlaf und Tod.

Schlaf und Tod sind nach der Vorstellung der Alten Zwillingsbrüder, nach Hesiod Söhne der Nacht; sie wohnen in der Unterwelt, von wo sie auf die Erde kommen, um die Sterblichen zu beschleichen, der erste ein sanfter und menschenfreundlicher Gott, der andere hart und grausam. Neben dieser namentlich von späteren Dichtern und Künstlern weiter ausgeführten Vorstellung dachte man sich aber den Tod auch ganz vom Schlaf gesondert in einer weniger freundlichen Weise, indem man entweder die gewaltsamen Todesarten als weibliche Gottheiten von furchtbarer Erscheinung personifizierte, die sogenannten Keren (die ursprünglich nur die Seelen der Abgeschiedenen sind), oder Apollon und Artemis unter den himmlischen, Pluton und Persephone unter den unterirdischen Gottheiten zu Todesgöttern machte. Die Römer übernahmen noch von den Etruskern einen persönlichen Todesgott, den sie Orcus nannten und sich als bewaffneten Streiter vorstellten, der die Menschen zum Tode verwundet. Doch haben alle diese speziellen Todesgötter keine weitgreifende Bedeutung weder im Kultus, noch in der Kunst. Letztere bemühte sich, das schreckliche Bild des Todes immer mehr abzuschwächen und den Thanatos (Tod) seinem Bruder Hypnos (Schlaf) immer ähnlicher zu machen.

Auch in der Kunst werden sie als gleichartige, fast nicht zu trennende Genossen dargestellt, bald schlafend gelagert, bald auf die umgekehrte Fackel gestützt. Für Hypnos verdient die Wiener Bronze besondere Erwähnung, wo er schreitend mit Flügeln am Haupte, Mohn in der Hand und ein Horn mit schläfrig machendem Inhalt ausgießend dargestellt ist. Vgl. auch die Marmorstatue in Madrid Fig. 77. Auf Hypnos und Thanatos deutet man auch die sogenannte Gruppe von San Ildefonso in Madrid, doch ist die Zusammengehörigkeit der beiden Figuren sehr zweifelhaft. Öfter finden sich die beiden Brüder auf Vasen dargestellt, im Begriff, einen Toten beim Grabmal niederzulegen; gewöhnlich ist der eine dann als bärtiger Mann, der andere als unbärtiger Jüngling abgebildet.

Neben dem Schlaf und Tod nennt Hesiod auch noch die Träume Kinder der Nacht, bei andern Dichtern aber sind sie Söhne des Schlafes und wohnen im fernen Westen in der Nähe

III. Die Gottheiten der Erde und der Unterwelt. Schlaf und Tod. 175

der Unterwelt. Zwei Pforten hat nach Homers bekannter Beschreibung diese Wohnung der Träume, eine elfenbeinerne, durch welche die schmeichlerischen und betrügerischen, und eine hörnene, durch welche die wahren Träume kommen, jedenfalls mit Bezug darauf, daß das Elfenbein undurchsichtig, das Horn aber durchsichtig ist. Zu einem besonderen Traumgotte machten die Dichter den Morpheus, den sie einen Sohn des Hypnos nannten.

77. Hypnos. Madrid.

IV. Römische Gottheiten des Hauses und der Familie.

ir haben, ehe wir zu den Heroensagen übergehen, an dieser Stelle noch einige niedere Gottheiten nachzuholen, die in dem häuslichen Gottesdienste der Römer eine sehr wichtige Rolle spielen. Es ist schon gelegentlich bemerkt worden, daß die italischen Volksstämme den großen Gottheiten des Himmels und der Erdtiefe im allgemeinen mit ängstlicher Scheu gegenüberzutreten pflegten. Sie überließen daher ihre Anrufung und Verehrung meistenteils dem öffentlichen Kultus, während sie in ihren kleinen und privaten Anliegen es vorzogen, sich an gewisse niedere Gottheiten zu wenden, die ihnen gemütlich näher standen, gerade so wie auch noch heute in Italien der gemeine Mann sich mit seinen Wünschen und Bitten zunächst lieber an seinen Schutzheiligen, als an den allmächtigen Gott selbst wendet.

1. Die Penaten.

Die Penaten oder Schutzgötter des penus, d. i. der Vorratskammer, sind die guten Hausgeister der Römer, unter deren Schutz der Bestand des Hauswesens gestellt war, die also vor allen Dingen für den Bedarf des täglichen Brotes sorgten. Ihre Namen, Zahl und ihr Geschlecht sind unbekannt, nicht etwa, weil uns die Kunde davon verloren gegangen wäre, sondern weil offenbar das Volk sich mit dieser unbestimmten Vorstellung begnügt hat. Doch erscheinen sie gewöhnlich in der Zweizahl. Auch der deutsche Volksglaube kannte ja solche gute im Innern des Hauses geheimnisvoll und geschäftig waltende Hausgeister, ohne je ein Bedürfnis zu empfinden, besondere Namen für sie zu haben. Das Heiligtum der Penaten ist der Herd als der Mittelpunkt des Hauses, der bei den Alten nicht bloß für die Zubereitung der Speisen diente, sondern auch religiösen Zwecken geweiht war. Er stand in dem einzigen größeren

IV. Römische Gottheiten des Hauses und der Familie. Die Laren. 177

Raume, den das römische Wohnhaus kennt, dem Atrium, wo die Familie zum Speisen zusammenkam und die Besucher empfangen wurden. Auf diesem Herde pflegte ein immerwährendes Feuer zu Ehren der Penaten und der Vesta zu brennen, und in seiner unmittelbaren Nähe wurden, nachdem die Einführung der Götterbilder allgemein geworden war, auch die Bilder der Penaten aufgestellt, meist puppenartig klein und in den geringeren Häusern roh aus Holz geschnitzt. Es gab nichts in der Familie, weder Fröhliches noch Trauriges, woran die Penaten nicht Anteil genommen hätten. Man beteiligte sie an dem täglichen Mahle, indem man einen Anteil davon auf eigens dazu bestimmten Platten vor ihren Bildern niederlegte.

Wie die häuslichen Penaten, so verehrte man, da der Staat für die Alten nichts ist als die erweiterte Familie, auch Staatspenaten. Was der häusliche Herd für die einzelne Familie, das ist bekanntlich der Tempel der Vesta für den ganzen Staat. Hier war also auch der Sitz ihrer Verehrung, und der römische Pontifex maximus brachte hier den öffentlichen Penaten die Opfer, die in den einzelnen Häusern dem Familienhaupte zustanden. In dem innersten Heiligtum des Vestatempels gab es auch Bilder der Penaten von großer Heiligkeit, die Äneas von Troja mitgebracht haben sollte. Über ihre Zahl und ihr Aussehen gibt es aber durchaus keine zuverlässigen Nachrichten, weil außer dem Pontifex und den Vestalinnen niemand jenen geweihten Raum zu sehen bekam.

Auf Denaren der römischen Republik findet man zwei jugendliche Köpfe mit der Inschrift: Dei penates.

2. Die Laren.

Wie die Penaten sind auch die Laren schützende Dämonen des Hauses und der Familie, die daher häufig mit jenen verwechselt worden sind. Man hielt sie allgemein für verklärte Geister der Vorfahren, die als Schutzgeister für das Gedeihen und die Wohlfahrt der Familie tätig sind. Die Stätte ihrer Verehrung war gleichfalls der häusliche Herd im Atrium, wo ihre aus Holz oder Wachs geformten Bilder gewöhnlich in einem eigenen Schrein (lararium) aufbewahrt wurden. Eine ständige Verehrung der oder vielmehr des Hauslaren, denn jedes Haus pflegte bis zur Reform des Augustus nur einen Laren zu haben, fand an jedem ersten Tage des Monats statt, außerdem aber waren sie gleich den Penaten an allen in der Familie vorkommenden freudigen wie traurigen Ereignissen beteiligt. Wie die Penaten erhielten sie von jeder Mahlzeit auf besonderen Schüsseln ihren Anteil, und bei jedem Familienfeste wurden sie bekränzt. Wenn der junge Sohn die männliche Toga erhielt, weihte er seine Bulla*) unter Gebeten, Spenden und Weihrauchopfern dem Laren, wenn der Hausvater auf Reisen ging oder von einer Reise glücklich heimgekehrt war, wurde wiederum der Lar angerufen und sein Bild bekränzt. Denn Blumen und Kränze sind ihre liebsten Opfer.

Der Begriff der Haus- und Familienlaren erweiterte sich zu den Laren ganzer Geschlechter, Städte, endlich des Staates. Sie scheinen im allgemeinen von den bei den Griechen verehrten Heroen nicht verschieden gewesen zu sein, wenigstens gelten als die Laren des römischen Staates seine mythischen Gründer Romulus und Remus, zu denen man unter Augustus aus Schmeichelei noch den Genius des Kaisers hinzufügte. Ihr Priester war der Pontifex maximus.

Die Laren werden regelmäßig als Jünglinge mit aufgeschürztem Gewand dargestellt, die aus dem hoch erhobenen Trinkhorn in den mit der andern Hand gehaltenen Eimer einen Strahl fallen lassen. Gewöhnlich finden sie sich paarweise vereint. Besonders zahlreich sind sie in den Wandgemälden Pompejis und in kleinen Bronzen erhalten. Vgl. Fig. 78, nach einer in Rom gefundenen Bronze.

3. Die Larven, Lemuren und Manen.

Wie die Laren gute und selige Geister der Vorfahren sind, so dachte man sich auch, daß die Seelen mancher Verstorbenen als unholde Geister oder Gespenster umgingen. Namentlich glaubte man von denen, welche kein Begräbnis erhalten hatten, oder bei denen hinsichtlich der religiösen Gebräuche etwas unterlassen war, daß sie nicht zur Ruhe kommen könnten, sondern als böse Spukgeister umgehen müßten. Dies sind die sogenannten Larven oder Lemuren. Zur Sühnung dieser zürnenden Geister fand alljährlich am 9., 11. und 13. Mai das Fest der Lemurien oder Lemuralien statt, das angeblich von dem erschlagenen Remus veranlaßt worden war. Jeder Hausvater mußte während dieser Tage um Mitternacht gewisse Zeremonien vornehmen und gewisse zur Bannung der bösen

---

*) Ein medaillonartiger Schmuck aus Gold oder Silber, den man Kindern zur Abwehr bösen Zaubers um den Hals zu hängen pflegte.

IV. Römische Gottheiten des Hauses und der Familie. Die Larven. 179

Geister dienende Formeln aussprechen. Die Tempel waren an diesen Tagen geschlossen, und Hochzeiten wurden vermieden.

Im Gegensatze zu den Laren und Larven wurden die Seelen der Verstorbenen überhaupt als Manen, d. h. die Guten verehrt. Man glaubte, daß sie nach der Bestattung des Leibes zu höheren Wesen geworden seien, die zwar gewöhnlich im Innern der Erde weilten, aber doch noch auf die Oberwelt wirken könnten. Durch Opfer konnten sie aus der Unterwelt heraufgelockt werden. Ein allgemeines Totenfest, an dem alle Manen an den Grabstätten mit Opfern und Spenden bedacht wurden, fand im Februar statt.

78. Lar. Römische Bronze.

DRITTER ABSCHNITT.
DIE HEROEN.

I. Einleitendes.

ine noch wunderbarere Welt, als wir in dem vorhergehenden Abschnitte kennen gelernt haben, tut sich vor unsern Blicken auf, wenn wir zu der Heroensage übergehen. Der größere Umfang dieses Sagenkreises erklärt sich leicht, wenn man bedenkt, in welche Menge von Sonderexistenzen das griechische Leben seit der urältesten Zeit aufgelöst erscheint. Da nämlich jede der unzähligen Landschaften und Städte ihre besonderen Ordnungen auf mythische Stammväter zurückzuführen bemüht war, die man sich als Göttersöhne oder als Vertraute der Himmlischen dachte, so entstand schon hieraus eine außerordentlich große Menge lokaler Heroensagen. Diese mythischen Städtegründer sind aber nicht die einzigen Heroen, welche die griechische Sage kennt. Das Bestreben, die dunkeln Uranfänge alles menschlichen Daseins zu erklären und die Kluft, durch die eine im Lichte der geschichtlichen Erkenntnis wandelnde Zeit sich von dem rätselhaften Anfange des Menschentums getrennt sah, zu überbrücken und mit Wesen auszufüllen, die einen vermittelnden Übergang von den hohen Gestalten der Olympier zu den Sterblichen bildeten, dieses Bestreben mußte einer ganzen Reihe von Heldensagen das Dasein geben, die Gemeingut der gesamten hellenischen Nation geworden sind, oder einen lokalen Charakter behalten haben. Heroen und Menschen sind ihrer Natur nach nicht wesentlich verschieden, beide sind sterbliche Wesen, aber die Heroen besitzen einen Grad von körperlicher Stärke, wie er bei gewöhnlichen Menschenkindern nicht angetroffen zu werden pflegt. Als solche Heroen betrachtete man keineswegs alle Menschen der mythischen Vorzeit, sondern *die*

I. Einleitendes.

Heroen sind nur die Gewaltigen dieser Zeit, die Herrschergeschlechter, die durch kühne Taten die Hindernisse der Kultur hinwegräumten, sei es, daß sie das Land von wilden Räubern und gefährlichen Tieren säuberten, sei es, daß sie Sümpfe austrockneten, Wälder urbar machten und Ströme regulierten. Sie zeigen sich durch ihre Taten als Menschen von außerordentlicher Kraft und erschienen daher als Göttersöhne, von anderem Ursprung, als der große Haufe der gewöhnlichen Menschen, die aus Lehm geschaffen oder aus Steinen und Bäumen entstanden sind. Ein Teil dieser Heroen mag wirklich gelebt haben, es mögen die Urahnen der späteren herrschenden Geschlechter gewesen sein, zu denen eine dunkle Überlieferung hinaufreichte, ein großer Teil ist aber gewiß ein reines Erzeugnis der schöpferischen Phantasie. Hierzu kommen drittens, und diese Klasse ist die bei weitem zahlreichste, solche Heroen, die ursprünglich Personifikationen von Naturerscheinungen waren und als solche vergöttert und in lokalen Kulten verehrt wurden, später aber, infolge neuer Staatenbildungen aus dem öffentlichen Kultus verdrängt, nur im Volksleben fortlebten und so zu Heroen herabgesetzt wurden. Manche von diesen Heroen wurden später, wenn auch in veränderter Auffassung, wieder vergöttert (Herakles).

Eine eigentliche Verehrung der Heroen durch Gebet und Opfer hat schwerlich vor der Heraklidenwanderung bestanden, bei Homer wenigstens ist noch keine Rede davon, und auch späterhin war, abgesehen von den Heroen, die man sich wegen ihrer außerordentlichen Taten zu den Göttern erhoben dachte, und denen man daher einen eigentlichen Tempeldienst einrichtete, der Heroendienst von dem Totendienste kaum verschieden. Was das Schicksal der Heroen nach dem Tode betrifft, so macht Homer keinen Unterschied zwischen ihnen und den gemeinen Sterblichen, sie müssen alle in das traurige Reich des Hades hinabwandern. Nur einige besondere Lieblinge und Verwandte des Zeus werden diesem traurigen Schicksale enthoben und mit ihrer Leiblichkeit nach den Inseln der Seligen versetzt. Hesiod dagegen läßt alle Heroen, von denen er zuerst den Namen Halbgötter gebraucht, nach den Inseln der Seligen entrückt werden, wo Kronos über sie herrscht. Hier taucht zuerst die Vorstellung von einer gerechten Vergeltung im Jenseits in unbestimmter Form auf, die Homer noch nicht kennt. Denn Hesiod denkt sich offenbar den Aufenthalt im Elysion als eine Belohnung für verdienstliche Taten, die auf der Oberwelt vollbracht worden sind. Diese Vorstellung gewann später weitere Ausbreitung und Ausbildung, besonders in den Mysterien. Man erhob sich nach und nach zu dem Glauben an eine Unsterblichkeit der Seele und dachte sich die Seelen der Verstorbenen noch fortwährend in geheimnisvoller Weise aus ihren Gräbern heraus wirksam, suchte sie deshalb durch Spenden sich geneigt zu machen und hob damit jeden wesentlichen Unterschied zwischen Heroendienst und Totendienst auf.

Hier können nur die Heroensagen besprochen werden, welche von den dichtenden oder darstellenden Künsten vorwiegend behandelt worden sind. Den Anfang mögen diejenigen machen, welche sich auf die Schöpfung und Ausbildung des Menschengeschlechts beziehen, darauf folgen die wichtigsten landschaftlichen Sagen, den Schluß bilden die auf größere gemeinsame Unternehmungen der jüngeren Heldenzeit sich beziehenden.

II. Menschenschöpfung und Urzeit.

Über den Ursprung des menschlichen Geschlechts gab es ganz verschiedenartige Sagen. Die ältesten sind wohl diejenigen, wonach die Menschen aus Felsen oder Bäumen hervorgewachsen sein sollten. Nach einer andern Meinung war das Menschengeschlecht jüngeren Ursprungs und erst von Zeus und den olympischen Göttern ins Dasein gerufen. Eine dritte Ansicht endlich machte den Titanen Prometheus, den Sohn des Iapetos und der Klymene (oder nach Äschylos der Themis), zum Menschenbildner: er schuf Menschen aus Lehm und Wasser, und Athena hauchte ihnen eine Seele ein.

Wie über den Ursprung, so hegte man auch über den Urzustand des Menschengeschlechts verschiedene Ansichten. Nach den Einen hat sich das Menschengeschlecht aus einem ganz rohen und hilflosen Zustande unter dem Beistande der Götter emporgearbeitet, nach den Andern lebten die Menschen anfangs in einer seligen und glücklichen Gemeinschaft mit den Göttern (das goldene Zeitalter) und verwilderten erst, als sie durch ihren Übermut sich selbst dieses Glückes beraubt hatten.

II. Menschenschöpfung und Urzeit. 183

Unter den Sagen, die sich auf die Begründung der ersten Anfänge der menschlichen Kultur durch göttliche Hilfe beziehen, ist keine bekannter und verbreiteter geworden, als die tiefsinnige Prometheussage. Der Titane Iapetos erzeugte mit der Okeanide Klymene den schlauen Prometheus (Vorbedacht) und den ein-

79. Schöpfung der Pandora (Anesidora). Schale des Brit. Museums.

fältigen Epimetheus (Nachbedacht). Prometheus soll das Feuer vom Himmel gestohlen und die Menschen über seinen Gebrauch belehrt haben. Durch diese Verwendung zu allerlei Zwecken des täglichen Lebens wird aber die reine Himmelskraft entheiligt, deshalb verhängte Zeus eine furchtbare Strafe über den Urheber des Frevels, indem er ihn im Skythenlande an einen Felsen schmieden und ihm täglich von einem Adler die nächtlich wieder wachsende Leber (den Sitz aller bösen Begierden) abnagen ließ. Erst Herakles löste ihn von den Fesseln, nachdem er den Adler durch einen Pfeilschuß getötet hatte; nachdem der Kentaur Cheiron an Stelle des Prometheus in die Unterwelt zu gehen übernommen hatte, fand zwischen Zeus und Prometheus eine Versöhnung statt.

Den Gedanken, daß mit dem Eintritte der Kultur auch mancherlei vorher nicht gekannte Übel über das Menschengeschlecht gekommen sind, drückt der Mythos von der Pandora aus. Zeus nämlich ließ zwar den Menschen das Geschenk des Prometheus, um sie aber dafür heimzusuchen, befahl er dem Hephästos, aus Erde und Wasser ein reizendes Frauenbild zu schaffen, das die Götter belebten und mit allerlei Gaben ausrüsteten, daher Pandora (die Allbeschenkte) genannt. Aphrodite gab ihr verführerischen Liebreiz, Athena unterwies sie in aller Kunstfertigkeit, Hermes verlieh ihr den Zauber schmeichlerischer Rede und listige Verschlagenheit, die Horen und Chariten schmückten sie mit Blumen und schönen Gewändern u. s. f. Zeus aber gab ihr eine verschlossene Büchse, in der die verschiedensten Übel eingeschlossen waren, und schickte sie so ausgestattet unter dem Geleite des Hermes zu dem törichten Epimetheus, der sie trotz den Warnungen seines Bruders bei sich aufnahm und zu seinem Weibe machte (vgl. Fig. 79, einer Schale des Brit. Museums entnommen. Die Jungfrau ist hier Anesidora genannt. Murray-Smith White Athen. Vases in the Brit. Mus. pl. XIX). Durch das erste Weib aber kam das schrecklichste Leid über die armen Menschen, da Pandora aus Neugierde jene Büchse öffnete und nun ein ganzes Heer von Plagen und Leiden sich über die Welt verbreitete. Nur die täuschende Hoffnung blieb in der Büchse zurück, da Pandora sich beeilte, den Deckel wieder zu schließen. Wie in der Mosaischen Urkunde, so ist also auch nach der griechischen Sage durch das erste Weib alles Unheil und vor allem der Tod in die Welt gekommen.

In einen ganz andern Kreis von Vorstellungen werden wir durch die Sagen von den fünf Menschenaltern versetzt. Danach haben die Götter zuerst ein goldenes Geschlecht der Menschen erschaffen. Dieses lebte frei von aller Not und Sorge, da die Erde alles zum Lebensunterhalt Notwendige freiwillig darbot, und wurde auch nicht von Gebrechen des Alters heimgesucht, ohne Schmerzen und ohne Krankheit sanken die Menschen wie vom süßen Schlummer gebändigt in den Tod. Auf welche Weise das goldene Geschlecht abtritt, wird nicht erzählt, sondern nur gesagt, daß diese Menschen seit ihrem Verschwinden als gute Dämonen auf der oberen Erde tätig

II. Menschenschöpfung und Urzeit.

sind, indem sie die Sterblichen schützen und behüten. Hierauf erschaffen die Olympier ein zweites, weit geringeres, das silberne Geschlecht, dem goldenen weder an Wuchs noch an Gesinnung vergleichbar. Diese Menschen lebten in Weichlichkeit und Trägheit und wollten auch den Unsterblichen die gebührenden Ehren nicht erweisen.

Da vertilgte sie Zeus in gerechtem Zorne von der Erde und schuf das dritte Geschlecht, das eherne (bronzene). Diese Menschen waren schrecklich und gewalttätig, dabei von riesigem Wuchs und großer Stärke. Kampf und Streit war ihre einzige Lust. Ihre Waffen und ihre Geräte waren von Bronze, das Eisen kannten sie noch nicht. Dieses böse Geschlecht zu vertilgen, hatte Zeus nicht nötig, es vertilgte sich selbst in mörderischem Kampfe. Nach der gewöhnlichen Annahme aber wurde dies Geschlecht durch die deukalionische Flut vertilgt.

Deukalion ist nach der Sage ein Sohn des Prometheus, sein Weib ist Pyrrha, die Epimetheus mit jener Pandora gezeugt hatte. Weil nun Zeus das verderbte Geschlecht des bronzenen Zeitalters durch eine Wasserflut zu vertilgen beschlossen hatte, so warnte Prometheus seinen Sohn beizeiten, und dieser erbaute sich nun einen Kasten, in den er mit seinem Weibe ging, als die Wasser zu steigen begannen. Neun Tage und Nächte trieb er auf der Flut umher, da blieb sein Fahrzeug auf dem Berge Parnassos in Böotien hängen. Er stieg aus und brachte Zeus dem Erretter ein Dankopfer. Dafür gewährte Zeus seine Bitte um Erneuerung des Menschengeschlechts. Deukalion und Pyrrha erhielten durch Hermes den Befehl, Steine hinter sich zu werfen, aus denen dann ein neues Menschengeschlecht entstand. So die älteste Sage, in die spätere Dichter immer mehr Züge aus der Mosaischen Urkunde aufgenommen haben, so daß der griechische Noah zuletzt auch lebende Tiere mit in seinen Kasten nimmt und nach seiner Landung auf dem Parnassos eine Taube ausfliegen läßt.

Auf antiken Werken findet man nicht selten Prometheus als Menschenbildner dargestellt, indem er, auf einem Felsen sitzend, ein Lehmgebilde vor sich hat, das von Athena beseelt wird. Diese Beseelung pflegt symbolisch dadurch angedeutet zu werden, daß Athena dem Menschen einen Schmetterling aufs Haupt setzt.

III. Landschaftliche Heroensagen.

I. Thessalischer Mythos.

a. Lapithen und Kentauren.

Wir beginnen wegen ihres hohen Alters und ihrer großen Bedeutung für die darstellende Kunst mit der Sage von den Lapithen und Kentauren.

Die älteste Quelle dafür ist Homer, bei dem der greise Nestor sich gelegentlich rühmt, in seinen jüngeren Jahren an den Kämpfen der ihm befreundeten Lapithenfürsten Peirithoos, Käneus u. a. gegen die wilden Kentauren teil genommen zu haben. Offenbar sind in der Vorstellung Homers die Kentauren keine Dämonen, sondern ein altes thessalisches Bergvolk von riesiger Stärke und fast tierischer Wildheit, die ihre rohe, sinnliche Natur in keiner Weise bezwingen können. Von einer halbtierischen Roßgestalt ist daher auch keine Rede, sie bewohnten das Bergrevier des Oeta und Pelion in Thessalien, von wo sie durch die Lapithen vertrieben wurden und sich nun in die höher gelegenen Gebirgsgegenden des Pindos zurückzogen.

Der Kampf der Lapithen mit ihnen wurde in der gewöhnlichen Vorstellung als ein Kampf des zivilisierten Hellenentums gegen die naturwüchsigen und rohen Überreste der pelasgischen Urzeit aufgefaßt, und das mag auch der Grund sein, weswegen zur Zeit der griechischen Kunstblüte die Plastik sich dieses Gegenstandes mit besonderer Vorliebe bemächtigte. Zurückgeführt wird die Veranlassung dieses Kampfes auf die Hochzeit des Lapithenfürsten Peirithoos und der Hippodameia oder Deidameia, zu der die vornehmsten Kentauren geladen waren. Der Kampf brach aus, als der von Wein berauschte Kentaur Eurytion die Braut gewaltsamerweise entführen wollte, und endigte nach schrecklichen beiderseitigen Verlusten mit einer gänzlichen Niederlage der Kentauren. An diesem Kampfe läßt die Sage auch Theseus und Nestor, die Freunde des Peirithoos, tätigen Anteil nehmen. Ein hervorragender Kämpe unter den Lapithen ist der riesige, von Poseidon unverwundbar gemachte Käneus (Würger), den die Kentauren unschädlich machten, indem sie ihn unter einer Masse von Baumstämmen und Felsblöcken vollständig begruben.

III. Landschaftliche Heroensagen. Lapithen und Kentauren. 187

Wie schon erwähnt, spielen die Kentauren in der Kunst eine hervorragende Rolle. Seit der Zeit des Pindar scheint es aufgekommen zu sein, sie sich als Mischgestalten von Mensch und Pferd zu denken, was die bildende Kunst schnell sich aneignete. Doch stellte die ältere Kunst sie so dar, daß die Gestalt eines Menschen mit dem Leibe und den Hinterbeinen eines Rosses verwachsen war. Die ausgebildete Kunst seit Pheidias setzte eine schönere Form an die Stelle jener älteren, indem sie an die Brust eines vollständigen Pferdeleibes den menschlichen Oberkörper vom Nabel aufwärts anfügte, so daß die so gebildeten Kentauren vier Pferdefüße und zwei menschliche Arme und Hände haben. Diese Bildung ist aus unzähligen erhaltenen Kunstdenkmälern bekannt, von denen die wichtigsten hier Erwähnung finden mögen.

An erster Stelle ist die im Altertum hochberühmte Darstellung der Kentauromachie zu nennen, die in dem westlichen Giebelfelde des Zeustempels zu Olympia angebracht war und gewöhnlich auf Alkamenes zurückgeführt wird. Durch die Ausgrabungen, die seit 1875 auf Kosten des Deutschen Reiches in der olympischen Ebene veranstaltet worden sind, ist es gelungen, bedeutende Bruchstücke dieser Kentauromachie wieder aufzufinden, so daß es möglich ist, sich von der Anordnung der Figuren eine ziemlich genaue Vorstellung zu machen. Die Mitte nahm die hehre Gestalt des zürnenden und dem Kampfe Einhalt gebietenden Apollon ein, dessen Statue bis auf die Beine und die rechte Hand wohlerhalten ist. Die übrigen zwanzig zu beiden Seiten gleich verteilten Figuren zeigen die Kentauren als Frauen- oder Knabenräuber von Lapithen siegreich bekämpft, in Gegenwart von ruhig gelagerten Ortsgottheiten. Das Ganze ist von erstaunlicher Kühnheit und hat gewiß zu den kunstvollsten und bedeutendsten Gruppen des gesamten griechischen Altertums gehört.

80. Kentaurenkampf. Voluten-Krater. New York.

81. Älterer Kentaur. Kapitol. Museum.

III. Landschaftliche Heroensagen. Lapithen und Kentauren.

82. Jüngerer Kentaur. Kapitol. Museum.

Ferner gehören hierher die Reliefs vom Friese des sogenannten Theseion in Athen, des noch heute wohlerhaltenen Tempels, in dem man jetzt allgemein ein Heiligtum des Hephästos sieht. Außer einigen andern wichtigen Skulpturen, die weiter unten Erwähnung finden werden, enthält dieser Tempel auf dem westlichen oder hinteren Friese eine Darstellung des Kampfes der Lapithen und Kentauren auf der Hochzeit des Peirithoos.

Eine weitere Reihe der herrlichsten Darstellungen voll Kraft und Leben aus der Kentauromachie begegnet uns in einigen trümmerhaft erhaltenen Metopen vom Parthenon in Athen. Dieser herrliche, in einer Breite von 31 Metern und einer Länge von 70 Metern in dorischem Stile erbaute Prachttempel, der erst 1687 während des Krieges der Venezianer gegen die Türken durch eine in den Tempel niederfallende Bombe zerstört wurde, enthielt auf einem großen Teile der zweiundneunzig Metopen*) des äußeren Tempelfrieses eine Menge der anschaulichsten und lebendigsten Szenen aus der Gigantomachie und Kentauromachie. Von diesen Metopen sind neununddreißig, freilich meist zerstört, noch am Tempel vorhanden, siebzehn befinden sich im britischen Museum, eine im Louvre zu Paris. Verhältnismäßig am besten sind noch die von der Südseite herstammenden Metopen erhalten, die ausschließlich Szenen aus der Kentauromachie zur Anschauung bringen. Bald sieht man einen bärtigen Kentauren mit einer geraubten Frau, die er kräftig umfaßt hält, davonspringen, bald über den Leichnam eines getöteten Gegners hinweggaloppieren, bald im wilden Kampfe mit einem Lapithen begriffen, bald auch in diesem Kampfe unterliegen.

An diese großartigen Denkmäler griechischer Plastik reiht sich würdig der im Jahre 1812 aufgefundene Fries des Tempels des Apollon Epikurios zu Bassae bei Phigalia in Arkadien an, jetzt im britischen Museum. Dieser Tempel wurde durch Iktinos erbaut, den Baumeister des Parthenontempels in Athen, woraus sich ergibt, daß auch die Entstehung seines plastischen Schmuckes der Blütezeit der griechischen Kunst angehört. Er enthält ebenfalls eine Reihe höchst lebendiger Darstellungen aus dem Kampfe der Lapithen und Kentauren. In den einzelnen Gruppen und Szenen des heißen Kampfes, der sich hier vor unsern Augen abspielt, herrscht eine ebenso große Mannigfaltigkeit wie lebendige Charakteristik, so daß man auf einen bedeutenden Künstler als Urheber dieser herrlichen Kompositionen zu schließen genötigt ist. Auch zur Ausschmückung von Vasen ist der Kentaurenkampf mehrfach verwendet worden. Vgl. Fig. 80.

Außer den größeren erwähnten Kompositionen haben sich auch noch einige vortreffliche Einzelstatuen von Kentauren aus dem Altertume erhalten. Unter diesen nehmen nächst dem borghesischen Kentauren im Louvre zu Paris die beiden Kentauren des kapitolinischen Museums, das Werk

---

*) So nennt man die quadratischen Felder zwischen den zum Tragen des Dachgebälks bestimmten Triglyphen des Frieses, deren jedes mit einer abgeschlossenen, für sich dastehenden Reliefdarstellung geschmückt zu werden pflegte.

III. Landschaftliche Heroensagen. Lapithen und Kentauren. 191

des Aristeas und Papias aus Aphrodisias, den ersten Platz ein. Sie sind in dunkelgrauem Marmor ausgeführt und wurden in der Villa des Kaisers Hadrian bei Tivoli gefunden. Beide sind von vorzüglicher Arbeit und haben auf ihrem Pferdeleib den Oberkörper eines jüngeren und eines älteren Satyrs (Fig. 81 u. 82). Beide trugen, wie aus den Wiederholungen und dem auf ihrem Rücken befindlichen Ansatz hervorgeht, je einen Eros auf dem Rücken, unter dessen Fesseln der ältere seufzt, während der jüngere dem Joche sich willig und freudig fügt.

Unter den Kentauren verdient als rühmlichst bekannter Erzieher vieler Helden der Sagenzeit der weise und heilkundige Cheiron eine besondere Erwähnung. Weil er durch seine Bildung und Gesittung von seinen rohen Stammesgenossen so gänzlich verschieden ist, glaubte man ihm auch einen andern Ursprung geben zu müssen als den übrigen Kentauren und nannte ihn einen Sohn des Kronos und der Philyra. Homer bezeichnet ihn als den Freund des Peleus und Lehrer des jungen Achilleus, den er in der Heilkunde und Gymnastik unterrichtete. Später ließ man immer mehr mythische Helden an seinem Unterrichte teilnehmen, den Kastor und Polydeukes, Theseus, Nestor, Meleager, Diomedes u. a. Auch die Musik wurde nun ein Gegenstand seines Unterrichts, wozu vielleicht eine Mißdeutung des Namens seiner Mutter den Anlaß gegeben hat. Er wohnte in einer Höhle des Pelion; spätere Mythographen versetzten ihn, als die Kentauren durch die Lapithen vom Pelion vertrieben waren, auf das Vorgebirge Malea. Hier soll er durch einen unglücklichen Zufall von seinem Freunde Herakles mit einem vergifteten Pfeile verwundet worden sein und, weil diese Wunde unheilbar war, als Stellvertreter für den Prometheus freiwillig den Tod gewählt haben (vgl. S. 184).

b. Admetos und Alkestis.

Dem wichtigsten thessalischen Sagenkreise werden wir weiter unten, wo der Argonautenzug erzählt werden wird, begegnen. Hier sei nur noch die schöne Sage von der aufopfernden Liebe der Alkestis zu ihrem Gemahl Admetos erwähnt, die durch das Drama des Euripides so bekannt geworden ist. Admetos war ein Sohn des Pheres, des Erbauers von Pherä in Thessalien, und herrschte, nachdem sein Vater die Regierung niedergelegt hatte, von dieser Stadt aus über die gesegneten Fluren am böbeischen See. Durch die Gnade des Apollon wurde er reich gesegnet an irdischem Besitz. Als dieser nämlich, um den Tod seines Sohnes Asklepios zu rächen (vgl. S. 104 unter Asklepios) die Kyklopen mit seinen Pfeilen niedergestreckt hatte, wollte ihn der erzürnte Himmelsbeherrscher dafür in den Tartaros schleudern, aber auf Fürbitte seiner Mutter Leto begnadigte er ihn unter der Bedingung, daß er ein Jahr lang sich einem Menschen als Knecht verdinge. Infolgedessen kam Apollon zu Admetos und weidete als Hirt ein Jahr hindurch dessen Schafe. Während dieser Dienstzeit entstand zwischen beiden ein inniges Freundschaftsverhältnis. Die Herden des Admetos gediehen nicht nur auf eine wunderbare Weise, sondern der Gott verhalf seinem Freunde auch zum Besitz der schönen Alkestis, der Tochter des Pelias in Jolkos, indem er die von diesem hinterlistigen Könige gestellte Bedingung erfüllte, einen Eber und einen Löwen an denselben Wagen zu schirren. Auf dem Hochzeitsfeste, das mit großem Glanze gefeiert wurde, lockte Apollon den als Hochzeitsgäste anwesenden Moiren das Versprechen ab, daß Admetos, wenn die Stunde seines Todes käme, am Leben bliebe, falls jemand bereit wäre, für ihn zum Hades hinabzusteigen. Als nun später Admetos wirklich zum Tode erkrankte, wollte weder sein hochbetagter Vater noch seine Mutter sich für den Sohn opfern, so nahe sie auch schon nach dem natürlichen Laufe der Dinge dem Ziele ihres Lebens waren. Da entschloß sich Alkestis, die junge und blühende Gattin, obwohl sie mit der ganzen Liebe eines Mutterherzens an ihren beiden lieblichen Kindern hing, für den Gatten in den Tod zu gehen. Zwar weigerte sich Admetos, dieses Opfer anzunehmen, aber nichts konnte sie in ihrem heldenmütigen Entschlusse wankend machen. Nachdem sie einen zärtlichen Abschied von dem tieferschütterten Gatten und den Kindern genommen, sank sie entseelt zu Boden. Aber Persephone, über so große Treue gerührt, schickte sie dem Admetos zurück. (Fig. 83, nach einem pompejanischen Wandgemälde. Admetos und Alkestis erhalten Mitteilung von dem Orakel Apollons, der selbst mit Artemis im Hintergrund zugegen ist; die beiden Eltern wohnen der Vorlesung des Orakels bei.) Eine andere Sage, der Euripides gefolgt ist, läßt den Herakles gerade um diese Zeit in das Haus des Admetos kommen und dem Tode in einem gewaltigen Kampfe seine Beute wieder abzwingen. Der Sohn des Admetos und der Alkestis, Eumelos mit Namen, erscheint unter den griechischen Helden vor Troja, wo er durch die Schönheit seiner Rosse Aufsehen erregte (Ilias 2, 763).

III. Landschaftliche Heroensagen. Kadmos. 193

2. Thebanischer Mythos.
a. Kadmos.

Unter den thebanischen Sagen ist keine bekannter, als die von Kadmos, dem Gründer Thebens. Kadmos war ein Sohn des phöni-

83. Admetos und Alkestis. Pomp. Wandgem.

kischen Königs Agenor und wurde, als Zeus die Europa nach Kreta entführt hatte (s. kretische Sagen), von seinem Vater ausgesandt, um die verlorene Schwester zu suchen. Auf seinen Fahrten gelangte er nach Delphi, wo ihm der Befehl wurde, alle weiteren

Nachforschungen nach der Schwester einzustellen, dagegen einer mit dem Zeichen des Mondes versehenen Kuh zu folgen und an der Stelle, wo jene sich niederlegen werde, eine Stadt zu bauen. Kadmos gehorchte dem Befehle, und als er in Phokis die bezeichnete Kuh gefunden hatte, folgte er ihr. Sie geleitete ihn nach Böotien und ließ sich endlich auf einer Anhöhe nieder. Hier gründete Kadmos die nach ihm benannte Kadmea. Vorher aber hatte er noch ein gefährliches Abenteuer zu bestehen. Als er nämlich nach Anweisung des Orakels die Kuh opfern wollte, schickte er einige seiner Gefährten aus, um aus einem in der Nähe befindlichen Born Wasser zu holen. Diese wurden von einem Drachen des Ares, der ihn bewachte, getötet. Da ging Kadmos selbst hin, erschlug das Tier und säete auf den Rat der Pallas die Drachenzähne in den Boden; sofort wuchsen aus ihnen geharnischte Männer empor, die alsbald ihre Waffen gegeneinander kehrten und in blinder Wut sich mordeten, bis nur fünf übrig blieben. Diese halfen dem Kadmos bei der Gründung der neuen Stadt und wurden die Stammväter der adeligen Geschlechter Thebens. Zur Sühne aber für den Mord des Drachens mußte Kadmos dem zürnenden Ares acht Jahre lang dienstbar werden. Als diese Zeit verstrichen war, verzieh ihm Ares und gab ihm noch obendrein seine und der Aphrodite Tochter **Harmonia** zur Gemahlin, die ihm vier sagenberühmte Töchter gebar, **Autonoë, Ino, Semele** und **Agaue**. Nachdem Kadmos lange Zeit über Theben geherrscht hatte, mußte er im Alter mit seiner Gemahlin Harmonia nach Illyrien auswandern, zuletzt wurden beide in Schlangen verwandelt und von Zeus in die elysischen Gefilde entrückt.

So lautet der wunderbare Mythos, der den Altertumsforschern viel zu schaffen gemacht hat. Man nimmt jetzt meistens an, daß Kadmos ursprünglich Böotien angehört und dort als Ordner und Begründer der ältesten Kultur aufgefaßt wird. Viele Züge des Mythos sind gewiß uralt, namentlich die Tötung des Drachen, durch den die natürlichen Hindernisse bezeichnet werden, die sich der Urbarmachung des Landes entgegenstellten. Böotien war in alten Zeiten ein sehr sumpfiges Land, Ares aber, dem der Drache heilig ist, galt als eine verderbliche, pestsendende Gottheit. Dem alten Mythos gehörte wohl auch das Säen der Drachenzähne und das Emporwachsen der geharnischten Männer an, wodurch die Thebaner sich als Ureinwohner (Autochthonen) kennzeichneten.

III. Landschaftliche Heroensagen. Kadmos.

84. Aktäon. Brit. Museum.

b. Aktäon.

Von den Schicksalen der drei Töchter des Kadmos, Ino, Semele und Agaue ist schon oben (S. 120, 127 u. 128) die Rede gewesen. Die älteste, Autonoë, erkor sich Apollons Sohn Aristäos zur Gemahlin und erzeugte mit ihr den Aktäon, den er dem Cheiron zur Erziehung übergab, um einen rüstigen Jäger und Krieger aus ihm zu bilden. Allein eben zum blühenden Jüngling herangewachsen, unterlag Aktäon einem jammervollen Geschick. Auf einer Jagd am Berge Kithäron wurde er nämlich von seinen eigenen Hunden zerrissen, nachdem ihn Artemis in einen Hirsch verwandelt hatte. Als Grund des Zornes der Göttin wird angegeben, entweder daß er sich gerühmt habe, ein geschickterer Jäger zu sein, oder daß er die jungfräuliche Göttin im Bade belauscht habe. Die letztere Auffassung behielt schließlich die Oberhand, ja man zeigte sogar später auf dem Wege zwischen Megara und Platää den Felsen, von dem aus Aktäon die Göttin gesehen haben sollte. Man verehrte ihn in Böotien mit heroischen Opfern und erflehte von ihm Schutz gegen die verderblichen Wirkungen der ausdörrenden Sonnenglut in den Hundstagen. Wahrscheinlich war der von Hunden zerrissene Aktäon nichts als ein Bild der unter der drückenden Sommerhitze hinwelkenden Natur.

Die bildende Kunst hat die Geschichte seiner Verwandlung und seines Todes mit einer gewissen Vorliebe behandelt. Im britischen Museum bewahrt man eine kleine Marmorgruppe, Aktäon sich zweier ihn angreifender Hunde erwehrend (Fig. 84).

c. Amphion und Zethos.

Im Gegensatze zu dem Herrschergeschlechte der Kadmiden, das in Theben nach der Auswanderung des Kadmos durch dessen Sohn Polydoros fortgepflanzt sein soll, treten uns in Amphion und Zethos die Sprößlinge eines andern thebanischen Herrschergeschlechts entgegen. Nykteus (der Nächtliche) war König in Theben und hatte eine außerordentlich schöne Tochter, Antiope. Diese schenkte dem Zeus ihre Gunst, der sich ihr unter der Gestalt eines Satyrs nahete. Als sie sich Mutter fühlte, entfloh sie vor dem Zorne ihres Vaters nach Sikyon, wo sie der König Epopeus aufnahm und zu seiner Gemahlin machte. Dadurch gereizt, unternahm Nykteus einen Kriegszug gegen Epopeus, um ihn zur Herausgabe der Tochter zu zwingen. Allein er mußte unverrichteter Sache wieder abziehen und hinterließ nun sterbend seinem Bruder Lykos (dem *Lichten*)

III. Landschaftliche Heroensagen. Aktäon. Amphion und Zethos. 197

die Vollstreckung der Rache. Lykos bezwang und tötete den Epopeus, zerstörte Sikyon und führte die Antiope als Gefangene mit sich fort. Unterwegs gebar sie bei Eleutherae am Kithäron die Zwillinge Amphion und Zethos. Diese wurden sofort ausgesetzt, aber von einem mitleidigen Hirten gefunden und aufgezogen. An-

85. Der Farnesische Stier. Neapel.

tiope aber wurde nicht nur im Hause des Lykos gefangen gehalten, sondern mußte auch noch von dessen Gemahlin Dirke sich die härteste Behandlung gefallen lassen. Endlich gelang es ihr, zu entfliehen; durch einen wunderbaren Zufall findet sie ihre inzwischen zu Jünglingen herangewachsenen Söhne in der Einsamkeit des Kithäron und reizt sie durch die Erzählung ihrer Leiden zu solcher Wut, daß sie eine grausame Rache an der Dirke zu nehmen beschließen. Sie banden nämlich, nachdem sie Theben erobert und

Lykos erschlagen hatten, Dirke an die Hörner eines wütenden Stiers und ließen sie zu Tode schleifen. Oder, wie auch erzählt wird, Dirke kam zur Feier eines bacchischen Festes auf den Kithäron, fand ihre entlaufene Sklavin und wollte sie zur Strafe von den Hirten an die Hörner eines Stieres binden lassen. Da erkannten noch zur rechten Zeit Amphion und Zethos ihre Mutter und vollzogen nun an der grausamen Dirke die jener zugedachte Strafe. Ihren Leichnam warfen sie in den Quell bei Theben, der nach ihr den Namen führt.

Die Bestrafung der Dirke gab die Veranlassung zu zahlreichen Kunstwerken, unter denen das weitaus bedeutendste der sogenannte **farnesische Stier** (Toro Farnese) des Museums zu Neapel ist (Fig. 85). Diese Marmorgruppe ist eine römische Kopistenarbeit nach dem Original der beiden Brüder Apollonios und Tauriskos aus Tralles in Karien, die der im dritten Jahrhundert v. Chr. blühenden rhodischen Kunstschule angehörten. Die kolossale Gruppe (sie ist überhaupt die größte, die wir aus dem Altertume besitzen) wurde im Jahre 1547 in den Thermen des Caracalla bei Rom gefunden und im Palast Farnese aufgestellt, von wo sie mit der farnesischen Erbschaft nach Neapel wanderte. Die Szene geht auf der felsigen Höhe des Kithäron vor sich. Die beiden Brüder haben die zum Zwecke einer bacchischen Feier auf den Kithäron gekommene Königin (daher das Rehfell der Dirke, der zerbrochene Thyrsos und die geflochtene Cista mystica) schon an den Stier gefesselt; während sie den milderen Amphion noch um Erbarmen anfleht, hält sie der wilde Zethos am Haare nieder (der Ergänzer hat hier die Reste nicht verstanden), indem er mit der rechten Hand noch die letzte Schleife festzieht. Die bei der Neapler Gruppe im Hintergrund stehende weibliche Figur, Antiope, ist Zusatz des römischen Kopisten, ebenso wie der Berggott und die bunte Ausstattung der Basis.

Von den beiden Brüdern erzählt die Sage weiter, daß sie nach der Tötung des Lykos die Herrschaft in Theben erhielten, doch erscheint Amphion als der eigentliche König. Zwischen beiden herrscht die größte Verschiedenheit des Wesens und Charakters. Zethos ist rauh und streng, ein leidenschaftlicher Jäger, Amphion dagegen ein Freund der Musen. Wie groß seine Kunstfertigkeit war, zeigte er bald, als die Brüder nun anfingen, die bis dahin noch unbefestigte Unterstadt Theben mit Mauern und starken Türmen zu umgeben. Denn während Zethos mit riesiger Kraft die zum Bau nötigen Steinblöcke heranwälzte, brauchte Amphion nur in die Saiten seiner Lyra zu greifen, so bewegten sich die gewaltigen Steine von selbst und fügten sich gehorsam ineinander. Deshalb pflegte auch Amphion auf Bildwerken stets durch die Lyra, Zethos durch eine Keule oder

III. Landschaftliche Heroensagen. Amphion und Zethos. 199

86. Amphion und Zethos. Rom, Pal. Spada.

den Jagdhund (wie auf dem schönen Relief des Palazzo Spada in Rom, Fig. 86) charakterisiert zu werden.

Amphion ist in der Sage noch durch den tragischen Untergang seiner Söhne und Töchter berühmt geworden. Er hatte mit Niobe, des Tantalos Tochter, sieben Söhne und sieben Töchter erzeugt*), aber durch den Übermut seiner Gattin, die sich wegen ihres Kinderreichtums gegen Leto überhob, weil diese nur zwei Kinder geboren hatte, wurde er seiner ganzen Nachkommenschaft beraubt. Apollon und seine Schwester richteten ihre unfehlbaren Geschosse gegen die Kinder der Niobe und töteten sie alle. Den grenzenlosen Jammer mochten die Eltern nicht überleben: Amphion tötete sich selbst, und Niobe wurde von den mitleidigen Göttern in Stein verwandelt und nach ihrer alten phrygischen Heimat am Berge Sipylos zurückversetzt. Aber auch der Stein hört nicht auf, Tränen zu vergießen.

Dies der einfache Kern der schönen Sage, die in den einzelnen Nebenumständen von den alten Dichtern mit mancherlei Veränderungen vorgetragen wird. Am ausführlichsten ist die Geschichte in den Metamorphosen des Ovid erzählt. Die Dichter haben ihr immer mehr einen rein ethischen Gehalt zu geben gesucht, indem sie den Untergang der Niobiden als Folge der schweren Versündigung der Mutter hinstellen, aber ursprünglich lagen ohne allen Zweifel auch dieser Sage Naturbezüge von dem Verwelken und Hinschwinden der Frühlingsvegetation unter den heißen Strahlen der Sonne zugrunde.

Zu derselben Zeit, wo die Tragiker sich dieses Stoffes bemächtigten, hat auch die bildende Kunst ihn in ihren Bereich gezogen, wie mehrere in Rom gefundene Statuen beweisen. Die schönste unter diesen und bis auf Kleinigkeiten vorzüglich erhaltene (Fig. 87) stellt eine der Töchter dar, die von dem Pfeile im Rücken getroffen ist. Aus dem vierten Jahrhundert stammt die im Jahre 1583 in Rom in der Nähe des Lateran gefundene Gruppe, die seit 1794 in der Galerie der Uffizien in Florenz aufgestellt ist; in ihr sind uns wohl Kopien einer schon im Altertum hochberühmten Niobidengruppe erhalten, die Plinius im Tempel des Apollon Sosianus in

---

*) Die Zahl der Kinder wird sehr verschieden angegeben. Homer (Ilias 24, 602) gibt ihnen sechs Söhne und sechs Töchter, nach Hesiod und Pindar hatten sie zehn Söhne und ebenso viele Töchter, am meisten Verbreitung aber hat die Annahme der Tragiker von vierzehn Kindern gefunden. Immer ist die Zahl der Söhne und Töchter gleich. Die Tragiker haben diesen Stoff vielfach behandelt, sowohl von Äschylos als von Sophokles gab es eine Tragödie Niobe.

III. Landschaftliche Heroensagen. Niobide.

87. Niobide. Rom, Banca di Commercio.

Rom sah und von der man schon damals nicht wußte, ob sie von Skopas oder Praxiteles herrühre. Unter den Figuren dieser Gruppe nimmt die Gestalt der Mutter, die ihre jüngste Tochter vor den Pfeilen der Göttin zu schützen sucht, die erste Stelle ein. Über die Anordnung der ganzen Gruppe entnehmen wir aus Lübkes Geschichte der Plastik folgendes: »Apollo und Artemis sind außerhalb der Gruppe anzunehmen. Unsichtbar aus der Höhe herab haben sie eben ihr rächendes Vertilgungswerk begonnen; dafür spricht jede Bewegung, dafür die Wendung der fliehenden Gestalten, die erschreckt nach oben blicken oder sich mit ihren Gewändern zu decken suchen. Einer der Söhne ist bereits entseelt hingestreckt, ein anderer stützt sich zusammenbrechend auf einen Felsen und wendet den schon im Todeskampfe starrenden Blick nach oben, von wo die Vernichtung ihn ereilt hat. Ein Bruder sucht zu spät die Schwester, die verwundet zu seinen Füßen niedergesunken ist, mit seinem Gewande zu schützen und in seinem Arme aufzufangen; ein anderer ist in die Knie gesunken und greift schmerzdurchzuckt mit der Hand nach der Wunde auf dem Rücken, während der Erzieher den jüngsten zu decken versucht. Alle übrigen fliehen instinktartig zur Mutter hin, als könne sie, die so oft ihnen Schutz gewährt, sie vor dem rächenden Arm der Götter bewahren. So stürmen von beiden Seiten die Wogen dieser entsetzensvollen Flucht gegen die Mitte hin, wo sie an der erhabenen Gestalt der Niobe wie an einem Felsen sich brechen. Sie allein steht in all dem Leid unerschüttert, Mutter und Königin bis zum letzten Augenblick. Während sie ihr jüngstes Töchterlein, das die zarte Kindheit nicht vor dem rächenden Geschosse bewahrt hat, in ihrem Arme auffängt und sich wie schützend über den hinsinkenden Liebling beugt, wendet sie das stolze Haupt, ehe die Linke das schmerzerstarrte Antlitz mit dem Gewande bedecken kann, aufwärts und sucht mit einem Blick, in welchem Schmerz und Seelenadel sich mischen, die rächende Göttin (Fig. 88). In diesem Blick des herrlichen Kopfes liegt weder Trotz noch Flehen um Mitleid: nur der schmerzdurchbebte und hoheitsvolle Ausdruck heroischer Ergebung in das unabänderliche Geschick, das die Götter verhängten, ist einer Niobe würdig. In dieser wunderbaren Gestalt liegt denn auch vor allem der geistige Schwerpunkt der Komposition, liegt die Versöhnung, welche in einer Szene voll Graus und Vernichtung das Gemüt zu tragischem Mitgefühl erschüttert. Und dieselbe Schönheit ist auch über die anderen Teile der Komposition, über alle Gestalten ausgegossen und verleiht ihnen einen Adel, in welchem sich selbst das Entsetzen einer so furchtbaren Katastrophe läutert und mildert.«

Nicht glücklicher als Amphion war Zethos in seinen häuslichen Verhältnissen. Er heiratete die Aëdon (Nachtigall), eine Tochter des Pandareos, des Freundes und Genossen des Tantalos. Aëdon, neidisch und eifersüchtig auf das Glück der Niobe, die so viele schöne Kinder hatte, während ihr ein einziger Sohn, Itylos oder Itys genannt, zuteil geworden war, wollte zur Nachtzeit den ältesten

III. Landschaftliche Heroensagen. Niobe.

88. Niobe. Florenz.

Sohn ihrer Schwägerin ermorden, traf aber aus Irrtum ihren eigenen Sohn (Fig. 89, nach einem Vasenbild). Zeus erbarmte sich ihrer und verwandelte sie in eine Nachtigall. Als solche beweint sie noch immer mit lang gezogenen, schmerzlichen Tönen ihren herben Verlust. Über das Ende des Zethos schweigt die mythische Überlieferung, man zeigte jedoch in Theben das gemeinsame Grab der böotischen Dioskuren. Nach ihrem Tode soll in Laios, dem Sohne des Labdakos und Enkel des Polydoros, das Geschlecht der Kadmiden wiederum den thebanischen Königsthron eingenommen haben (die mythische Geschichte der Labdakiden s. weiter unten).

89. Aëdon und Itys. Vasenbild. München.

3. Korinthischer Mythos.

a. Sisyphos.

Als der mythische Erbauer von Korinth gilt des Aeolos Sohn Sisyphos, von dessen Strafe in der Unterwelt (er mußte einen Stein auf einen Berg hinauf wälzen, der immer seinen Händen entglitt und wieder hinab rollte, vgl. Fig. 75) oben berichtet ist; das Vergehen, für das er diese Strafe erhält, wird verschieden angegeben. Bald soll er auf Veranlassung des Zeus bestraft worden sein, weil er, als jener Ägina, die Tochter des Asopos, entführt hatte, das Geheimnis entdeckte und dem Vater verriet, bald soll er Reisende räuberisch überfallen und unter großen Steinen erdrückt haben usw.

III. Landschaftliche Heroensagen. Bellerophon. 205

Weil die Korinthier verschlagene Handelsleute waren, so dichtete man auch ihrem mythischen Stifter eine raffinierte Schlauheit an. Unter den Fabeln, die über ihn im Schwange waren, ist keine bekannter, als diejenige, nach der Sisyphos selbst den Tod auf listige Weise zu fesseln wußte, so daß Ares abgeschickt werden mußte, um ihn zu befreien.

90. Bellerophons Abschied von Proitos. Vasenbild. Boston.

b. Bellerophon und die Amazonensage.

Ein anderer korinthischer Nationalheros ist Bellerophon oder Bellerophontes. In Korinth geboren und aufgewachsen, mußte er aus irgend einer Ursache sein Vaterland meiden und fand freundliche Aufnahme bei dem Könige Proitos von Tiryns. Dessen Gemahlin, Anteia bei Homer, von den Tragikern Stheneboia genannt, entbrannte in Liebe zu dem schönen Jünglinge; da aber ihre Verführungskünste nicht verfangen wollten, verleumdete sie den Gast bei ihrem Gemahle. Darum schickte ihn Proitos zu seinem Schwiegervater Iobates, dem Könige von Lykien, mit einem Briefe, durch den Iobates aufgefordert wurde, den Überbringer zu töten (Fig. 90, nach einem Vasenbild des Museums in Boston). Damit beginnt die Heldenlaufbahn des Bellerophon, denn Iobates sucht sich des ihm gewordenen Auftrags dadurch zu entledigen, daß er seinen Gast auf allerlei gefährliche Abenteuer aussendet. Zuerst schickt er ihn aus, um die Chimära zu bezwingen, ein gefährliches, das Land verwüstendes Ungetüm, das vorn ein Löwe, in der Mitte eine Ziege, hinten eine Schlange war. Chimära, eine Tochter des Typhon und der Echidna, besaß große Schnelligkeit und Stärke und hatte einen feurigen Atem. Bellerophon aber bezwang das Ungeheuer mit Hilfe seines Flügelrosses Pegasos, indem er sich auf diesem in die Luft schwang und von oben her mit seinen Pfeilen die Chimära erlegte. Mit dem Pegasos aber hatte es folgende Bewandtnis. Er war von dem Poseidon mit der Medusa erzeugt worden und sprang aus ihrem Rumpfe hervor, als Perseus ihr das Haupt abhieb. Mit Hilfe der Athena fing Bellerophon dieses Wunderroß und lernte von der Göttin, wie er es zäumen und sich dienstbar machen sollte. Vgl. Fig. 91, nach einem Relief des Palazzo Spada.

Nach Lösung dieser Aufgabe befahl Iobates dem Bellerophon die Solymer zu bekriegen, ein den Lykiern feindliches Gebirgsvolk. Als er auch diese glücklich bezwungen, schickte ihn Iobates gegen die kriegerischen Amazonen, in der Hoffnung, daß er in diesem Abenteuer sicher den Tod finden werde. Mit diesen verhält es sich folgendermaßen:

Die Amazonen, deren schon Homer gedenkt, bildeten nach der Sage einen Weiberstaat, in dem keine Männer, außer soweit es zur Erhaltung des Geschlechts nötig war, geduldet wurden. Dagegen trieben die Weiber von frühester Jugend an alle kriegerischen Übungen, so daß sie sich nicht nur stark genug fühlten, ihr Land gegen fremde Angriffe wirksam zu beschützen, sondern auch selbst große Kriegszüge zum Zwecke des Raubens und Plünderns unternahmen. Ihr Land, das man anfangs nur unbestimmt im Norden oder Osten annimmt, wird allmählich in Kappadokien am Flusse Thermodon gesucht, mit Themiskyra als Hauptstadt, oder man ließ sie im Lande der Skythen an den Ufern des mäotischen Sees wohnen und fabelte, daß aus ihrer Vermischung mit den Skythen das Volk der Sarmaten entstanden wäre. Spätere Schriftsteller kannten aber auch noch Amazonen im westlichen Libyen. Daß sie sich die rechte Brust abgeschnitten oder ausgebrannt hätten, um nicht beim Ge-

III. Landschaftliche Heroensagen. Bellerophon.

91. Bellerophon tränkt den Pegasos. Relief. Rom, Pal. Spada.

92. Verwundete Amazone. Kapitol. Mus.

III. Landschaftliche Heroensagen. Bellerophon.

93. Amazone des Pheidias. Kapitol. Mus.

brauche des Bogens gehindert zu sein, ist bekanntlich eine aus Mißdeutung ihres Namens entstandene törichte Erklärung. Vom Thermodon aus sollen die Amazonen große Heereszüge bis an die Küsten des ägäischen Meeres unternommen haben, ja man erzählte später von einem Einfalle der Amazonen in Attika, um den Theseus zu bekriegen. Außerdem spielen sie noch eine Rolle in dem Mythos des Herakles, der sie mit Erfolg bekämpfte, und in der Sage vom trojanischen Kriege, in dem sie unter ihrer Königin Penthesilea dem Priamos gegen die Griechen zu Hilfe kamen.

Die Amazonen sind von der griechischen Kunst sehr häufig und gern dargestellt worden. Man bildete sie stets als kräftige und blühende Frauengestalten, der Artemis und ihren Nymphen ähnlich, doch mit gedrungeneren Formen. Sie sind fast immer bewaffnet, gewöhnlich mit einer langen Doppelstreitaxt (bipennis) und dem halbmondförmigen Schild (Pelta). Wie sehr beliebt die Amazonen bei den griechischen Künstlern waren, dafür zeugt eine von Plinius erzählte Anekdote, wonach die berühmten Bildhauer Pheidias, Polyklet, Phradmon und Kresilas sich auf den Wunsch der Ephesier in einen Wettstreit einließen, wer die schönste Amazone zu liefern vermöge. Den Preis trug die Amazone des Polyklet davon, doch wissen wir von ihr weiter nichts, als daß sie von Bronze war und neben den Statuen der übrigen Künstler im Tempel der ephesischen Artemis stand. Von der Amazone des Pheidias wissen wir, daß sie sich auf einen Wurfspeer stützte, dagegen hatte Kresilas eine verwundete Amazone dargestellt. Außerdem wird eine wegen der Schönheit ihrer Schenkel und Füße berühmte Amazone des Strongylion erwähnt, die Eigentum Neros war.

Wir besitzen noch eine ziemliche Anzahl von Amazonenstatuen, unter denen mehrere für Marmornachbildungen jener berühmten ephesischen Bronzen gelten. Sie lassen deutlich drei verschiedene Grundtypen erkennen.

Der erste Amazonentypus ist derjenige der verwundeten Amazone, die gewöhnlich auf das Original des Kresilas zurückgeführt wird. Hauptexemplar dieser Gattung ist die kapitolinische Amazone (im Hauptsaale) mit einer klaffenden Wunde auf der rechten Brust, von der die linke Hand das Gewand hinwegzieht (Fig. 92). Die Züge sind derb und schmerzlich bewegt. Mit dem linken Fuße fest aufgestemmt, hebt sie das rechte Bein leise in die Höhe, was der Gestalt etwas Anmutiges und Leichtbewegtes gibt. Der rechte in die Höhe gehaltene Arm ist leider ungeschickt restauriert.

Der zweite Typus ist derjenige der speerhaltenden Amazone mit leise gehobenem linken Knie, wovon das Hauptexemplar sich im Vatikan befindet (Galeria delle statue). Da von der Amazone des Pheidias ausdrücklich berichtet wird, daß sie sich auf einen Speer stützte, so ist man geneigt, diesen Typus auf das ephesische Werk des Pheidias zurückzuführen (Fig. 93, aus dem Kapit. Mus.). An Stelle des Bogens ist in der rechten Hand ein Speer zu denken, auf den sie sich stützt.

III. Landschaftliche Heroensagen. Bellerophon. 211

Der dritte Typus endlich ist die dem Polyklet zugeschriebene ermattet ausruhende Amazone, wovon es zwei gleich schöne Exemplare gibt, das eine im Braccio nuovo des Vatikan, das andere im Museum zu Berlin (im Jahre 1869 in Rom gefunden). Alles ist an dieser Marmorstatue von unvergleichlicher Schönheit, das fein geschnittene Gesicht, die Haltung der Arme, das leise gehobene linke Bein. Auch diese Amazone hat unter dem rechten Arme eine Wunde. Der zierliche Riemen am linken Fuße dient zur Befestigung des Sporns, der nur an einem Fuße getragen wurde.

Eine behelmte kämpfende Amazone (Bronzestatuette aus Herculaneum) findet man im Museum zu Neapel, ebenso eine sterbende Amazone von

94. Bellerophons Rache an Stheneboia. Vasenbild in Petersburg.

schöner Erfindung, aus dem Weihgeschenk des Königs Attalos II. von Pergamon auf der Akropolis von Athen stammend.

Wir kehren jetzt nach dieser Abschweifung zu der Geschichte des Bellerophon zurück. Als dieser auch aus dem Amazonenkriege siegreich zurückkehrte, ließ ihm Iobates einen Hinterhalt legen, allein Bellerophon erschlug alle seine Angreifer, und nun gab Iobates jede Verfolgung auf, söhnte sich mit dem Helden aus und gab ihm seine Tochter zur Gemahlin und einen Anteil an der Herrschaft von Lykien. So von allen Gefahren befreit, kehrte Bellerophon nach Tiryns zurück, um sich an der Stheneboea zu rächen. Er beredete sie, mit ihm auf dem Pegasos zu entfliehen, stürzte sie aber ins Meer hinab (Fig. 94). Seine Herrschaft über Lykien währte nicht lange. Kaum hatte er den höchsten Gipfel seines Glückes erstiegen, da ereilte ihn ein jäher Wechsel des Schicksals. Von finsterem Wahnsinn befallen, irrte er einsam umher und kam endlich elendiglich um. Nach Pindar hatte er sich den Haß der Götter zugezogen, weil er sich auf dem Pegasos zum Olymp emporschwingen wollte. Allein das von Zeus durch eine Bremse in Wut versetzte Wunderroß warf ihn ab und schwang sich allein zu den Krippen des Zeus empor, wo es nun den Donnerwagen des höchsten Gottes zieht. Dieses traurige Ende des Bellerophon machte Euripides zum Gegenstande einer ergreifenden Tragödie, von der noch einige Bruchstücke vorhanden sind. In Korinth genoß Bellerophon heroische Ehren und hatte ein Heiligtum in dem berühmten Zypressenhaine des Poseidon.

4. Argivischer Mythos.
a. Io.

Auf der Schwelle der mythischen Vorzeit von Argos tritt uns Inachos entgegen, eigentlich der Gott des gleichnamigen bedeutenden Flusses dieser Landschaft. Ihn verehrten die Argiver als den ersten Begründer ihrer Kultur nach der deukalionischen Flut. Seine Tochter ist die durch ihre Schönheit berühmte Io, deren uralter Mythos durch Dichter und Mythographen vielfach ausgeschmückt worden ist. Ihr Kern lautet folgendermaßen.

Io, die Priesterin der Hera, zog durch ihre große Schönheit die Aufmerksamkeit des Zeus auf sich. Als Hera dies merkte, verwandelte sie die Io aus Eifersucht in eine weißschimmernde Kuh und ließ sie durch den hundertäugigen Argos Panoptes (den Allsehenden) bewachen. Aber Zeus schickte den Hermes, um die Kuh zu entwenden. Dieser schläferte den Wächter mit seinem Zauberstabe ein und tötete ihn dann, indem er ihm mit seinem Sichelmesser das Haupt abschnitt, daher Argeiphontes (Argostöter) genannt (doch s. o. S. 63). Hera aber rächte sich hierfür, indem sie der Io eine Bremse schickte (sie wahnsinnig machte) und sie in unstäter Flucht durch die Länder Europas und Asiens trieb, bis sie endlich in Ägypten zur Ruhe gelangte, wo sie von Zeus' Hand berührt ihre frühere Gestalt wiedererhielt und den Epaphos gebar, der König von Ägypten wurde und Memphis erbaute. — Die Sage hat später viele Ausschmückungen erfahren, namentlich wurden die Irrfahrten der Io mit der zunehmenden geographischen Kenntnis immer mehr

95. Io von Hermes befreit. Wandgemälde. Rom, Palatin.

erweitert. In einem auf dem Palatin gefundenen Wandgemälde (Fig. 95), das die Bewachung der zur Andeutung der Verwandlung mit kleinen Hörnern versehenen Io und das Herankommen des Hermes darstellt, ist uns vielleicht eine Kopie eines berühmten antiken Gemäldes erhalten.

b. Danaos und die Danaiden.

Danaos wird in der Sage als ein Nachkomme der Io bezeichnet. Epaphos nämlich, der Io Sohn, hatte eine Tochter Libya, die von Poseidon zwei Söhne gebar, den Agenor und Belos. Jener herrschte über Phönikien, dieser über Ägypten. Belos aber erzeugte mit der Anchirrhoë, des Neilos Tochter, den Aegyptos und Danaos. Zwischen diesen Brüdern, von denen jener fünfzig Söhne, dieser fünfzig Töchter hatte, entstand Feindschaft, wodurch Danaos veranlaßt wurde, auszuwandern und das alte Heimatland seiner Stammesmutter Io aufzusuchen. Auf einem fünfzigruderigen Schiffe kam er mit seinen fünfzig Töchtern nach Argos, wo ihm der dort herrschende Inachide Gelanor das Reich abtrat. Als Herrscher von Argos soll er nun eine höhere Kultur des Landes begründet haben, indem er das vorher wasserarme Land durch Graben von Brunnen und Kanälen bewässerte, auch soll er den Dienst des Apollon und der Demeter eingeführt haben. Die Sage erzählt dann weiter, daß die fünfzig Söhne des Aegyptos ihrem Oheim nach Argos folgten und ihn zwangen, ihnen seine Töchter zu vermählen. Danaos aber gab seinen fünfzig Töchtern Dolche mit, um ihre Männer in der Hochzeitsnacht zu ermorden. Alle gehorchten dem Befehle, mit Ausnahme der Hypermnestra, die ihren Gemahl Lynkeus verschonte und auch später mit Hilfe der Aphrodite eine Aussöhnung zwischen ihm und Danaos zustande brachte, so daß Lynkeus sein Nachfolger in der Herrschaft und durch seinen Sohn Abas der Stammvater der beiden Heroen Perseus und Herakles wurde. Später dichtete man, daß die Danaiden in der Unterwelt für ihren Frevel die Strafe leiden müßten, in ein durchlöchertes Faß Wasser zu schöpfen. Diese zu der Tat in keiner Beziehung stehende Strafe ist wohl aus dem Gedanken zu erklären, daß im Reiche des Hades die auf der Oberwelt getriebenen Beschäftigungen fortgesetzt werden; die »Strafe« der Danaiden deutet also auf die dem Danaos zugeschriebene künstliche Bewässerung des Landes hin.

Die Kunst stellte die Danaiden als Quellnymphen mit Schöpfgefäßen in der Hand dar.

c. Proitos und die Proitiden.

Akrisios und Proitos waren die Zwillingssöhne des Abas, des Sohnes des Lynkeus und der Hypermnestra. Sie sollen einander so feindlich gewesen sein, daß die Dichter ihren Zwist schon im Mutterleibe seinen Anfang nehmen lassen. Proitos, dem nach Teilung des väterlichen Erbes Tiryns zugefallen war, mußte endlich seinem Bruder weichen und floh nach Lykien zum Könige Iobates. Dieser gab ihm seine Tochter Anteia oder Stheneboia zur Gattin und setzte ihn wieder in Tiryns ein, wo ihm die mitgebrachten lykischen Werkleute (Kyklopen) eine gewaltige Burg erbauten, die ihm nicht nur den ruhigen Besitz von Tiryns sicherte, sondern ihm auch die Erweiterung der Herrschaft bis Korinth ermöglichte. Von den Töchtern des Proitos erzählt die Sage, sie hätten sich über die Götter erhoben und wären dafür in Raserei verfallen, so daß sie in den Bergen und Wäldern von Argos und Arkadien umherschweiften. Endlich gewann Proitos den berühmten Wahrsager Melampus, von dem die Sage erzählte, ihm hätten einst, während er schlief, Schlangen die Ohren ausgeleckt, und infolgedessen hätte er die Sprache der Vögel verstehen gelernt, und bewog ihn, die Entsühnung und Heilung seiner Töchter zu unternehmen. Nachdem ihm dies gelungen, erhielt er die Hand der Proitide Iphianassa und mit seinem Bruder Bias Anteil an der Herrschaft in Tiryns. So kam das Geschlecht der Amythaoniden nach Argos, in dem sich die Sehergabe vererbte, und aus dem der berühmte Seher Amphiaraos stammte.

d. Perseus.

Eine Tochter des Akrisios war Danaë, zu der Zeus von Liebe entbrannte. Und da ihr Vater Akrisios aus Furcht vor einem Orakelspruche, der ihm den Tod durch die Hand eines Enkels verkündigte, seine Tochter in ein unterirdisches Gewölbe einsperrte, verwandelte sich der Gott ihr zuliebe in einen goldenen Regen und gelangte auf diese Weise in ihr Gemach. So wurde der göttliche Held Perseus geboren. Als Akrisios von der Geburt seines Enkels Kunde erhalten hatte, ließ er Mutter und Kind in eine Kiste sperren und ins Meer werfen, um dem ihm vom Orakel angedrohten Schicksale zu entgehen. Aber was vermag menschliche Klugheit gegen die ewigen Ratschläge des Zeus? Der Kasten landet an dem Felseneiland Seriphos, wo der Fischer Diktys mit seinem Bruder Polydektes, dem Beherrscher der Insel, sich der Geretteten annimmt. Letzterer begehrt Danaë zu seinem Weibe und macht sie, da sie seine Anträge zurückweist, zu seiner Sklavin. Den Perseus, dessen Rache er fürchtet, sendet er, sobald er herangewachsen ist, auf ein gefährliches Abenteuer aus, um ihn auf diese Weise aus dem Wege zu schaffen. Er soll ihm nämlich das Haupt der Gorgo Medusa holen, der schrecklichen geflügelten Jungfrau, die mit ihren Schwestern, den Töchtern des Phorkys und der Keto, am äußersten Westrande der Erde an den Ufern des Okeanos wohnte. Perseus macht sich auf den Weg dahin, ohne noch zu wissen, wie er ein so gefährliches Abenteuer bestehen soll. Da kommt dem Ratlosen Hermes zu Hilfe, und Athena, die Beschützerin aller Helden, haucht ihm Mut ein. Zuerst zeigen sie ihm, wie er sich die für sein Abenteuer nötigen Schutzmittel zu verschaffen habe, nämlich eine unsichtbar machende Nebelkappe, eine magische Reisetasche und ein Paar Flügelschuhe. Diese Wunderdinge sind im Besitze der Nymphen; den Weg zu ihnen kann man aber nur von den drei Gräen erfahren, die gleichfalls Töchter des Phorkys und der Keto sind. Ihre Häßlichkeit ist furchtbar, sie sind als Greisinnen zur Welt gekommen und haben zusammen nur ein Auge und einen Zahn, deren sie sich abwechselnd bedienen. Sie wohnen im fernen Westen, an der Schwelle des nächtlichen Bezirks der Gorgonen, weshalb sie von Äschylos auch deren Vorhut genannt werden. Zu diesen Gräen wird Perseus von den Gottheiten geführt. Er raubt ihnen mit Gewalt den Zahn und das Auge und zwingt sie so, ihm den Weg zu den Nymphen zu zeigen. Von diesen erhält er ohne Widerstand die gewünschten Gegenstände und eilt nun, von seinen Flügelschuhen durch die Lüfte getragen, hin zu dem Aufenthaltsort der Gorgonen. Zum Glück fand er sie schlafend. Athena, welche dem Helden gefolgt war, zeigte ihm, wie er sich rückwärts schreitend (jeder, der die Gorgonen mit seinen Augen erblickte, wurde in Stein verwandelt) der Medusa, die allein sterblich war, nähern und mit Hilfe des spiegelblanken Schildes der Athena und des von Hermes ihm überlassenen Sichelmessers, ohne sich umzusehen, ihr das Haupt abschneiden könnte. Perseus führt alles nach dem Rate der Athena aus und entfernt sich mit dem Haupte der Medusa, welches er mit Blitzesschnelle in seine Tasche gesteckt hatte. Der Verfolgung der beiden anderen inzwischen erwachten Gorgonen Stheino und Euryale entzog ihn seine wunderbare Tarnkappe. Aus dem Rumpfe der getöteten Medusa aber sprang das geflügelte Wunderroß Pegasos

III. Landschaftliche Heroensagen. Perseus. 217

(s. S. 206) und Chrysaor, der Vater des Geryones, hervor. Nach Seriphos zurückgekehrt, versteinerte Perseus den ungerechten Polydektes mit Hilfe des Medusenhauptes, das er dann der Athena schenkte. Seinen Wohltäter Diktys aber setzte er als Beherrscher der Insel Seriphos ein und ging dann selbst in sein Heimatland Argos zurück.

So lautet dieser Mythos in seinen wesentlichen Grundzügen. An diesen älteren Kern setzten sich später jüngere Sagen an, die von weiteren Abenteuern und Heldentaten des Perseus berichteten. Die bekannteste unter ihnen ist die Errettung der Andromeda, eine Sage, die Euripides in einem berühmten Drama bearbeitet hatte, und die auch nach ihm noch häufig von Dichtern und Künstlern verwertet worden ist. Der Inhalt ist folgender. Kassiepeia war die Gemahlin des Kepheus, des Königs von Äthiopien. Da sie sich vermaß, schöner zu sein als selbst die Nereiden, so baten diese den Poseidon, sie zu rächen. Infolgedessen sandte dieser ein Seeungeheuer, das Menschen und Vieh verschlang. Das Orakel des Ammon verhieß Rettung, wenn des Königs Tochter Andromeda dem Ungeheuer zum Fraß ausgesetzt würde. Widerstrebend gab der König den Bitten seines Volkes nach und ließ Andromeda an einen Felsen in der Nähe des Meeres fesseln. In dieser Lage fand sie der von seinem Abenteuer mit der Medusa zurückkehrende Perseus. Schnell zur Hilfe bereit, stürzte er sich auf das Ungeheuer, tötete es und befreite Andromeda, die nun ihren Erretter heiratete. Noch Spätere, denen dieses Abenteuer zu glatt ablief, dichteten hinzu, Perseus habe um den Besitz der Andromeda noch einen Kampf mit ihres Vaters Bruder Phineus zu bestehen gehabt, dem sie früher zugesagt gewesen war. Hier muß nun das Medusenhaupt zum ersten Male seine guten Dienste tun und den Phineus samt seinen Kriegern versteinern.

Den Schluß der Perseussage bildet dann die Heimkehr des Helden nach Argos. Perseus söhnt sich mit seinem Großvater Akrisios aus, der vor ihm nach Larisa geflohen war, da aber doch das Orakel recht behalten muß, so wird er später auf eine unfreiwillige Weise dessen Mörder. Bei Gelegenheit von Kampfspielen, welche die Larisäer ihm zu Ehren angestellt hatten, tötete er den Akrisios durch einen unglücklichen Wurf mit dem Diskos. Aus Scheu, das Erbe des von ihm getöteten Großvaters anzutreten, vertauschte Perseus dann Argos mit Tiryns, das ihm Megapenthes, der Sohn des Proitos, überließ, gründete hierauf die Städte Midea

96. Befreiung der Andromeda. Relief. Kapitol.

und Mykenä und wurde durch seine mit Andromeda erzeugten Söhne der Stammvater vieler Helden, unter andern auch des Herakles. Denn sein Sohn Elektryon wurde der Vater der Alkmene, und von einem andern seiner Söhne stammte Amphitryon. Perseus

III. Landschaftliche Heroensagen. Perseus.   219

genoß nach dem Bericht des Pausanias nicht bloß in Argos, sondern auch in Athen und auf der Insel Seriphos heroische Ehren.

In der griechischen Kunst hat Perseus eine bedeutende Rolle gespielt. Seine gewöhnlichen Attribute sind die Flügelschuhe, das Sichelmesser, dessen er sich zur Tötung der Medusa bediente, und der Helm des Hades. In Körperbildung wie Kostüm erscheint er dem Hermes sehr ähnlich.

97. Medusa Rondanini. München.

Unter den auf ihn bezüglichen Kunstwerken ist besonders wertvoll die Metope von Selinus mit der Tötung der Medusa, eine höchst altertümliche Darstellung; sehr interessant ist auch eine in Hannover befindliche Gruppe und ein schönes aus der Villa Pamfili stammendes Marmorrelief im Kaiserzimmer des kapitolinischen Museums, das die Befreiung der Andromeda vorstellt (Fig. 96). Das Meerungeheuer liegt tot am Boden und Andromeda steigt in freudiger Eile von dem Felsen herunter, wobei ihr Perseus behilflich ist. Haltung und Ausdruck beider sind sehr charakteristisch, jungfräuliche Befangenheit auf der einen, stolzes Selbstgefühl auf der andern Seite. Bemerkenswert ist, daß Perseus außer den Flügelschuhen auch noch Kopfflügel hat. Dasselbe Motiv kehrt mit kleinen Veränderungen auf mehreren pompejanischen Gemälden und einem Marmorrelief des Museums in Neapel wieder.

Die Medusa ist meist nur als Maske gebildet. Man brachte solche Gorgonenmasken, denen der Aberglaube eine Unglück abwehrende Kraft beimaß, auf Panzern, Schilden, Torflügeln und Gerätschaften jeglicher Art an. In ihrer Bildung unterscheidet man eine ältere und eine jüngere Auffassungsweise. Der älteren Kunst nämlich kam es nur darauf an, das Gräßliche und Abschreckende des Medusenhauptes zum Ausdrucke zu bringen, man bemühte sich daher, dem Gesichte einen möglichst starken Ausdruck von Wut und Wildheit zu geben, dem man womöglich durch die ausgestreckte Zunge und das Fletschen der eberartig hervorspringenden Zähne zu Hilfe kam. Sehr verschieden hiervon ist die jüngere Darstellungsweise der Gorgonenmaske. Der jüngeren, pathetischeren Kunst war es hauptsächlich darum zu tun, das im Tode erstarrende Leben zum künstlerischen Ausdrucke zu bringen. Da konnte es zur Verstärkung des Effekts nur dienlich sein, wenn man das alte häßliche Medusenantlitz in ein Ideal vollendeter Schönheit umformte. Ein gutes Beispiel dieser seit der Zeit des Praxiteles eintretenden veränderten Auffassungsweise ist die sogenannte Rondaninische Medusa der Glyptothek zu München, eine aus dem Palast Rondanini in Rom stammende Marmormaske von vorzüglicher technischer Ausführung (Fig. 97).

5. Die Dioskuren.

In den südlichen Landschaften des Peloponnes, Lakedämonien und Messenien, stoßen wir auf den Mythos von den Dioskuren. Tyndareos und sein Bruder Ikarios werden als Begründer der ältesten Herrschaft in Lakedämon genannt. Von da durch ihren Halbbruder Hippokoon vertrieben, fanden sie freundliche Aufnahme bei Thestios, dem Beherrscher der alten Stadt Pleuron in Ätolien. Dieser gab ihnen seine Töchter zu Frauen, dem Ikarios die Polykaste, die ihm Penelope, des Odysseus spätere Gattin, gebar, dem Tyndareos aber die herrliche Leda, die Mutter der Dioskuren Kastor und Polydeukes (Pollux). Tyndareos wurde später durch Herakles wieder in seine lakedämonische Herrschaft zu Amyklä eingesetzt. Außer den beiden genannten Söhnen gebar ihm Leda noch die aus der trojanischen Sage hinlänglich bekannten Töchter Klytämestra und Helena. Nun war aber eine uralte Sage die von der Liebe des Zeus zu der schönen Leda, und daß er sich ihr in der Gestalt eines Schwans genähert habe. Welche unter den Kindern der Leda aber göttlichen Ursprungs gewesen seien, darüber herrscht in der sagenhaften Überlieferung die größte Verschiedenheit. Bei Homer ist einzig Helena eine Tochter des Zeus, Klytämestra aber und ihre beiden Brüder Kastor und Poly-

III. Landschaftliche Heroensagen. Die Dioskuren.

deukes sind des Tyndareos Kinder (daher Tyndariden). Später kam der Name Dioskuren auf und der Glaube, daß sie beide Söhne des Zeus seien, noch später jedoch machte sich die Ansicht geltend, daß Kastor sterblich und ein Sohn des Tyndareos, dagegen Polydeukes der unsterbliche Sohn des höchsten Gottes gewesen sei. Als aber Kastor im Kampfe mit den Söhnen des messenischen Königs Aphareus gefallen war, wollte sich sein Bruder Polydeukes nicht von ihm trennen und erwirkte von seinem Vater Zeus, daß sie beieinander bleiben dürften unter der Bedingung, abwechselnd einen um den andern Tag bald im Hades, bald im Olympos zuzubringen. So führten sie ein zwischen Sterblichkeit und Unsterblichkeit geteiltes Leben. Über ihre Heldentaten gab es folgende Sagen. Als sie erwachsen waren, zeichnete sich Kastor durch die Kunst des Rosselenkens aus, Polydeukes aber wurde ein gefürchteter Faustkämpfer, doch galt auch er für einen geschickten Reiter. Sie kriegten zuerst gegen Theseus, der ihre zehnjährige Schwester Helena entführt hatte, und befreiten diese durch die Eroberung von Aphidnä, dann nahmen sie am Argonautenzuge teil, wobei Polydeukes sich durch seinen Sieg über den berühmten Faustkämpfer Amykos großen Ruhm erwarb (s. unten die Argonauten), und machten auch die kalydonische Eberjagd mit. Ihre letzte Unternehmung war der Raub der Leukippiden, der Töchter des messenischen Königs Leukippos. Entweder gab dies die Veranlassung zu ihrem Streite mit ihren Vettern, den Aphariden, weil die Jungfrauen mit jenen verlobt gewesen waren, oder der Kampf entstand bei Gelegenheit eines mit ihnen gemeinsam ausgeführten Raubes einer Rinderherde, indem sie über die Teilung der Beute nicht einig werden konnten. Genug, Kastor wurde von Idas, dem einen der Aphariden, getötet, worauf Polydeukes voll Grimm über des Bruders Tod den Lynkeus erschlug, während Idas durch einen Blitzstrahl des Zeus erlegt ward.

Man verehrte die Dioskuren nicht nur in Sparta, sondern überall in Griechenland und späterhin in Italien als wohltätige Schutzgottheiten, namentlich als Helfer in der Schlacht und als Retter in der Gefahr des Schiffbruchs. Schon ein homerischer Hymnos preist sie in letzterer Eigenschaft, wie sie auf gelblichen Flügeln durch die Luft schießend auf das Gebet der geängstigten Seeleute erscheinen und den Sturm beschwichtigen, wohl eine Hindeutung auf das sogenannte St. Elmsfeuer, das sich als elektrisches Flämmchen bei Gewittern häufig an den höchsten Spitzen der Masten zeigt und noch jetzt von den Schiffern als ein günstiges Vorzeichen für das baldige Aufhören des Sturmes betrachtet wird. In Sparta galten die Dioskuren als die Schutzgötter des Staates, sowie als die Vorbilder kriegerischer Tapferkeit für die Landesjugend. Ihre Heiligtümer waren dort sehr zahlreich. Ihr uraltes Symbol, das die Spartaner bei Kriegszügen stets mit sich führten, waren zwei parallele, durch Querhölzer verbundene Balken. Aber auch außerhalb Spartas hatten sie Feste und Tempel, wie z. B. in Mantinea, wo ihnen ein ewiges Feuer unterhalten wurde, ferner in Athen, wo sie unter dem Namen Anakes verehrt wurden. Ihr Fest wurde dort mit Pferderennen gefeiert; auch die olympischen Spiele standen unter ihrem besonderen Schutze, und ihre Bildnisse pflegten in den Palästren aufgestellt zu werden. Überhaupt galten sie als äußerst menschenfreundliche, den Verkehr mit den Menschen liebende und alles Edle und Schöne unter ihnen pflegende Dämonen. In Rom hatten sie einen Tempel am Forum, von dem noch drei reich und prachtvoll gebildete Säulen stehen.

Die Kunst pflegte die Dioskuren als edelgestaltete Heldenjünglinge von schlanken, aber kräftigen Formen darzustellen. Ihr charakteristisches Merkzeichen sind die halbeiförmigen Hüte, an deren Spitze ein Stern glänzt. Gewöhnlich werden sie nackt gebildet oder mit einer leichten Chlamys bekleidet. Fast immer erscheinen sie mit ihren Rossen verbunden, entweder auf ihnen reitend oder neben ihnen stehend und sie bändigend oder am Zügel führend.

Die berühmteste aus dem Altertum stammende Darstellung der Dioskuren sind die sogenannten Kolosse vom Monte Cavallo in Rom, vier Meter hohe, in schönen Proportionen ausgeführte Marmorstatuen nebst den zugehörigen Pferden. Sie sind auf dem Platze des Quirinals aufgestellt, der von ihnen den Namen Monte Cavallo erhalten hat. Es sind zwar keine Originalwerke der griechischen Kunst, aber nach griechischen Bronzen aus der Zeit der Kunstblüte wahrscheinlich unter Augustus gearbeitet. Eine in Bajae neuerdings gefundene Statue eines Dioskuren ist in das Neapler Museum gelangt. Höchst interessant ist die Darstellung des Leukippidenraubes auf dem jetzt in Wien befindlichen Relief von Gjölbaschi aus Lykien.

6. Herakles.

An den Mythen der in der ältesten Zeit vorzugsweise von Äoliern bewohnten Landschaften schließt sich hier am passendsten der Mythos des Herakles an, weil dieser Heros, wenn sein An-

III. Landschaftliche Heroensagen. Herakles.

sehen und seine Verehrung auch hauptsächlich durch die Dorier Verbreitung gefunden hat, doch von Haus aus ein gemeinsames Eigentum aller äolischen Stämme ist, ihr Stammheros, der in späterer Zeit zum Nationalhelden von Hellas wurde. Es gibt keinen griechischen Mythos, bei dem sich an den ursprünglichen Kern so viele spätere, sowohl einheimische wie fremde Zusätze angesetzt haben, als diesen; hier können wir nur die am meisten charakteristischen und für die Kunstgeschichte wichtigen Züge herausheben.

Die älteste Quelle des Heraklesmythos ist für uns Homer, bei dem die Grundzüge schon ausgebildet vorliegen, die Feindschaft der Hera, die Dienstzeit bei Eurystheus und die Arbeiten, durch die er sich befreit, wiewohl nur das Heraufholen des Kerberos namentlich angeführt wird, seine Feldzüge gegen Pylos, Ephyra, Oichalia und Troja. Dagegen sind die seine Vergötterung und Vermählung mit Hebe betreffenden Verse der Odyssee (11, 602—4) mutmaßlich ein späteres Einschiebsel. Die Ilias spricht von ihm als einem gestorbenen großen Helden der Vorzeit, »den die Moira bändigte und der schreckliche Zorn der Hera«. Auch ist Herakles bei Homer noch rein griechischer Nationalheld, seine kriegerischen Unternehmungen führen ihn räumlich nicht über Troja hinaus, seine Bewaffnung unterscheidet ihn in nichts von anderen Helden. Im einzelnen weiter ausgeführt wird dieses Bild in Hesiods Theogonie und im Schilde des Herakles, sonst stimmt Hesiod im wesentlichen mit Homer überein. Von wo die Vergötterung des Herakles ausgegangen, ist eine noch unaufgehellte Frage. Um das Jahr 700 v. Chr. erscheint sie als vollendete Tatsache.

I. Geburt und Jugend des Helden.

Dieser Teil der Heraklessage ist hauptsächlich in Böotien ausgebildet worden. Amphitryon, ein Sohn des Alkäos und Enkel des Perseus, mußte mit seiner Verlobten, Alkmene, die gleichfalls durch ihren Vater Elektryon von Perseus abstammte, einer Blutschuld wegen von Tiryns flüchten und fand Aufnahme in Theben bei dem dortigen Herrscher Kreon. Von hier aus unternahm er infolge eines der Alkmene geleisteten Versprechens einen Kriegszug gegen die räuberischen Teleboer (Taphier), welche die Brüder der Alkmene erschlagen hatten. Nach dessen glücklicher Beendigung sollte die Hochzeit in Theben gefeiert werden. Inzwischen aber wurde der erhabene Herrscher des Olymps von unbezwinglicher Liebe zu der schönen Alkmene ergriffen. Indem er die Gestalt des abwesenden Amphitryon annahm, zeugte er mit ihr den Herakles, den sie gleichzeitig mit dem von Amphitryon erzeugten Iphikles gebar. Die dem Herakles von Zeus bestimmte Herrschaft über alle Persiden entging ihm aber durch die Arglist der eifersüchtigen Hera, welche die Geburtswehen der Alkmene hemmte, dagegen die Niederkunft der Gemahlin des Sthenelos, eines Vatersbruders des Amphitryon, um zwei Monate zu früh eintreten ließ. Nicht zufrieden damit, den Herakles auf diese Weise unter die Botmäßigkeit des feigen Schwächlings Eurystheus gebracht zu haben, sandte Hera zwei Schlangen an seine Wiege, um ihn zu töten. Allein dieser bewährte jetzt zum ersten Male seine göttliche Abkunft, indem er mit seinen Händen die Schlangen erwürgte. (Vgl. Fig. 98 aus dem Haus der Vettier). Die älteste Schilderung dieser Szene ist uns in einem herrlichen Gedichte Pindars erhalten. In Theben läßt dann die Sage den kräftig heranwachsenden Knaben durch vorzügliche Lehrer unterrichtet werden. Aber während er in allen ritterlichen Waffenübungen schnelle Fortschritte machte, blieb er in den musischen Künsten zurück und tötete sogar seinen Lehrer Linos im Zorne über eine unsanfte Zurechtweisung, die ihm seine Ungeschicklichkeit zugezogen hatte. Zur Strafe schickte ihn Amphitryon auf den Berg Kithäron, um dort die Herden zu weiden. Dieses Hirtenleben setzte Herakles bis zu seinem vollendeten achtzehnten Jahre fort. Nachdem er völlig ausgewachsen und in den vollen Gebrauch seiner riesigen Kräfte gelangt war, verrichtete er seine erste große Heldentat, indem er den kithäronischen Löwen erlegte. Ob es aber dessen Fell oder das des nemeischen war, das ihm später als stehende Bekleidung diente, ist nicht ausgemacht. Dann befreite er die Thebaner von einem schimpflichen Tribute, den sie dem Könige Erginos von Orchomenos zu leisten hatten, durch einen glücklichen Feldzug, bei welcher Gelegenheit Amphitryon das Leben verlor. Der dankbare Kreon aber gab dem Herakles seine Tochter Megara zur Gattin, sowie deren jüngere Schwester dem Iphikles.

III. Landschaftliche Heroensagen. Herakles. 225

II. Herakles im Dienste des Eurystheus.
(Die zwölf Arbeiten).

Es folgt nun der zweite Abschnitt im Leben des Helden, seine im Dienste des zu Mykenä oder Tiryns herrschenden Eurystheus

98. Herakles erwürgt die Schlangen. Pomp. Wandgem.

verrichteten Arbeiten. Ihre Zahl ist erst in der alexandrinischen Zeit auf zwölf fixiert worden. Die Unterordnung des Herakles unter den Eurystheus stellte man gewöhnlich als eine Folge der durch Hera dem letzteren arglistigerweise zugewendeten Oberherrschaft dar. Es scheint aber ein älterer Zug der Sage gewesen zu sein, daß Herakles dieser Demütigung sich zur Sühne eines in der Raserei an seinen Kindern begangenen Mordes unterziehen mußte. Später drehte man das Verhältnis um und ließ den Herakles rasend werden infolge der Aufforderung des Eurystheus, sich seinem Dienste zu stellen. Die zwölf Arbeiten des Herakles sind folgende:

1. **Der Kampf mit dem nemeischen Löwen.** Dieses vom Typhon und der Echidna erzeugte Ungeheuer, dessen Fell jeder Waffe trotzte, hauste in der Gegend von Nemea und Kleonae. Da Herakles ihm weder mit seinen Pfeilen noch mit seiner Keule etwas anhaben konnte, trieb er es in eine Höhle und erwürgte es in seinen Armen. Der Kopf des Löwen diente ihm hinfort als Helm, das Fell als undurchdringlicher Panzer.

2. **Die lernäische Hydra.** Auch dieses Ungetüm, eine große Schlange mit vielen Köpfen, deren Zahl bei den Dichtern sehr wechselt, wird als eine Brut des Typhon und der Echidna bezeichnet. Sie machte die Gegend von Lerna in Argolis unsicher, da sie Menschen und Vieh raubte. Auf dieses Abenteuer nahm Herakles den Iolaos, den Sohn seines Bruders Iphikles, mit, der auch in anderen gefährlichen Unternehmungen als treuer Gefährte des Herakles vorkommt. Nachdem der Held die Schlange mit Pfeilschüssen von ihrem Lager aufgescheucht hatte, ging er unerschrocken auf sie los, griff sie mit den Händen und schlug ihr mit einem sichelförmigen Schwerte die Köpfe ab. Allein zu seinem Schrecken wuchsen an Stelle jedes abgeschlagenen Kopfes zwei neue hervor. Da ließ er den Iolaos einen benachbarten Wald anzünden und fuhr nun mit den von seinem Gefährten ihm dargereichten Feuerbränden über die Hälse hin und her, bis er die Schlange endlich getötet hatte. Mit der Galle des giftigen Wurms bestrich er seine Pfeile, die von nun an unheilbare Wunden verursachten.

3. **Der erymanthische Eber.** Dieser hauste in dem arkadischen Waldgebirge Erymanthos, von wo aus er die Saatfelder von Psophis verwüstete. Herakles trieb ihn bis zu dem schneebedeckten Gipfel des Berges hinauf und fing ihn lebendig. Als er mit dem gewaltigen Tiere auf dem Rücken nach Mykenä kam, erschrak Eurystheus so heftig, daß er sich in ein Faß verkroch. Diese komische Szene liebte man auf Vasenbildern darzustellen. Mit dieser Jagd verbindet man die Kentauromachie des Herakles. Unterwegs nämlich kehrte der göttliche Held hungrig und durstig bei dem ihm befreundeten Kentauren Pholos ein, der offenbar unter den arkadischen Kentauren eine ähnliche Stellung einnimmt, wie Cheiron unter den thessalischen. Pholos öffnet seinem Gast zu Ehren ein

III. Landschaftliche Heroensagen. Herakles.   227

in seiner Höhle liegendes allen Kentauren gemeinsames Faß Wein. Der sich verbreitende Duft des Weines zog nun sofort die auf dem Gebirge Pholoë zerstreut wohnenden Kentauren herbei, die dem zechenden Helden mit Felsblöcken und Baumstämmen zu Leibe gingen. Allein dieser trieb sie mit Pfeilschüssen und Feuerbränden zurück und überwand sie nach heftigem Kampfe. Zur Höhle des Pholos zurückgekehrt, fand er seinen Freund tot. Der Unglückliche hatte aus dem Leibe eines der Getöteten den Pfeil herausgezogen, um ihn näher zu betrachten, ließ ihn aber unversehens auf den Fuß fallen und starb an der dadurch erhaltenen Wunde.

4. **Die kerynitische Hindin.** Dieses der arkadischen Artemis geheiligte Tier mit goldenen Hörnen und ehernen Läufen (ein Symbol der Unermüdlichkeit) sollte Herakles lebendig fangen. Er verfolgte es über Berg und Tal mit der größten Ausdauer ein ganzes Jahr lang, bis er es endlich am Flusse Ladon fing und nach Mykenä trug.

5. **Vertreibung der Stymphaliden.** Diese räuberischen und menschenfressenden Vögel mit ehernen Krallen, Schnäbeln und Federn, die sie wie Pfeile abzuschießen vermochten, bewohnten die Gegend um den arkadischen See Stymphalis. Herakles tötete einige von ihnen, die anderen verscheuchte er durch das Geräusch einer ehernen Klapper, so daß sie nicht wiederkamen. So sollte wohl der Umstand erklärt werden, wie die Stymphaliden in der Argonautensage wieder auftauchen konnten.

6. **Reinigung der Ställe des Augeias.** Die Viehställe des durch seinen ungeheuern Reichtum an Herden sprichwörtlich gewordenen Königs Augeias in Elis in einem Tage zu reinigen, war die sechste Aufgabe, die Eurystheus unserm Helden stellte. Herakles begab sich nach Elis und machte dem König das Anerbieten, ihm seinen Viehstall, in dem 3000 Rinder standen, zu reinigen, wofern er ihm den zehnten Teil der Herde dafür gäbe. Augeias war damit einverstanden. Nun leitete Herakles den Peneus oder den Alpheus oder beide Flüsse über den Viehhof und schwemmte so den Mist fort. Als aber Augeias nachträglich erfuhr, daß Herakles diese Reinigung im Auftrage des Eurystheus vorgenommen habe, weigerte er sich, den bedungenen Lohn zu geben, weshalb Herakles später furchtbare Rache an ihm nahm.

7. **Der kretische Stier.** In der Minossage kommt die Geschichte von einem Stier vor, den Poseidon auf das Gebet des Minos dem Meere entsteigen ließ, damit er als Opfertier diente. Da jedoch Minos, durch die Schönheit des Tieres betört, statt es zu opfern, es unter seine Herde steckte, so machte Poseidon den Stier rasend. Im Auftrag des Eurystheus bemächtigte sich Herakles des Stiers und brachte ihn lebend nach Mykenä. Das von Eurystheus freigelassene Tier taucht dann in der Theseussage als marathonischer Stier wieder auf.

8. **Die Rosse des Diomedes.** Über die wilden und kriegerischen Bistonen in Thrakien herrschte Diomedes. Dieser hatte die Grausamkeit, alle an seine Küste verschlagenen Fremden seinen unbändigen menschenfressenden Rossen vorzuwerfen. Diese Rosse zu bändigen und nach Mykenä zu führen, war die folgende Arbeit des Herakles. Auch dieser Aufgabe entledigte sich der Held glücklich, nachdem er zuvor dem sich widersetzenden Diomedes dasselbe Schicksal bereitet hatte, das vorher so viele Fremdlinge durch ihn hatten erleiden müssen.

9. **Der Gürtel der Hippolyte.** Weil Admete, die Tochter des Eurystheus, den Gürtel (Wehrgehenk) der Amazonenkönigin, ein Geschenk des Ares, zu haben wünschte, erhielt Herakles den Auftrag, ihn zu holen. Nach mancherlei Abenteuern landet der Held in Themiskyra. Hippolyte ist anfangs bereit, den Gürtel freiwillig zu überliefern. Jedoch Hera verbreitete in der Gestalt einer Amazone das Gerücht, man wolle die Königin entführen, worauf die Amazonen bewaffnet den Herakles und die Seinigen angreifen. In dem darauf sich entspinnenden Kampfe wird Hippolyte von Herakles getötet, worauf der Held sich mit dem geraubten Gürtel entfernt. Auf der Heimkehr soll ihm das bekannte Abenteuer mit der Hesione, der Tochter des trojanischen Königs Laomedon, zugestoßen sein. Der König hatte die Götter Poseidon und Apollon, die ihm zur Ummauerung der Veste Pergamon behilflich gewesen waren, um den ausbedungenen Lohn betrogen. Aus Zorn darüber sandte Apollon eine Pest, Poseidon aber ein Mehrungeheuer, das Land und Leute weit und breit schädigte. Auf den Rat des Orakels wurde nun Hesione dem Ungeheuer zum Fraße ausgesetzt. Herakles erbot sich zum Kampfe gegen das Tier, wofern ihm Laomedon als Belohnung die Rosse geben würde, die sein Vater Tros als Entgelt für den geraubten Ganymedes von Zeus erhalten hatte. Da Laomedon mit

III. Landschaftliche Heroensagen. Herakles. 229

der Bedingung einverstanden war, so erlegte Herakles das Ungetüm, Laomedon aber zeigte sich auch gegen ihn wortbrüchig, weshalb Herakles sich unter Androhung einer späteren Rache entfernte.

10. **Die Rinder des Geryones.** Hierauf wurde dem Herakles die Aufgabe gestellt, die Rinder des dreigestalteten und geflügelten Riesen Geryones oder Geryoneus herbeizuholen. Dieser bewohnte die im äußersten Westen in der Gegend des Sonnenuntergangs gelegene Insel Erytheia (die rötlich strahlende), wo ihm eine Herde der schönsten und fettesten Rinder weidete. Da man Heraklas den weiten Weg nach dem mythischen Erytheia und von da zurück nach Argos doch nicht ohne besondere Reiseerlebnisse zurücklegen lassen konnte, so haben die Dichter dieses Abenteuer besonders reichlich auszuschmücken gewußt. Gewöhnlich läßt man ihn die Hinfahrt durch Libyen machen, dann in dem sogenannten Sonnenkahne, zu dessen Herausgabe er den Helios durch Pfeilschüsse zwingt, nach Erytheia übersetzen. Hier tötet er zuerst den die Rinder bewachenden Hirten nebst dem Hunde, wird aber dann, als er die Herde schon fortgetrieben hat, durch Geryoneus eingeholt, mit dem sich nun ein heftiger Kampf entspinnt, bis das dreiköpfige, schreckliche Ungetüm endlich den wohlgezielten Pfeilschüssen des mächtigen Helden erliegt. Die Rückfahrt läßt die ältere Sage den Herakles dann in der Weise machen, daß er zuerst wieder auf dem Sonnenkahne über den Okeanos zurückschifft und von Tartessos aus durch Iberien, Gallien, Italien den Weg zu Fuß fortsetzt. Wir übergehen seine Kämpfe mit den Kelten und Ligurern und erwähnen nur die auch von Livius berührte Bezwingung des Riesen Cacus in der Gegend des künftigen Rom, weil die römische Sage hieran die Einführung des Herakleskultus in Italien knüpft. Als er endlich nach vielen abenteuerlichen Erlebnissen zu Eurystheus zurückgekommen war, opferte dieser die Rinder der argivischen Hera.

Zehn Arbeiten hatte Herakles jetzt vollendet; da aber Eurystheus, wie Apollodor erzählt, die Tötung der lernäischen Hydra nicht gelten lassen wollte, weil Herakles sich dabei der Hilfe des Iolaos bedient habe, noch auch die Reinigung der Ställe des Augeias wegen des dabei ausbedungenen Lohnes, so mußte der Held noch weitere zwei Arbeiten übernehmen. Mit dieser Angabe stimmt freilich nicht, daß der Spruch des Orakels, als Herakles sich in die Dienstbarkeit begab, gleich von vornherein zwölf Arbeiten in Aussicht gestellt hatte.

230 Dritter Abschnitt.

11. Die Äpfel der Hesperiden. Dieses Abenteuer ist noch mehr als das vorige durch allerlei spätere Zusätze ausgeschmückt worden. Die goldenen, unter der Obhut der Hesperiden (d. i. Nymphen des Westens) stehenden Äpfel waren ein Hochzeitsgeschenk, das Hera bei ihrer Vermählung mit Zeus von der Gäa erhalten hatte. Die Hesperiden ließen sie durch den schrecklichen Drachen Ladon bewachen, der natürlich wie alle solche Ungetüme ein Sohn des

99. Herakles bei Busiris. Vase in Paris.

Typhon und der Echidna war. Dieser Umstand konnte freilich einen Helden von Herakles' Art nicht schrecken, mißlich aber war es, daß ihm die Lage des Gartens der Hesperiden gänzlich unbekannt war. Er macht daher viel Kreuz- und Querzüge, ehe er an das ersehnte Ziel gelangt.

Zunächst wanderte er durch Illyrien zum Eridanos (Po), um die an diesem Flusse wohnenden Nymphen nach dem Wege zu den Hesperiden zu befragen. Von ihnen an den untrüglichen Meergreis Nereus gewiesen, beschleicht er ihn im Schlafe und hält ihn so lange fest, bis er die gewünschte Auskunft von ihm erlangt hat. Dann geht er über Tartessos nach Libyen, wo ihn der riesige

III. Landschaftliche Heroensagen. Herakles. 231

100. Atlas. Neapel, Museo Nazionale.

Antäos zum Ringkampf herausforderte. Dieser gewaltige Sohn der Erde konnte von Herakles nur dadurch besiegt werden, daß er ihn in der Luft mit seinen Armen erdrückte. Denn sobald Antäos die mütterliche Erde berührte, zog er aus ihr neue Kraft.

Von Libyen gelangte Herakles nach Ägypten. Hier herrschte der grausame König Busiris, der die Gewohnheit hatte, die Fremdlinge, die sein Land betraten, aufzugreifen und dem Zeus zu opfern. Auch Herakles sollte diesen Tod erleiden, aber er sprengte die Bande, die man ihm angelegt hatte, und erschlug den König samt seinem Gefolge (Fig. 99).

Von Ägypten führte den Herakles sein Weg nach Äthiopien, dann setzte er über das Meer nach Indien und kam so zum Kaukasos, wo er den Prometheus befreite, indem er den die Leber des Unglücklichen zerfleischenden Adler erschoß. Nachdem ihm Prometheus den ferneren Weg zu den Hesperiden beschrieben, kommt er endlich durch Skythien in das Land der Hyperboreer, wo Atlas die Säulen des Himmels auf seinen Schultern trägt (vgl. Fig. 100, eine Statue des Mus. Naz. zu Neapel darstellend). Hier ist er am Ziele seiner Fahrt. Auf seine Bitten holt ihm Atlas die Äpfel, während Herakles in der Zwischenzeit sich unter das Himmelsgewölbe stellt. Die Komiker fügten hier einen neuen Scherz ein. Nachdem Atlas einmal die Annehmlichkeit geschmeckt, seine schwere Bürde los zu sein, bezeigte er keine Lust, seinen Stellvertreter abzulösen, sondern erbot sich, die Äpfel selbst zum Eurystheus hinzutragen. Aber Herakles war doch noch schlauer als er. Scheinbar auf die Sache eingehend, bat er den Atlas, ihn nur noch so lange abzulösen, bis er sich zur größeren Bequemlichkeit ein Polster für seinen Rücken zurecht gemacht habe. Als Atlas in seiner einfältigen Gutmütigkeit sich dazu verstand, ließ ihn Herakles natürlich stehen und eilte mit seinen Äpfeln davon (vgl. die Metope des Zeustempels in Olympia, Fig. 101). Nach einer andern Tradition soll er aber selbst in den Garten gestiegen sein und den hundertköpfigen Drachen, den Hüter des Baumes, erschlagen haben.

12. Kerberos. Als das verwegenste unter allen Abenteuern des Herakles, das allen übrigen gleichsam die Krone aufsetzt und daher auch stets an das Ende der zwölf Arbeiten gerückt wird, gilt schon bei Homer das Heraufholen des Höllenhundes aus der Unterwelt. Deshalb begleiten ihn auch bei diesem Unternehmen die beiden

III. Landschaftliche Heroensagen. Herakles.   233

hilfreichen Gottheiten Hermes und Athena, deren Hilfe er bei seinen frühern Abenteuern entraten konnte. Nach der gewöhnlichen Annahme stieg er beim Vorgebirge Tänaron in Lakonien zur Unterwelt hinab. Nahe an der Pforte des Hades findet er die kühnen Helden Theseus und Peirithoos, die hinabgestiegen waren, um die Persephone zu rauben, an einen Felsen geschmiedet. Den Theseus befreite er

101. Herakles und Atlas. Metope aus Olympia.

glücklich, aber den Peirithoos mußte er zurücklassen, da die Erde heftig erbebte, als er ihn losreißen wollte. Nach mancherlei anderen Erlebnissen gelangt er endlich zum Beherrscher des unterweltlichen Reiches. Dieser gibt ihm den Höllenhund preis, vorausgesetzt, daß sich Herakles seiner ohne Waffen bemächtigte. Der Held überwältigte das wütende Tier, fesselte es und brachte es dem Eurystheus, um es dann sofort wieder seinem Herrn zurückzubringen. Mit dieser Arbeit hatte sich Herakles aus der Dienstbarkeit des Eurystheus befreit (vgl. Fig. 75).

III. Taten des Herakles nach seiner Dienstzeit.

1. **Ermordung des Iphitos und Kampf mit Apollon.**
Der seines Dienstes freigewordene Held begab sich nun zunächst nach Theben zurück, wo er seine Gemahlin Megara an den Iolaos verheiratete, und zog dann gegen Oechalia, dessen bogenberühmter König Eurytos seine schöne Tochter, die blondhaarige Iole, demjenigen zum Weibe bestimmt hatte, der ihn und seine Söhne in der Kunst des Bogenschießens übertreffen würde. Die Lage dieses Oechalia ist zweifelhaft, bald wird es in Thessalien, bald im Peloponnes an der Grenze von Arkadien und Messenien gesucht, endlich verlegt man es nach der Insel Euböa in die Nähe von Eretria. Obwohl nun Herakles in dem angestellten Wettschießen den glänzendsten Sieg davontrug, weigerte sich Eurytos doch, ihm seine Tochter zu geben, indem er ihm den Mord seiner Kinder und die schimpfliche Dienstbarkeit unter Eurystheus vorhielt. Rache brütend entfernt sich Herakles, und als er bald darauf den Iphitos, einen Sohn des Königs, in seine Gewalt bekommt, stürzt er ihn von dem hohen Turm seiner Burg in Tiryns hinab. Offenbar weil dieses hinterlistige Verfahren mit dem sonstigen Charakter des Helden nicht im Einklange zu stehen schien, dichtete man später, Iphitos sei ein Freund des Herakles und sein Fürsprecher bei seinem Vater gewesen, und nur in einem neuen Anfalle von Raserei habe jener so an ihm gehandelt. Die blutige Tat, die Verletzung der Gastfreundschaft sollte die ernstesten Folgen haben. Nachdem Herakles zuerst bei Menschen vergeblich Reinigung und Entsündigung gesucht, kam er nach Delphi, um beim dortigen Orakel Trost und Hilfe zu suchen. Allein auch Apollon wies ihn ab. Da drang Herakles mit Gewalt in den Tempel und trug schon den heiligen Dreifuß hinweg, um auf eigene Faust ein Orakel zu errichten, als der erzürnte Gott erschien, um dies frevelhafte Beginnen zu hemmen. Nun wäre ohne Zweifel etwas Entsetzliches geschehen, wenn nicht der Vater der Götter und Menschen selbst den unnatürlichen Kampf seiner beiden geliebten Söhne verhindert und durch seinen schreckenden Blitzstrahl die Kämpfer voneinander getrennt hätte. Herakles erhielt jetzt von der Pythia den Befehl, sich auf drei Jahre durch Hermes in die Sklaverei verkaufen zu lassen, um so den an Iphitos begangenen Mord zu sühnen.

2. **Herakles im Dienste der Omphale.** Dieser Teil des Heraklesmythos ist lydischen Ursprungs, aber später geschickt in die

III. Landschaftliche Heroensagen. Herakles. 235

griechische Sage hineinverwebt worden. Die Lydier verehrten nämlich einen dem Herakles in manchen Stücken ähnlichen Sonnenheros, namens Sandon, als den Stammvater ihres Königsgeschlechts. Der orientalische Charakter dieses lydischen Herakles zeigt sich zumeist darin, daß er, ganz der Wollust und Sinnlichkeit hingegeben, in der Gesellschaft der Weiber selbst zum Weibe wird und von seiner Gebieterin Omphale sich sogar Weiberkleidung anziehen läßt, während sie mit seinem Löwenfell bekleidet und die Keule tragend vor ihm auf und ab stolziert. Doch nicht immer verharrte Herakles in dieser weichlichen Untätigkeit, bisweilen trieb ihn die alte Tatenlust hinaus zu kühnen Wagnissen. So züchtigte und band er die Kerkopen, wegelagernde Kobolde, die den Reisenden allerlei bösen Schabernack zuzufügen pflegten. Ferner tötete er den bösen Syleus, der die vorüberziehenden Wanderer in seinem Weinberge zu graben zwang, ein Stoff, von dem Euripides ein Satyrdrama dichtete.

3. Zug gegen Troja. Nachdem Herakles noch verschiedene Taten im Dienste der Omphale verrichtet hatte, wurde er wieder frei und soll nun im Verein mit vielen anderen griechischen Helden, wie Peleus, Telamon, Oïkles, deren Zahl immer mehr wuchs, einen Rachezug gegen den treulosen König Laomedon von Troja unternommen haben. Die Stadt wurde erstürmt, wobei Oïkles fiel, andrerseits aber auch Laomedon mit allen seinen Söhnen, mit Ausnahme des Podarkes, den Pfeilen des Herakles erlag. Die Hesione schenkte der Held seinem Freunde Telamon, der mit ihr den Teukros erzeugte. Da Hesione von Herakles die Erlaubnis erhielt, einen der Gefangenen mit ihrem Schleier zu lösen, so wählte sie ihren Bruder Podarkes, der seitdem den Namen Priamos (der Losgekaufte) führte und das Geschlecht der Dardaniden in Ilios fortsetzte.

4. Peloponnesische Kriegszüge. Hierauf läßt die Sage den Herakles seinen lange aufgeschobenen Rachezug gegen den König Augeias unternehmen, aus dem sich dann in weiterer Folge ein messenischer und lakedämonischer Krieg entwickelt. Nachdem er in Arkadien ein Heer gesammelt, dem sich viele tapfere griechische Helden anschlossen, rückte er in Elis ein. Aber seine Schar wurde, während Herakles selbst krank war, von den Neffen des Augeias, den tapferen Aktoriden oder Molioniden (Söhne der Molione), überfallen und mit großem Verluste zurückgetrieben. Erst nachdem Herakles die zu den isthmischen Spielen ziehenden Molioniden bei

Kleonae in einem Hinterhalte getötet hatte, gelang es ihm, in Elis einzudringen, worauf er den König Augeias umbrachte und dessen Sohne Phyleus das Reich gab. Auch setzte er damals die olympischen Spiele ein. Dann zog er weiter gegen Pylos, entweder weil der König Neleus den Molioniden Hilfe geleistet, oder weil er ihm nach der Ermordung des Iphitos die Entsündigung geweigert hatte. Dieser pylische Kampf des Herakles wurde später von den Dichtern außerordentlich ausgeschmückt, man machte eine große Götterschlacht daraus, indem man einen Teil der Olympier für Neleus, einen andern für Herakles Partei ergreifen ließ. Ein Hauptmoment in diesem Drama ist der Zweikampf des Herakles mit dem streitbarsten der Neliden, Periklymenos, der von Poseidon die Gabe erhalten hatte, sich in allerlei Tiergestalten zu verwandeln. Der schließliche Ausgang ist natürlich auch hier ein völliger Sieg des Herakles. Neleus wird mit elf blühenden Söhnen getötet, nur der jüngste Sohn Nestor, der in Gerene erzogen wurde (daher wird Nestor Gerenios genannt), blieb als Stammhalter des berühmten Geschlechts übrig.

An den pylischen Feldzug reiht sich der lakedämonische. Dieses Mal geht es gegen Hippokoon, der seinen Halbbruder Tyndareos vertrieben hatte. Herakles erschlug ihn nebst seinen Söhnen und gab die Herrschaft dem Tyndareos zurück. Bei diesem Kriegszuge soll Herakles in Tegea mit Auge, einer Priesterin der Athena, den Telephos erzeugt haben, dessen höchst wunderbare Geschichte die Dichter sowohl wie die Künstler vielfach beschäftigt hat. Auge nämlich verbarg das heimlich geborene Kind in dem Haine der Athena. Allein die erzürnte Göttin sandte nun eine Hungersnot, worauf Auges Vater Aleos das entdeckte Kind aussetzen, die Mutter aber über das Meer verkaufen ließ. Auge gelangte nach Mysien, wo der König Teuthras sie zu seiner Gemahlin erhob. Telephos, von einer Hirschkuh gesäugt, wird gerettet und findet später nach wunderbaren Schicksalen seine Mutter wieder. Als Nachfolger des Teuthras gerät er später bei der Landung der gegen Troja ziehenden Griechen mit ihnen in Streit und wird von Achilleus verwundet, später jedoch mit dem Rost der Lanze geheilt. Er soll unter allen Söhnen des Herakles dem Vater am ähnlichsten gewesen sein.

5. **Acheloos, Nessos, Kyknos.** Es folgt nun in der Geschichte des Helden seine Bewerbung um Deïaneira, die Tochter des ätolischen Fürsten Oineus, der als ältester Pflanzer des Wein-

III. Landschaftliche Heroensagen. Herakles.

stocks in der dortigen Gegend gerühmt wird und auch als Vater der ätolischen Helden Meleagros und Tydeus bekannt ist. Bei dieser Bewerbung hatte Herakles den ätolischen Flußgott Acheloos zum Nebenbuhler. Da keiner von ihnen zurücktreten wollte, kam es zwischen den beiden Freiern zum Kampfe. Nichts half es dem Acheloos, daß er verschiedene Gestalten annahm, er mußte sich, nachdem er zuletzt in der Gestalt eines Stieres mit seinem Gegner gekämpft hatte und von diesem eines Hornes beraubt worden war, für besiegt erklären. Herakles gab ihm sein Horn zurück und empfing dafür von jenem das Horn der Ziege Amalthea. Nachdem er die Deïaneira geheiratet hatte, lebte Herakles einige Zeit glücklich bei seinem Schwiegervater Oineus, seine Gemahlin schenkte ihm einen Sohn, der Hyllos genannt wurde. Dann wandte er sich infolge eines unvorsätzlich begangenen Mordes zu seinem Freunde Keyx in Trachis am Fuße des Oeta. Beim Übersetzen über den Fluß Evenos begegnete ihm das bekannte Abenteuer mit dem Kentauren Nessos. Diesem hatte er, selber rüstig den Fluß durchwatend, die Deïaneira zum Hinübertragen überlassen. Allein der Kentaur, von der Schönheit der Reiterin zu bösem Anschlage gereizt, wollte mit der Beute entfliehen. Von einem nachgesendeten Pfeile des Helden durchbohrt, mußte er sein frevelhaftes Beginnen mit dem Tode büßen, aber er rächte sich furchtbar an seinem Mörder, indem er der Deïaneira von seinem geronnenen Blute gab, um daraus eine Zaubersalbe zu bereiten, die ihr jederzeit die Liebe ihres Gatten sichern würde.

Zu Trachis angelangt und von Keyx wohl aufgenommen, bekämpfte Herakles zuerst die Dryoper und stand dem dorischen Könige Aegimios gegen die Lapithen bei, dann hatte er den berühmten Zweikampf mit Kyknos, dem Sohne des Ares, bei Iton in der Nähe des pagasäischen Meerbusens zu bestehen. Er tötete nicht nur den Gegner, sondern verwundete sogar den seinem Sohne zu Hilfe eilenden Kriegsgott selber. Dieser Kampf ist der Gegenstand des bekannten unter Hesiods Namen gehenden Gedichtes »Der Schild des Herakles«.

IV. Letzte Schicksale und Apotheose.

Das Ende des Herakles wird gewöhnlich mit seinem Rachezuge gegen Eurytos in Verbindung gebracht; wir kennen es am besten aus der meisterhaften Darstellung des Sophokles in seinen Trachinierinnen. Von Trachis aus zog Herakles, der die schmähliche, ihm von Eurytos widerfahrene Behandlung nicht vergessen konnte, mit einem Heere gegen Oichalia. Stadt und Burg wurden erstürmt, Eurytos und seine Söhne getötet, die schöne Iole aber, die noch unvermählt geblieben war, fiel in die Hände des Siegers. Der mit großer Beute abziehende Held machte nun am Vorgebirge Kenäon, der lokrischen Küste gegenüber, Halt, um seinem Vater Zeus ein feierliches Dank- und Siegesopfer darzubringen. Da glaubte Deïaneira, die wegen der Iole von eifersüchtigen Zweifeln gequält wurde, es sei nunmehr Zeit, von dem Zaubermittel des Nessos Gebrauch zu machen. Sie sandte deshalb ihrem Gemahl ein weißes Opfergewand, das sie zuvor mit der aus dem Blute bereiteten Salbe bestrichen hatte. Ahnungslos bekleidete sich damit der Held. Aber kaum hatte die Flamme des Opferherdes das Gift erwärmt, so drang es zerstörend in den Körper des Unglücklichen ein. Von wütenden Schmerzen gepeinigt, versucht er das Gewand abzureißen. Vergebens! es klebt fest an seiner Haut, und wo er gewaltsam daran zu zerren versucht, reißt er ganze Stücke Fleisch von seinem Körper ab. Da ergreift er in rasender Wut den Überbringer des Unglücksgeschenkes, den Herold Lichas, und zerschmettert ihn in machtvollem Wurfe an einem Felsen des Meeres, dann läßt er sich hinüberbringen nach Trachis, wo inzwischen Deïaneira sich voll Reue und Verzweiflung das Leben genommen hatte. Überzeugt, daß er rettungslos verloren ist, zieht er von Trachis zum Oeta hinauf und errichtete sich hier einen Scheiterhaufen, um seine Qualen durch raschen Flammentod zu enden. Allein von seiner Umgebung will niemand sich dazu verstehen, den Holzstoß in Brand zu stecken, bis zufällig Poias, der Vater des Philoktet, oder Philoktet selbst des Weges daher kommt und ihm diesen Liebesdienst erweist, wofür ihm Herakles Bogen und Pfeile schenkt. Als aber die Flamme hoch emporlodert, siehe, da senkt sich eine Wolke vom Himmel, und ein Viergespann, von Athena gelenkt, führt den verklärten Helden zum Olympos empor, wo ihn die Unsterblichen freudig begrüßen, und Zeus den zum Gott gewordenen und mit Hera ausgesöhnten Helden mit der Hand der lieblichen Hebe beglückt.

V. Herakles als Gott.

Den Heraklesmythos zu deuten, ist bei der großen Masse sowohl landschaftlicher wie ausländischer Sagen, die sich hier zusammengefunden haben, fast unmöglich. Soviel ist unzweifelhaft, daß abgesehen von den Vorstellungen, die von dem tyrischen und ägyptischen Herakles selbst sich Naturmythen mit historischen und allegorischen begegnen. Das historische Element ist zum Beispiel unverkennbar in den Kriegstaten des Herakles, hier sind Taten des ganzen dorischen Stammes auf den Stammesheros einfach übertragen. Dagegen tritt in den meisten sogenannten Athlen der Naturmythos unverkennbar hervor. Es scheint, daß Herakles ursprünglich ein Symbol der über die finstern Naturmächte triumphierenden Kraft der Sonne war, dann aber, durch den Kult der argivischen Hera aus Argos verdrängt, zum Heros herabsank. Nachdem er von neuem vergöttert worden war, faßte man ihn zu einer Zeit, wo die griechischen Götter schon durchgängig ihre Naturbedeutung abgestreift hatten, natürlich vorzugsweise von der ethischen Seite. Herakles erscheint als das Sinnbild höchster moralischer Kraft, die alle Schwierigkeiten und Hindernisse siegreich überwindet. Dichter und Philosophen der Griechen wetteiferten, ihn in dieser Beziehung besonders der Jugend als leuchtendes Vorbild hinzustellen, um ihr zu zeigen, wie man durch die Kraft und Stärke des Willens allen Hindernissen zum Trotz auch die größten Schwierigkeiten zu überwinden vermag. In diesem Sinne ist auch die bekannte Allegorie des geistvollen Sophisten Prodikos*) »Herakles am Scheidewege« gedichtet. In der öffentlichen Verehrung der Griechen wurde der Gott Herakles daher vorzugsweise als der Vorsteher der Gymnasien gefeiert; so war ihm in Athen das Gymnasium Kynosarges geweiht. Der zweite Grundbegriff des als Gott verehrten Herakles war der eines Wohltäters seines Volkes, der nicht nur während seines mühevollen Lebens sich ein unendliches Verdienst um die Menschheit erworben, sondern der auch fort und fort als ein den Menschen wohlwollend gesinnter Gott ihnen Beistand leistet. In diesem Sinne heißt er Soter (der

---

*) Prodikos, gebürtig von der Insel Keos, war ein älterer Zeitgenosse des Sokrates, lehrte wie dieser in Athen und hatte auch das gleiche endliche Schicksal. Er wurde nämlich wegen seiner der Volksreligion widersprechenden Ansichten als Verführer der Jugend angeklagt und zum Giftbecher verurteilt. —

Retter) und Alexikakos (der Unheilabwender). Tempel und Feste des Herakles gab es an vielen Orten Griechenlands. In Marathon, wo man sich rühmte, ihn zuerst als Gott verehrt zu haben, feierte man ihm vierjährige Kampfspiele, bei denen silberne Schalen als Kampfpreise verteilt wurden. Der vierte Tag eines jeden Monats war ihm heilig, weil dieser Tag als sein Geburtstag galt.

Die alte Kunst suchte in Herakles vorzugsweise das Bild körperlicher Kraft zu geben, daher hat man ihn meist als völlig ausgebildeten Mann dargestellt. Will man sich klar machen, wodurch der vorwiegende Ausdruck physischer Kraft am meisten zuwege gebracht wird, so achte man bei den Heraklesstatuen auf die Hals- und Nackenbildung. Nichts erzeugt mehr die Vorstellung einer stierartigen Stärke, als ein kurznackiger Hals mit stark hervorspringenden Muskeln, zumal wenn sich eine breite und mächtig gewölbte Brust daran anschließt. Noch deutlicher springt diese Eigentümlichkeit in die Augen, wenn man die Bildung des vorzugsweise idealen Gottes Apollon danebenhält: der Hals des letzteren erscheint dann auffallend schlank und lang. Zur weiteren Vervollständigung des Heraklestypus gehört dann ein im Verhältnis zu dem riesigen Leibe kleiner Kopf, krauses Haar, stark vorspringende Augenknochen, muskulöse Arme und Schenkel. Dieser Typus ist vornehmlich durch Myron und Lysippos entwickelt worden. Ein Herakles des ersteren spielt eine gewisse Rolle unter den Kunsträubereien des Verres in Sizilien; der letztere hatte sich durch mehrere Heraklesstatuen berühmt gemacht, unter denen keine bekannter war, als der Erzkoloß in Tarent, den die Römer nach der Einnahme dieser Stadt auf das Kapitol versetzten. Von da ließ ihn Kaiser Konstantin nach seiner neuen Residenz Konstantinopel bringen, wo er im sogenannten lateinischen Kreuzzuge im Jahre 1204 eingeschmolzen ward. Lysippos hatte in dieser Statue, was noch von niemandem vor ihm versucht ward, einen trauernden Herakles dargestellt. Der Held saß ohne Waffen, den linken Ellenbogen auf den in die Höhe gezogenen linken Schenkel gestützt, während das Haupt trauernd und nachdenklich auf der geöffneten Hand ruhte. Derselbe bedeutende Künstler hatte auch in einer größeren Komposition die zwölf Arbeiten des Herakles dargestellt, eine Gruppe, die ursprünglich für ein Heiligtum der akarnanischen Hafenstadt Alyzia gearbeitet, später gleichfalls nach Rom kam.

Unter den erhaltenen Heraklesstatuen nimmt den ersten Rang die unter dem Namen des farnesischen Herakles bekannte kolossale Marmorstatue des Museums zu Neapel ein, die 1540 in den Thermen des Caracalla gefunden wurde (Fig. 102). Der Held steht aufrecht, aber nicht stolz und siegesfroh, sondern er stützt sich mit der linken Achsel auf die von dem Löwenfell bedeckte Keule. Schon diese Haltung, sowie der halb auf die Brust gesunkene Kopf und der düstere Ernst seiner Mienen deuten genugsam an, daß dieser Herakles sich unter der Last seines mühevollen Lebens gebeugt fühlt. Der Athener Glykon, der durch die Aufschrift

III. Landschaftliche Heroensagen. Herakles.

102. Farnesischer Herakles. Neapel, Museo Nazionale.

am Felsblock als Verfertiger der Statue bezeichnet wird, hat wohl einen Typus des Lysippos zum Muster genommen, indem er die kräftigen Formen des Originals noch zu steigern versuchte.

Ob das als »Torso des Belvedere« im Vatikan bekannte Werk des Atheners Apollonios den Herakles darstellt, muß fraglich bleiben. Es wurde unter Papst Julius II. in Rom an einer Stelle gefunden, wo früher das Theater des Pompejus stand.

Eine prächtige Büste des jugendlichen Herakles, das Haupt mit Weinlaub bekränzt, zeigt man im Vatikan (Museo Chiaramonti), eine Kolossalfigur des jugendlichen Herakles im Kapitol.

Gruppierungen. Am liebsten stellte man den Herakles jedoch nicht ruhend, sondern tätig dar, indem man diese oder jene Szene aus seinem vielbewegten Leben zur Anschauung zu bringen suchte. Daher haben sich sowohl in Statuen wie in Reliefs, namentlich aber in einer endlosen Menge von Vasengemälden, eine Masse von alten Kunstdenkmälern erhalten, die auf die Geschichte des Herakles Bezug haben. Wir erwähnen hier, der chronologischen Reihenfolge der Taten uns anschließend, nur das Merkwürdigste.

a. Schlangenkampf. Schon der berühmte Maler Zeuxis hatte diese Szene dargestellt, Herakles die Schlangen würgend, während Alkmene und Amphitryon erschrocken dabeistehen. Wir haben den Schlangenkampf noch in verschiedenen Skulpturwerken und Gemälden, unter denen das in Pompeji im Hause der Vettier gefundene den Vorzug verdient (Fig. 98).

b. Die zwölf Arbeiten. Diese sind natürlich unzählig oft behandelt worden. Von den für Alyzia bestimmten Gruppen des Lysippos war schon oben die Rede. Eine noch vorhandene Marmorgruppe des kapitolinischen Museums, Herakles im Kampfe mit der Hydra, scheint diesem Zyklus anzugehören. Zu den interessantesten Überresten zählt man die Metopenreliefs am sogenannten Theseion in Athen. Sämtliche zehn Metopen der Ostseite dieses Tempels enthalten Szenen aus der Geschichte des Herakles. Weniger bedeutend sind die Überreste von dem herrlichen Zeustempel in Olympia, an dem die Metopen der Vorder- und Rückseite des Tempels je sechs Arbeiten des Herakles enthielten. Davon hat man im Jahre 1829 den Kampf mit dem kretischen Stier, den sterbenden Löwen, ein Stück von dem Kampfe mit Geryoneus und einige andere Fragmente aufgefunden und in das Museum des Louvre in Paris gebracht. Hiervon ist vollständig nur die höchst frische und lebendige Darstellung des Abenteuers mit dem kretischen Stier erhalten. Durch die in den Jahren 1875—80 von der deutschen Regierung veranstalteten Ausgrabungen sind auch die noch fehlenden Metopenreliefs mehr oder minder vollständig wieder aufgefunden. Unter den Ostmetopen ist diejenige des Atlas, der dem Herakles die Hesperidenäpfel bringt, am besten erhalten (s. Fig. 101), schlimmer sind die Verstümmelungen derjenigen des erymanthischen Ebers und des Augeias. Unter den Westmetopen ist nächst dem Relief des kretischen Stiers (im Louvre zu Paris) die Darstellung der stymphalischen Vögel am vollständigsten auf uns gekommen.

III. Landschaftliche Heroensagen. Herakles. 243

c. Parerga. Unter den Parerga sind die Kentaurenkämpfe in erster Reihe häufig behandelt worden. Erhalten sind davon Statuengruppen im Museum zu Florenz, Darstellungen auf Vasen von Volci und andern. Die Begegnung mit dem Kentauren Nessos ist auf einem pompejanischen Gemälde des Museums zu Neapel eigentümlich dargestellt. Nessos liegt in demütiger Stellung vor Herakles, der den kleinen Hyllos auf dem Arme trägt, und scheint ihn um die Erlaubnis zum Übersetzen der Deïaneira anzuflehen. — Herakles im Kampfe mit dem Riesen Antäos findet sich in einer berühmten florentinischen Gruppe im Hofe des Palazzo Pitti dargestellt. Von der Befreiung des Prometheus haben wir eine interessante Darstellung an dem auch sonst merkwürdigen pamfilischen Sarkophage des Kapitols, vor allem aber in einer in Pergamon gefundenen und nach Berlin gelangten Statuettengruppe. Auch der Dreifußraub ist vielfach nachgebildet worden.

103. Erichthonios. Vasenbild in London.

d. Herakles und Omphale. Unter den Kunstdenkmälern, die sich auf das Verhältnis des Herakles zur Omphale beziehen, ist das bedeutendste die schöne farnesische Marmorgruppe des Museums zu Neapel. Omphale, deren schöne Glieder mit dem Löwenfell umhüllt sind, und die in der Rechten die Keule des Herakles trägt, blickt den mit dem Gewande einer Magd bekleideten und mit dem Spinnrocken bewaffneten Helden lächelnd und triumphierend an.

e. Herakles und Telephos. Auch die romantische Geschichte des Telephos hat zu vielen künstlerischen Darstellungen Anlaß gegeben. Die bedeutendste unter ihnen ist erst durch K. Humanns pergamenische Ausgrabungen teilweise wieder ans Tageslicht gezogen worden. Der Zeusaltar enthielt außer der großartigen Gigantenschlacht in einem das Innere der Attika umziehenden Marmorfries von etwa 1,58 Meter Höhe wahrscheinlich die ganze Geschichte des Telephos und seiner Mutter Auge. Ein schönes Gemälde der Auffindung des von einer Hirschkuh gesäugten Telephos hat das Museum zu Neapel. Hier ist merkwürdigerweise Herakles selbst anwesend.

7. Attischer Mythos.

a. Kekrops.

Wie Kadmos für Theben, so ist Kekrops für Attika der älteste Begründer menschlicher Kultur. Auch ihn hat man später zu einem Einwanderer, und zwar aus Sais in Unterägypten gemacht, doch läßt sich hier mit noch viel größerer Bestimmtheit der Ursprung dieser irrtümlichen Annahme nachweisen. Die echte altattische Überlieferung kennt ihn daher nur als Autochthonen, als erdgeborenen Urmenschen, der deshalb schlangenfüßig dargestellt wurde. Als mythischer Gründer des athenischen Staates heißt er der Erbauer der Burg (Kekropia), und das Institut der Ehe sowohl wie überhaupt die ersten staatlichen Einrichtungen wurden auf ihn zurückgeführt; seine drei Töchter Herse, Aglauros und Pandrosos wurden als göttliche Wesen verehrt. Unter Kekrops soll der berühmte Streit der beiden Gottheiten Poseidon und Athena um den Besitz des attischen Landes stattgefunden haben und durch ihn zugunsten der letzteren entschieden worden sein. Von Kekrops soll das Königtum in Athen Kranaos geerbt haben, der nach einigen sein Sohn war. Unter seine Regierung setzt die gewöhnliche mythologische Überlieferung den Eintritt der deukalonischen Flut. Dann folgt nach Vertreibung des Kranaos in der Regierung Athens einer der Söhne Deukalions, Amphiktyon, der durch Erechtheus der Herrschaft beraubt worden sein soll.

b. Erechtheus oder Erichthonios.

Erichtheus oder Erichthonios ist im Grunde nur der zweite Kekrops, der mythische Gründer des attischen Staats nach der Flut, wie jener vor derselben. Da er ein Erdgeborener ist, so teilt er mit Kekrops auch die Schlangengestalt. Von ihm ging aber noch eine besondere heilige Sage, daß ihn Gäa nach seiner Geburt der Göttin Pallas zur Pflege übergeben habe. Diese vertraute ihn zuerst den Töchtern des Kekrops, ihren Dienerinnen und Priesterinnen, in einer verschlossenen Kiste an. Als diese aber, von Neugier getrieben, wider das Gebot der Göttin die Kiste öffneten, verfielen sie in Wahnsinn (vgl. Fig. 103, ein Vasenbild des Brit. Mus.). Erichthonios aber wurde nun im Heiligtume der Göttin auf der Burg von ihr selbst großgezogen und später König in Athen. Von ihm wird dann dasselbe erzählt, was

III. Landschaftliche Heroensagen. Attischer Mythos. 245

auch von Kekrops berichtet wurde, daß er den athenischen Staat geordnet, den Kultus der Götter eingeführt und den Streit der Athena und des Poseidon entschieden habe.

Das Grab des Erechtheus zeigte man in dem Erechtheion, dem alten heiligen Tempel der Athena Polias auf der Akropolis, wo auch der von der Göttin geschaffene unvergängliche erste Ölbaum bewahrt wurde (vgl. S. 28).

Von den Töchtern des Erechtheus sind noch sagenberühmt die von Boreas geraubte Oreithyia, die Mutter des Kalais und Zetes, die uns in der Argonautensage wieder begegnen werden (vgl. Fig. 51), und Prokris, die Gemahlin des schönen Jägers Kephalos, den man einen Sohn des Hermes und der Kekropstochter Herse nannte. Ihn raubte Eos, konnte ihn aber nicht in der seiner Prokris geschworenen Treue wankend machen, bis die letztere durch ihre Eifersucht die Ursache ihres Todes wurde. Da sie nämlich im Gebüsche versteckt ihrem Gemahl auflauerte, wurde sie von diesem für ein Wild gehalten und unversehens getötet.

Unter Erechtheus wurde Athen von einer großen Gefahr bedroht. Eumolpos, Sohn des Poseidon, zog mit Thrakiern und Eleusiniern gegen die Stadt und brachte sie in große Bedrängnis. Da opferte Erechtheus auf das Geheiß des Orakels eine seiner Töchter den Göttern der Unterwelt, zog darauf gegen Eumolpos und schlug ihn; beide Führer fielen im Kampfe. Das ist natürlich nur ein Wiederaufnehmen des Streites zwischen dem Poseidon- und dem Athenakultus in Attika.

Nach dem Tode des Erechtheus lassen die attischen Tragiker den Ion in Athen herrschen, den mythischen Stammvater des ionischen Stammes. Dadurch soll nichts anderes ausgedrückt werden, als daß nun die pelasgische Urzeit in Attika ihr Ende nimmt und die Herrschaft der Ionier beginnt. Die spätere attische Sage kannte noch einen zweiten Erechtheus, einen Enkel des älteren von seinem Sohne Pandion, der die Nymphe Zeuxippe geheiratet hatte. Sie gebar ihm noch einen Zwillingsbruder des Erechtheus, mit Namen Butes, und die beiden sagenberühmten Töchter Prokne und Philomela.

c. Theseus.

Wie Herakles Stammheros der Äolier, so ist Theseus der Held des ionischen Stammes. Man hat ihn nicht mit Unrecht den andern

Herakles genannt, mit dem er viele Züge gemein hat, da die Stammeseifersucht der Ionier alles aufbot, um mit ihrem Helden gegen den Stammheros der Äolier nicht zurückzustehen. Man bemühte sich, ihn als einen ebenso durch die mannigfachsten Kämpfe erprobten, im Dienste der Menschheit großmütig sich aufopfernden Helden darzustellen und dichtete ihm daher eine unglaubliche Menge der abenteuerlichsten Taten an. Es ist keine große Unternehmung der mythischen Zeit, an der er nicht teilgenommen haben soll. Sogar eine Höllenfahrt muß er nach dem Muster des Herakles antreten.

Als der Vater des Helden galt der athenische König Ägeus, der Urenkel des Erechtheus heißt. Nachdem des Ägeus Vater Pandion durch seines Bruders Söhne, die Metioniden, vertrieben worden war, hatte er sich nach Megara begeben und gastliche Aufnahme bei dem dortigen Herrscher Pylas gefunden. Von Megara aus unternahmen dann Pandions Söhne Ägeus, Pallas, Nisos und Lykos einen Rachezug gegen Athen, der mit der Vertreibung der Metioniden und Einsetzung des Ägeus endigte. Soweit die mythische Tradition. Wahrscheinlich aber hat nie ein König dieses Namens in Athen geherrscht, sondern Ägeus (Wogenmann) bezeichnet nur einen Beinamen des Meergottes Poseidon, welcher der Hauptgott der seefahrenden Ionier war. Ägeus nun soll, da er ohne Erben blieb, auf einer zum Orakel in Delphi unternommenen Reise beim Könige Pittheus in Trözen eingekehrt sein und mit dessen Tochter Äthra den Theseus erzeugt haben. Bei seinem Abschiede von Trözen versteckte er Schwert und Sandalen unter einem mächtigen Felsblock und trug der Aethra auf, ihm den Sohn nach Athen nachzusenden, sobald dieser imstande sein würde, jenen Felsen fortzuwälzen und sich des Vaters Schwert zu holen. Unter der Leitung des weisen Pittheus, der ihn in musischen und gymnastischen Künsten wohl unterweisen ließ, wuchs nun Theseus zu einem stattlichen Jüngling heran. Unter seinen Lehrern wird auch der Kentaur Cheiron genannt, dessen Unterweisung genossen zu haben für einen echten Helden der mythischen Urzeit nun einmal durchaus notwendig war.

Als Theseus sechzehn Jahre alt war, führte ihn seine Mutter zu jenem großen Steine, unter dem des Vaters Schwert und Schuhe lagen. Er hob ihn mit leichter Mühe und trat nun seine Heldenlaufbahn an (Fig. 104, Relief der Villa Albani). Seine Jugendtaten bestehen in der Überwindung einer Reihe von gefährlichen Hemm-

III. Landschaftliche Heroensagen. Attischer Mythos. 247

104. Theseus. Relief der Villa Albani.

nissen, die sich ihm auf der Reise nach Athen in den Weg stellten. Man nimmt gewöhnlich einen Zyklus von sechs solchen Abenteuern an.

1. Zwischen Trözen und Epidauros tötete er den **Periphetes**, der die Reisenden mit einer eisernen Keule erschlug, daher **Korynetes** oder Keulenträger genannt.

2. Auf dem Isthmos räumte er einen zweiten gewalttätigen Räuber, namens **Sinis**, aus dem Wege. Dieser schnellte die Reisenden vermittelst einer zur Erde gebeugten Fichte (daher **Pityokamptes** oder Fichtenbeuger) in die Höhe und tötete die zerschmettert Herabfallenden dann vollends. Theseus ließ ihn desselben Todes sterben.

3. In der waldigen Gegend von Krommyon erlegte er die wilde und gefährliche **krommyonische Sau**.

4. Nicht weit davon auf dem skironischen Felsen an der Grenze von Megara hauste ein dritter Unhold, **Skiron**, der die Reisenden zwang, ihm die Füße zu waschen, und sie dann durch einen Fußtritt von dem jäh abstürzenden Felsen in das Meer schleuderte. Theseus ließ ihn denselben Sprung ins Meer machen.

5. In der Nähe von Eleusis bezwang er den Riesen **Kerkyon**, der alle vorüberziehenden Wanderer zu einem Ringkampf zu nötigen pflegte.

6. Der letzte Kampf erwartete ihn am Ausgange von Eleusis. Hier wohnte der grausame **Damastes**, der die Leute in ein Bett legte und, wenn dieses sich als zu kurz erwies, ihnen die überschießenden Gliedmaßen abhackte. Im entgegengesetzten Falle reckte er ihnen die Glieder auseinander (daher **Prokrustes** genannt). Auch dieser erlitt den verdienten Tod von Theseus' Hand.

In Athen angelangt, findet er seinen Vater Ägeus in den Netzen der gefährlichen Zauberin **Medeia**, die sich von Korinth nach Athen geflüchtet hatte. Schon will diese den unbequemen Ankömmling durch Gift aus dem Wege räumen, als Ägeus noch zur rechten Zeit den Sohn an dem mitgebrachten Schwerte erkennt und das drohende Verderben von ihm abwehrt.

Medeia mußte entfliehen. Aber neues Unheil drohte von den **Pallantiden**, den fünfzig Söhnen des **Pallas**, die darauf gerechnet hatten, den kinderlosen Oheim zu beerben. Sie erheben einen Kampf, werden jedoch von Theseus teils erschlagen, teils vertrieben.

III. Landschaftliche Heroensagen. Attischer Mythos. 249

Hierauf unternimmt unser Held sein größtes und gefährlichstes Wagstück, den Befreiungszug nach Kreta. Athen befand sich nämlich in schmählicher Abhängigkeit von dem knossischen Könige Minos. Weil dessen Sohn, der jugendliche Held Androgeos, von Athenern und Megarensern hinterlistig erschlagen oder nach einer andern Sage

105. Minos und Skylla. Pompejan. Wandgemälde.

von Ägeus gegen den marathonischen Stier ausgeschickt und von diesem getötet worden war, so unternahm Minos einen Rachekrieg. Zuerst zog er gegen Megara, wo des Ägeus Bruder Nisos König war. Diesen bezwang er mit Hilfe der eigenen Tochter des Nisos, mit Namen Skylla, die aus Liebe zu Minos ihrem Vater, während er schlief, das purpurne Haar ausriß, an dem der Schicksalsbestimmung gemäß sein Leben hing (Fig. 105, ein pompejanisches Wandgemälde). Nachdem er Megara eingenommen und den Nisos getötet hatte, zog Minos weiter nach Athen. Auch hier siegreich, legte er den besiegten Athenern die Buße auf, daß sie alle acht Jahre (nach griechischer Weise zu reden, alle neun Jahre) sieben Knaben und sieben Mädchen zum Fraß für den Minotauros, ein aus Stier- und Menschengestalt zusammengesetztes Ungeheuer, nach Kreta senden sollten. Zweimal war dieser Tribut bereits abgeliefert worden, als er bald nach Theseus' Ankunft in Athen zum drittenmal fällig wurde. Sofort erbot sich der kühne Heldenjüngling freiwillig, in die Schar der durch das Los bestimmten Opfer eingereiht zu werden. Er war entschlossen, mit dem Minotauros zu kämpfen und sein Leben an die Befreiung Athens von diesem schmählichen Tribute zu wagen. Unterwegs sprang er ins Meer, um einen von Minos hinabgeworfenen Ring heraufzuholen, und kehrte von Amphitrite reich beschenkt zum Schiffe zurück (Fig. 106). In Kreta angekommen gewann er die Liebe der Ariadne, der Tochter des Minos, so daß diese ihm bei seinem Unternehmen jeglichen Vorschub leistete und ihm namentlich einen Knäuel gab, mit dessen Hilfe er sich nach der Tötung des Minotauros aus den verworrenen Gängen des Labyrinths wieder herausfand. Wie Ariadne dann den heimkehrenden Theseus begleitete und auf Naxos zurückgelassen wurde, um dort die Braut des Dionysos zu werden, ist schon oben (S. 130) erzählt worden. Weiter landete Theseus auf der Insel Delos, wo er den göttlichen Kindern der Leto das Fest der Delien einsetzte. Endlich nach Athen zurückgekehrt, zeigte er sich seiner göttlichen Beschützerin dankbar durch Einsetzung des Kultus der Aphrodite Pandemos, dem Dionysos aber und der Ariadne stiftete er die Oschophorien, an denen auch Athena Anteil hatte, dem Apollon endlich die Pyanepsien, am siebenten Tage des Monats Pyanepsion (Ende Oktober).

Die glückliche Rückkehr des Theseus von der kretischen Fahrt soll zugleich die Ursache des Todes für seinen alten Vater Ägeus geworden sein. Denn da dieser am Meeresufer harrend das Schiff seines Sohnes mit schwarzen Wimpeln, statt der für den Fall des Gelingens verabredeten weißen, zurückkehren sah, stürzte er sich in dem Wahne, daß alles verloren sei, in das Meer. Diese Geschichte ist aber vielleicht nur erfunden, um den Namen des Ägäischen Meeres zu erklären.

III. Landschaftliche Heroensagen. Attischer Mythos. 251

Über die Chronologie der weiteren Taten des Theseus herrscht wenig Übereinstimmung. Als König soll er zunächst die bis dahin politisch getrennten Ortschaften Attikas zu einer städtischen Gesamtgemeinde mit einem städtischen Prytaneum vereinigt und zur Feier dieses Ereignisses die Panathenäen gestiftet haben. Von seinen Taten verdienen noch folgende hervorgehoben zu werden:

106. Theseus bei Amphitrite. Vase in Paris.

1. Er bändigte den sogenannten marathonischen Stier und opferte ihn in Athen dem Apollon Delphinios. Es soll dies derselbe Stier gewesen sein, den Herakles lebendig aus Kreta mitgebracht hatte.

2. Er half seinem Freunde, dem Lapithenfürsten Peirithoos, im Kampfe gegen die Kentauren (S. 186).

3. Er unternahm mit Peirithoos einen Zug nach Lakedämon und raubte für sich die Helena, die Schwester der Dioskuren.

4. Seinem Freunde Peirithoos zuliebe zog er mit in die Unterwelt, um die Persephone zu rauben. Aber der ob dieses

Frevels erzürnte Herrscher des Schattenreiches ließ beide durch die Erinyen in Fesseln legen und an einen Felsen schmieden. Durch Herakles wurde dann, wie schon oben erwähnt wurde, Theseus wieder befreit. Während seiner Abwesenheit hatten die Dioskuren ihre Schwester wieder aus Aphidnä, wo sie gefangen gehalten war, zurückgeholt.

5. Mit Herakles zusammen unternahm er den Zug gegen die Amazonen und erhielt als Siegespreis die Amazonenkönigin Antiope oder Hippolyte. Nach andern folgte sie ihm freiwillig nach Athen und ward seine Gemahlin und von ihm die Mutter des durch sein tragisches Ende so berühmten Hippolytos. Wegen seiner großen Schönheit verliebte sich nämlich die spätere Gemahlin des Theseus, Phädra, eine Schwester der Ariadne, in den keuschen Jüngling. Als er aber ihren Zumutungen sich durch die Flucht entzog, da verleumdete sie ihn bei seinem Vater, als ob er ihrer Tugend nachstellte, und Theseus in jähem Zorneseifer bat den Poseidon, den ungetreuen Sohn hinwegzuraffen. Dieser, durch ein dem Theseus gegebenes Versprechen gebunden, sandte nun, als Hippolytos mit seinem Wagen längs des Meeresufers hinfuhr, einen wilden Stier (d. i. eine Sturzwelle) aus dem Meere und machte dadurch die Pferde scheu, so daß Hippolytos vom Wagen stürzte und zu Tode geschleift wurde. Diese Geschichte, deren Schauplatz nach Trözen verlegt zu werden pflegt, wohin Theseus wegen eines Mordes geflüchtet war, ist von den Tragikern in ergreifender Weise behandelt worden. Eine Tragödie Hippolytos des Euripides ist noch erhalten.

6. Im Anschluß an die Entführung der Antiope dichtete man später noch einen zweiten, ausschließlich von Theseus beendigten Amazonenkampf in der unmittelbaren Nähe Athens. Die Amazonen sollen nämlich in Attika eingefallen sein, um die Antiope zu befreien. Diese aber, von heftiger Liebe zu Theseus erfüllt, wollte nicht zurückkehren, sondern kämpfte an des Gatten Seite gegen ihre Schwestern, wurde aber getötet.

Endlich soll Theseus noch an der kalydonischen Jagd und am Argonautenzuge teilgenommen haben, wovon weiter unten.

Das Ende des Theseus wird übereinstimmend so erzählt, daß er, der Herrschaft in Athen durch Menestheus mit Hilfe der Dioskuren beraubt, nach der Insel Skyros sich begab, von deren Beherrscher Lykomedes er anfänglich gastfreundlich aufgenommen,

III. Landschaftliche Heroensagen. Attischer Mythos. 253

später aber verräterischerweise umgebracht wurde. Sein Sohn Demophon soll nachher die väterliche Herrschaft wieder erlangt haben. Seine Gebeine wurden später auf Befehl des delphischen Orakels durch Kimon von Skyros nach Athen zurückgebracht. Dieser erbaute

107. Theseus und Minotauros. Berlin, Museum.

auch dem Landesheros in Athen einen Tempel. Am 8. Pyanepsion hatte Theseus in Athen ein besonderes Fest, die Theseen genannt.

Die Kunst ist in der plastischen Darstellung des Theseus den Dichtern gefolgt, d. h. sie hat ihn gleichfalls als den andern Herakles aufgefaßt. Nur kommt hier der charakteristische Unterschied zwischen dem dorischen und ionischen Stamme zur Geltung. Wie der letztere dem ersteren an Elastizität des Geistes und Körpers weit überlegen war, so verrät der ionische Nationalheros auf der einen Seite ein höheres geistiges Leben, auf der andern Seite hat er einen schlankeren, größere Behendigkeit voraussetzenden Körper, als der dorische Held. Die Gesichtsbildung ist angenehmer, das Haar weniger kraus als beim Herakles, der Bart fehlt gewöhnlich ganz. So stellte ihn die ausgebildete griechische Kunst dar; die jüngere Kunst bestrebte sich, die Formen des Körpers noch zierlicher zu gestalten. Was endlich das Kostüm des Theseus betrifft, so trägt er bald, wie sein Vorbild Herakles, Löwenfell und Keule, bald auch die Chlamys und den Petasos attischer Epheben.

Erhaltene Kunstdenkmäler sind weit weniger zahlreich vorhanden, als vom Herakles.

Eine schöne Bronzegruppe, Theseus mit dem Minotauros kämpfend, bei Aphrodisias im oberen Mäandertale aufgefunden, ist Eigentum des Berliner Museums (Fig. 107).

An dem sogenannten Theseustempel in Athen finden sich acht Metopenplatten mit Reliefs, in denen Taten des Theseus dargestellt werden, sie sind aber leider arg verstümmelt.

Der Kampf des Theseus gegen die in Attika eingefallenen Amazonen war von Pheidias auf der Außenseite des Schildes der Parthenos dargestellt worden; dazu kommt noch die größere Frieskomposition, die zusammen mit der Darstellung des Kampfes der Lapithen und Kentauren die Cella des Apollotempels in Phigalia schmückte und sich gegenwärtig im britischen Museum befindet. Unter den kämpfenden Griechen ist Theseus an dem Löwenfell und der Keule zu erkennen, die er gegen eine berittene Amazone schwingt. Auch in dem Lapithenkampfe des Westgiebels im Olympischen Zeustempel fehlt die Figur des Theseus nicht. Die Szene, wie Theseus das Schwert und die Schuhe seines Vaters unter dem Felsblocke hervorholt, stellt ein Relief in der Villa Albani zu Rom dar (vgl. Fig. 104).

8. Kretischer Mythos.

a. Minos und der Minotauros.

Dunkel und schwierig sind die kretischen Mythen, weil hier schon früh phönikische und phrygische Einflüsse sich geltend machten, und die einheimischen Quellen fehlen. Als der älteste König des Landes gilt allgemein Minos, der Sohn des Zeus und der Europa, die bei Homer eine Tochter des Phoinix genannt wird. Später machte man aus diesem Phoinix einen zu Sidon herrschenden phönikischen König Agenor, und es entstand die Sage, daß Zeus sie in der Gestalt eines Stieres geraubt habe und mit seiner schönen Beute auf dem Rücken nach Kreta hinübergeschwommen sei (vgl. Fig. 108, ein Wandgemälde aus Pompeji). Dort soll sie von ihm den Minos und Rhadamanthys, nach einigen auch den Sarpedon geboren haben und später die Gattin des Asterion geworden sein, der die

III. Landschaftliche Heroensagen. Kretischer Mythos. 255

Zeussöhne wie seine eigenen aufzog und dem Minos bei seinem Tode die Herrschaft hinterließ.

Minos herrschte dann auf Kreta, nachdem er seine Brüder ver-

108. Europa auf dem Stier. Pompejan. Wandgemälde.

trieben hatte, und vermählte sich mit Pasiphaë, einer Tochter des Helios. Ihre Söhne sind Katreus, der dem Vater in der Regierung folgte, Deukalion, Glaukos und Androgeos, von den Töchtern sind Ariadne und Phädra die berühmtesten. Minos gab den Kretern weise Gesetze und begründete eine über die Inseln des

Agäischen Meeres und selbst bis nach Attika sich ausdehnende Seeherrschaft.

Um sein Anrecht auf das Königtum darzutun, bat Minos den Poseidon, einen Stier aus dem Meere emporsteigen zu lassen, den er ihm dann opfern würde. Der Gott erhörte sein Gebet, aber durch die Schönheit des Tieres geblendet, steckte Minos diesen Stier unter seine Herde. Zur Strafe dafür entzündete Poseidon in der Gattin des Minos eine unnatürliche Liebe zu dem Tiere, und die Frucht ihrer Verbindung war der Minotauros, ein aus Menschen- und Stiergestalt zusammengesetztes Ungeheuer, das Minos in das von Dädalos erbaute Labyrinth einsperren ließ. Zum Fraße wurden ihm Menschen vorgeworfen, wozu man teils Verbrecher nahm, teils Jünglinge und Jungfrauen, die unterjochten Ländern als Tribut auferlegt waren. Dies währte so lange, bis Theseus nach Kreta kam und mit Hilfe der Ariadne und des Dädalos den Minotauros tötete. Soweit die rätselhafte mythische Überlieferung, die man am einfachsten durch die Annahme erklärt, daß der Minotauros ursprünglich nichts war als ein altes Idol des phönikischen Sonnengottes Baal, den man sich in Stiergestalt vorstellte, und dem Menschenopfer dargebracht zu werden pflegten. Die Tötung des Minotauros durch Theseus bedeutet demgemäß den Sieg der in Kreta eingedrungenen höheren griechischen Kultur über die Barbarei der phönikischen Menschenopfer.

In engster Beziehung zu dem kretischen Königshause steht Dädalos, der berühmteste Künstler der mythischen Zeit. Er soll ein Sohn des Metion und Urenkel des Königs Erechtheus gewesen sein und aus seiner attischen Heimat wegen eines an seinem Schwestersohne Talos aus Künstlereifersucht verübten Mordes nach Kreta sich geflüchtet haben. Hier erbaute er dem Könige Minos das Labyrinth, ein überirdisches Gebäude mit vielen Irrgängen als Wohnung des Minotauros, und schuf noch viele andere bewunderte Werke der Kunst. Nachdem er aber dem Theseus zur Bekämpfung des Minotauros behilflich gewesen war, schloß ihn Minos mit seinem Sohne Ikaros in das Labyrinth ein. Die Geschichte seiner Flucht ist aus Ovids Metamorphosen hinlänglich bekannt. Er bewerkstelligte sie mit Hilfe künstlicher Flügel, die er für sich und seinen Sohn gemacht hatte. Ikaros stürzte zwar in das nach ihm benannte Meer und ertrank (Fig. 109), Dädalos aber entkam nach Cumae und von

III. Landschaftliche Heroensagen. Kretischer Mythos. 257

da nach Sizilien, wo er bei dem Könige Kokalos Aufnahme fand. Als Minos ihm hierhin nacheilte und die Auslieferung des Flüchtlings verlangte, wurde er nicht nur abgewiesen, sondern sogar auf Anstiften der Töchter des Kokalos getötet.

Von den Söhnen des Minos ist Deukalion bekannt als Teilnehmer an der kalydonischen Jagd und als Vater des gegen Troja kämpfenden Helden Idomeneus, Glaukos dagegen durch sein unglückliches Ende, indem er als ein kleiner Knabe in ein offenes

109. Dädalos und Ikaros.

Honigfaß stürzte. Er soll aber durch den korinthischen Seher Polyidos, der durch eine Schlange eine vom Tode erweckende Wurzel erlangte (Fig. 110), oder durch den Heilgott Asklepios selbst wieder ins Leben zurückgerufen worden sein.

b. Talos.

Der Mythos von Talos, dem ehernen Manne, weist ebenfalls auf phönikischen Ursprung und auf den grausamen Gebrauch der Menschenopfer zurück. Dieser Talos war ganz von Erz und unverwundbar. Hephästos, oder nach andern Zeus hatte ihn dem

258   Dritter Abschnitt.

Minos als Wächter der Insel Kreta geschenkt, die er täglich dreimal umkreiste. Sah er Fremde herannahen, so sprang er ins Feuer, bis er glühend geworden war, und drückte dann die Ankömmlinge an seine Brust, so daß sie unter sardonischem Lachen den Geist auf-

110. Polyidos und Glaukos.
Vase in London.

gaben. Als er die Argonauten durch Steinwürfe abhalten wollte, an der Insel zu landen, fand er seinen Tod durch die Zauberkunst der Medea. Eine vorzügliche Darstellung vom Tode des Talos bietet eine Vase der Sammlung Jatta in Ruvo (Fig. 111).

III. Landschaftliche Heroensagen. Kretischer Mythos. 259

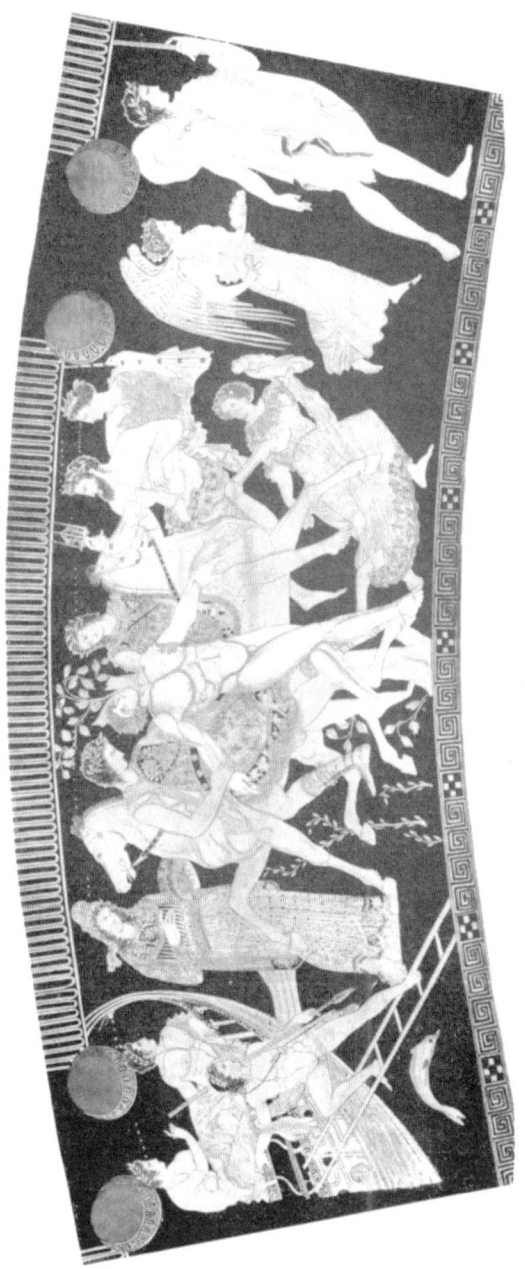

111. Tod des Talos. Vase in Ruvo.

IV. Gemeinschaftliche Unternehmungen der jüngeren Heldenzeit.

1. Die kalydonische Jagd.

Auch die Sage von Meleagros und dem kalydonischen Eber ist gewiß ursprünglich nichts weiter als ein landschaftlicher Naturmythos, aber die Naturbedeutung ist hier schon früh durch die Behandlung, welche die epische und dramatische Poesie ihr zuteil werden ließen, ganz zurückgetreten. Die Dichter wußten nämlich sehr wirksame sittliche Motive in die Handlung zu verflechten, denen sich nun das höhere Interesse zuwendete. Auch ließ man im Laufe der Zeit immer mehr Helden aus den verschiedensten Teilen Griechenlands Anteil an dieser Jagd nehmen und verschaffte ihr so eine allgemeinere Bedeutung. Als Veranlassung zu dieser Jagd wird allgemein der Zorn der Artemis angegeben über eine Vernachlässigung, die ihr von seiten des Oineus, Königs von Kalydon in Ätolien, widerfahren war. Dieser hatte nämlich bei einem großen Dankfeste, das er nach vollendeter Weinlese veranstaltete, der Artemis zu opfern unterlassen. Zur Strafe für diese Mißachtung sandte sie einen Eber von seltener Größe und Wildheit, der die Fluren von Kalydon verheerte und nur durch Aufbietung bedeutender Kräfte bezwungen werden konnte. Daher lud Meleagros, der Sohn des Oineus, die besten und tapfersten Helden Griechenlands zur Teilnahme an diesem Unternehmen ein. Es kamen unter andern die Dioskuren Kastor und Poydeukes, Theseus und sein Freund Peirithoos, Idas und Lynkeus, Admetos aus Pherä, Iason aus Iolkos, Iphikles und Iolaos aus Theben, Peleus, der Vater des Achill, Telamon aus Salamis, Ankäos und die schöne Jägerin Atalante aus Arkadien, sowie der bekannte Seher Amphiaraos aus Argos. Nachdem der alte Oineus neun Tage lang die zahlreichen Gäste herrlich bewirtet hatte, wurde die Jagd ins Werk gesetzt, das riesige Tier umstellt und aus seinem Schlupfwinkel aufgescheucht. Die erste Wunde brachte ihm Atalante bei. Als aber darauf Ankäos sich mit seiner Streitaxt dem wütenden Tiere entgegenwarf, riß es ihm mit einem seiner schrecklichen Hauer den Leib auf, daß er sofort tot niedersank. Ein gleiches Schicksal erfuhr Hyleus und viele der mitgenommenen Hunde, bis endlich ein glücklicher Speerwurf von Me-

IV. Gemeinschaftl. Unternehmungen etc. Die kalydonische Jagd. 261

leagros' kräftiger Hand das Untier tötlich verwundete, das nun mit Hilfe der übrigen bald vollends erlegt wurde. Meleagros erhielt gebührender Weise den Siegespreis, Kopf und Haut des getöteten Tieres. Als er aber aus Liebe zu der schönen Atalante dieser seinen Ehrenpreis abtrat, indem er als Grund vorgab, daß sie dem Eber

112. Meleager und Atalante. Wandgemälde aus Pompeji.

die erste Wunde beigebracht habe, erregte dies bei seinen Oheimen, den Söhnen des Königs Thestios zu Pleuron, Plexippos und Toxeus, giftigen Neid (Fig. 112, ein Wandgemälde aus Pompeji). Sie lauerten der Atalante auf und nahmen ihr die Beute wieder ab. Ergrimmt darüber tötete sie Meleagros, und es entbrannte nun ein Krieg zwischen den Ätolern und den Kureten von Pleuron. Anfangs waren die Kalydonier siegreich, als aber Meleagros, weil seine Mutter im Schmerze über den Tod ihrer Brüder ihm geflucht hatte, sich zürnend aus dem Kampfe zurückzog, konnten sie sich nicht mehr im Felde behaupten und sahen bald ihre Stadt aufs engste von den Feinden eingeschlossen. Vergebens bestürmten in dieser Not die Ältesten und Priester der Kalydonier den Helden Meleagros, vergebens bat ihn sein alter Vater, vergebens flehten seine Schwestern und selbst seine Mutter, er möge sich der bedrängten Stadt annehmen. Meleagros blieb unbeweglich, wie Achill im trojanischen Kriege, als er dem Agamemnon wegen der geraubten Sklavin zürnte. Endlich aber gelang es der Gemahlin des Meleagros, der schönen Kleopatra, sein trotziges Herz zu erweichen. Er waffnete sich und machte an der Spitze der Seinen einen Ausfall gegen die stürmenden Feinde. Glänzend zwar war der Sieg, den die Kalydonier erfochten, aber der tapfere Held Meleagros kehrte nicht wieder heim aus der heißen Feldschlacht. Die grausame Erinys, die den Fluch der Mutter gehört hatte, raffte ihn durch die Pfeile Apollons hinweg.

Dies war die ältere Gestalt der Sage, wie sie sich schon in der Ilias ausgeführt findet. Den Tragikern freilich war dieses Ende des Helden noch nicht tragisch genug; sie dichteten hinzu, die Moiren seien kurz nach Meleagros' Geburt bei seiner Mutter Althäa erschienen und hätten ihr verkündigt, ihr Sohn werde nicht länger leben, als bis das gerade in der Glut liegende Scheit Holz verbrannt sein werde. Nun hatte Althäa nichts Eiligeres zu tun, als das Holz der Flamme zu entreißen und sorgfältig in einer wohlverschlossenen Lade zu verwahren. Als aber Meleagros die Brüder der Althäa erschlagen hatte, da steckte sie im Zorne gegen ihren Sohn jenes Scheit wieder ins Feuer, und so mußte der edle Held in der Blüte seiner Jugend ein Raub des Todes werden. Althäa aber nahm sich voll Reue über ihre schnelle Tat das Leben.

Eine Marmorstatue von vorzüglicher Schönheit, den Meleagros darstellend, besitzt das Belvedere des vatikanischen Museums (Fig. 113). Der Held ist in der ersten Blüte jugendlicher Schönheit, bartlos, mit kräftigen, an Hermes erinnernden Formen vorgeführt; im Ausdrucke des Gesichts liegt ein Anflug von Schwermut. — Das Altertum kannte eine herrliche Darstellung der kalydonischen Jagd, von Skopas' Meisterhand für das östliche Giebelfeld des Tempels der Athena Alea in Tegea gearbeitet, in welcher der Eber mit Meleager, Theseus und Atalante die Mittelgruppe bildeten, es ist aber der ganze plastische Schmuck dieses Tempels bis auf

IV. Gemeinschaftl. Unternehmungen etc. Die kalydonische Jagd. 263

113. Meleagros. Vatikan.

geringe Fragmente untergegangen. In Relief sehen wir die Jagd im Heroon von Gjölbaschi ausgeführt, dessen Figurenreihen sämtlich nach Wien gekommen sind.

2. Die Argonauten.

Mit der Argonautensage ist es ähnlich gegangen wie mit der Sage der kalydonischen Jagd. Sie ist unter den Händen der Dichter zu einer großen, allen Griechenstämmen gemeinsamen Sagenmasse angeschwollen, deren Kern die Geschichte vom goldenen Vließe bildet. Athamas, der Sohn des Äolos und König der Minyer, verstieß seine erste Gemahlin Nephele (Wolke), um des Kadmos Tochter Ino zu heiraten, behielt aber seine beiden von der Nephele ihm geborenen Kinder Phrixos (Regenschauer) und Helle (Lichtglanz) bei sich. Ino gebar dem Athamas zwei Söhne, Learchos und Melikertes, zu deren Gunsten sie die Stiefkinder ganz aus dem Hause zu verdrängen suchte. Als nun durch Nephele zur Strafe für Athamas eine lange Dürre über das Land kam, beredete Ino ihren Gemahl, den Phrixos als Sühnopfer für den Zeus zu schlachten, um dadurch der Dürre ein Ende zu machen. Nephele aber kam jetzt ihren mit dem Tode bedrohten Kindern zu Hilfe, indem sie ihnen einen Widder mit goldenem Felle gab, den ihr Hermes geschenkt hatte. Auf diesem Widder suchten sie nach Kolchis zu entfliehen. Helle fällt unterwegs in das nach ihr benannte Meer, Phrixos aber gelangt glücklich nach Kolchis (Äa), wo er den Widder dem fluchtschützenden Zeus opfert und das Vließ als einen Hort des Segens in dem Haine des Ares von einem nimmer schlafenden Drachen bewachen läßt. Diesen Hort aus dem fremden Lande zurückzubringen und dadurch den auf den Minyern lastenden Unsegen zu verbannen, ist nun die Aufgabe der Helden vom Stamme der Äoliden. Athamas selbst nämlich nahm sich das Unglück, das er seinem Lande zugefügt hatte, so zu Herzen, daß er darüber wahnsinnig wurde und die Ino samt ihren Kindern zu töten suchte. Nachdem Learchos von dem Rasenden an einem Felsen zerschmettert worden war, rettete Ino sich und ihrem Sohne Melikertes durch einen Sprung ins Meer das Leben (vgl. S. 120. Ino-Leukothea), Athamas aber entfloh nach Epirus, und die Herrschaft fiel an seinen Bruder Kretheus, der mit Tyro, der Tochter seines Bruders Salmoneus, drei Söhne erzeugte, von denen der älteste Aeson hieß. Als dieser dem Vater

IV. Gemeinschaftl. Unternehmungen etc. Die Argonauten. 265

in der Herrschaft folgen wollte, wurde er von seinem Stiefbruder Pelias, einem Sohne der Tyro und des Poseidon*), vertrieben. Nur

114. Pelias und Jason. Wandgemälde aus Pompeji.

---

*) Poseidon hatte sich der Tyro in der Gestalt des Enypeus genähert, eines Flußgottes, zu dem die Jungfrau in Liebe entbrannt war; die beiden aus dieser Verbindung entsprossenen Kinder, Pelias und Neleus, setzte

mit Mühe rettete Äson seinen kleinen Sohn Iason von der Tücke des Oheims, indem er ihn zu dem Kentauren Cheiron, dem Erzieher so vieler Helden, brachte. In Cheirons Höhle wuchs der junge Held als ein Liebling der Götter und Menschen heran, und nachdem er sein zwanzigstes Lebensjahr vollendet hatte, begab er sich nach Iolkos zurück, um von seinem Oheim die ihm rechtmäßig gebührende Herrschaft zu fordern. Pelias, der gegen den starken Heldenjüngling mit offenbarer Gewalt nicht zu verfahren wagte, suchte sich des unbequemen Gastes, von dem er den Untergang fürchtete, weil er nur mit einem Schuh erschien (das Orakel hatte ihn vor dem einschuhigen gewarnt) dadurch zu entledigen, daß er ihn in ein höchst gefährliches Abenteuer verstrickte. Er erklärte, freiwillig von der Herrschaft zurücktreten zu wollen, wenn Iason ihm das goldene Vließ aus Kolchis zurückbrächte (vgl. Fig. 114, ein Wandgemälde aus Pompeji). Dieser wäre kein echter Held gewesen, wenn er sich nicht sofort in das kühne Wagnis gestürzt hätte. Im Hafen von Iolkos ließ er ein starkes fünfzigrudriges Schiff erbauen, das nach seinem Baumeister Argos den Namen Argo erhielt, und versammelte dort die Helden, die seiner Einladung zur Teilnahme an der abenteuerlichen Fahrt Folge leisteten.

Die ältere Sage kennt als Teilnehmer der Fahrt nur Helden aus dem Stamme der Minyer, Akastos, Admetos und Periklymenos; als man aber später die Zeit der Argonautenfahrt auf ungefähr ein Menschenalter vor dem trojanischen Kriege ansetzte, durfte keiner der irgendwie namhaften Helden, die damals gelebt haben konnten, fehlen. So fügte man die Dioskuren, die Boreaden, den Telamon, Peleus, Meleagros, Tydeus, Iphitos, Theseus, Orpheus, Amphiaraos und selbst den Herakles hinzu. In betreff des letzteren mochte man jedoch bald fühlen, wie unpassend es für ihn sei, eine bloße Nebenfigur abzugeben, und ließ ihn daher bald wieder zurücktreten. Es hieß, er sei in Mysien zurückgelassen, als er dort ans Land gestiegen war, seinen Liebling Hylas zu suchen,

---

Tyro in einer Wanne in den Fluten des über seine Ufer getretenen Flusses aus. Das ist das Vorbild für die römische Sage von Romulus und Remus. Tyro wurde von ihrer Stiefmutter Sidero arg gepeinigt und zu den niedrigsten Arbeiten gezwungen, bis sie endlich von ihren herangewachsenen Kindern erkannt und befreit wurde. So hat Sophokles in seiner »Tyro« den Stoff gestaltet.

IV. Gemeinschaftl. Unternehmungen etc. Die Argonauten. 267

115. Die Ficoronische Ciste. Rom.

den die Quellnymphen geraubt hatten. Im übrigen vervollständigte man zuletzt die Zahl der Argonauten auf fünfzig, übereinstimmend mit der Zahl der vorhandenen Ruder.

Die Fahrt ging von Iolkos zu der Insel Lemnos, wo sie von den Bewohnerinnen eine Zeitlang zurückgehalten wurden, durch den Hellespont nach Kyzikos, und weiter nach Bithynien, wo ihnen die Bebryker feindlich entgegentraten, weshalb Polydeukes (Pollux) ihren Fürsten Amykos im Faustkampfe erschlug (Fig. 115). Die größte Schwierigkeit bot die Durchfahrt durch den Bosporus, weil hier am Eingange des Pontus (d. i. des Schwarzen Meeres) sich zwei furchtbare Felsen befanden, die in stetiger Bewegung waren, indem sie bald bis an die beiderseitigen Ufer zurückwichen, bald wieder in der Mitte des Bosporus gegeneinander stießen (daher Symplegaden genannt). Alles dies geschah mit so großer Geschwindigkeit, daß auch das schnellste Schiff nicht Zeit genug hatte hindurchzukommen. Die Argonauten waren also in großer Verlegenheit. Da half ihnen der blinde Seher Phineus, der in dem thrakischen Salmydessos wohnte, und dessen Dankbarkeit sich die Argonauten durch Vertreibung der Harpyien verdient hatten (Fig. 116, ein Vasenbild in Ruvo), durch seine guten Ratschläge. So gelang es ihnen, ohne erhebliche Beschädigung der Argo hindurchzukommen; die Symplegaden aber standen seit diesem Augenblicke still. Nachdem diese Schwierigkeit glücklich überwunden war, ging es längs der Südküste des Pontus dem Ziele der Fahrt entgegen. Dieses ist in der älteren Sage das ganz mythische Äa, wofür erst später der Name Kolchis auftaucht. Hier war der Wohnsitz des mächtigen Königs Ätes, eines Sohnes des Sonnengottes. Ihm mit List oder Gewalt das goldene Vließ abzugewinnen, war die dem Führer der Argonauten Iason gestellte Aufgabe.

Nun tritt die zweite Hauptfigur der ganzen Argonautensage, des Äetes Tochter Medeia, in den Vordergrund. Nur durch ihre Liebe vermag der Held Iason die ungeheuren Schwierigkeiten zu überwinden, die sich der Erwerbung des Vließes entgegenstellen. Äetes nämlich, von Iason aufgefordert, ihm das Vließ zu überlassen, erklärte sich dazu bereit, wenn Iason ihm zwei Aufgaben zu lösen vermöge. Die erste lautete, er solle die dem Könige von Hephaestos geschenkten feuerschnaubenden erzhufigen Stiere an einen Pflug spannen und mit ihnen ein Brachfeld umpflügen. Wäre ihm dies

IV. Gemeinschaftl. Unternehmungen etc. Die Argonauten. 269

116. Phineus hilft den Argonauten. Vasenbild in Ruvo.

gelungen, so müsse er in die Furchen Drachenzähne säen, die ihm Äetes geben werde, und die daraus hervorwachsenden geharnischten Männer bekämpfen. Iasons Herz erbebte ob solchem Verlangen des Äetes. Aber Medeia, die eine Zauberin und Priesterin der Hekate war, wußte zu allem guten Rat. Sie gab dem Helden eine Salbe, die ihn gegen den feurigen Atem der Stiere schützte und ihm zugleich unüberwindliche Stärke verlieh. Also vollendete er die erste Aufgabe. Unter die geharnischten Männer aber warf er auf den Rat der Medeia einen Stein, worauf sie in blinder Wut sich gegen einander kehrten und aufrieben.

Des Königs Verlangen war erfüllt, da er aber wußte, daß Iason nur mit Hilfe seiner Tochter gesiegt hatte, verweigerte er die Auslieferung des Widderfelles. Doch Iason raubte es in der Nacht aus dem Haine des Ares, nachdem Medeia den hütenden Drachen durch ein Zaubermittel eingeschläfert hatte. In derselben Nacht noch begaben sich die Argonauten mit Medeia wieder auf ihr Schiff und stachen in See. Vergebens versuchte der erzürnte Äetes die Flüchtigen einzuholen, Medeia weiß ihn dadurch aufzuhalten, daß sie ihren mitgenommenen kleinen Bruder Apsyrtos tötet und seine Gliedmaßen stückweise ins Meer wirft.

Über den von den Argonauten auf der Rückfahrt eingeschlagenen Weg gibt es die verschiedensten Angaben. Einige ließen sie den Phasis aufwärts in den östlichen Ozean schiffen, dann durch das Rote Meer und die Libysche Wüste, wo die Argo zwölf Tagereisen getragen werden mußte, zum Tritonsee und von da in das Mittelländische Meer gelangen. Andere suchten einen Durchgang durch den Istros (Donau) und Eridanos (Po) in den westlichen Ozean, um die Argonauten ähnliche Abenteuer erleben zu lassen, wie Odysseus mit seinen Gefährten.

Endlich landet Iason glücklich in Iolkos und überreicht seinem Oheim Pelias das goldene Vließ. Dieser will sich dennoch nicht dazu verstehen, ihm sein väterliches Reich abzutreten, wird aber von Medeia auf eine hinterlistige Weise aus dem Wege geräumt, indem sie des Pelias Töchter glauben macht, daß sie ein Zaubermittel besitze, um alte Leute wieder jung zu machen. Nach Medeias Anweisung schlachten und zerstückeln sie den Vater und kochen die Gliedmaßen in einem mit allerlei Kräutern gefüllten Kessel, indem sie zuversichtlich erwarten, daß er verjüngt daraus hervorsteigen

IV. Gemeinschaftl. Unternehmungen etc. Die Argonauten. 271

werde. Iason bemächtigte sich nun des väterlichen Reiches, wird aber bald darauf von Akastos, dem Sohne des Pelias, daraus vertrieben und flüchtet sich mit Medeia nach Korinth. Als er dort seine Umstände durch eine Heirat mit Krëusa oder Glauke, der Tochter des Königs Kreon, zu verbessern gedachte, ereilte ihn die

117. Medeia trifft die Vorbereitungen zum Morde des Pelias.
Relief in Rom.

Rache der Medeia auf eine fürchterliche Weise. Sie übersandte der Braut ein vergiftetes Gewand, das jener einen qualvollen Tod bereitete, tötete dann ihre und Iasons Kinder und entfloh selbst auf einem Wagen mit geflügelten Drachen nach Athen, wo sie eine Zeitlang Schutz bei dem dortigen Könige Aigeus fand. Iason aber entleibte sich entweder selbst, oder er kam durch die auf ihn stürzenden Balken der morsch gewordenen Argo um.

Antike Kunstwerke, die auf die Argonautensage Bezug haben, sind keineswegs zahlreich. Am meisten verdient ein schönes Relief des lateranischen Museums in Rom Erwähnung, Medeia unter den Töchtern des Pelias die Vorbereitungen zu dem schrecklichen Morde des Pelias treffend (Fig. 117). Auch die sogenannte Ficoronische Cista des Collegio Romano zu Rom enthält sehr beachtenswerte Darstellungen aus der Argonautensage (Landung in Bithynien und Bestrafung des Amykos. Vgl. Fig. 115). Die Tötung der Glauke und die Ermordung der Kinder, während schon der mit Schlangen bespannte Wagen auf Medeia wartet, um sie nach Athen zu führen, ist auf einem Vasenbild in München (Fig. 118) dargestellt.

3. Der thebanische Zyklus.

Die hochtragische, an bedeutenden Charakteren und Ereignissen so überreiche Geschichte des Hauses der Labdakiden in Theben hat zu allen Zeiten die Dichter Griechenlands viel beschäftigt und einen ganzen Zyklus epischer wie dramatischer Dichtungen hervorgerufen. Die ersteren sind leider bis auf wenige unbedeutende Bruchstücke verloren gegangen, während von den diesen Sagenkreis berührenden Dichtungen der großen Tragiker Aischylos, Sophokles und Euripides bedeutende Werke erhalten sind.

Die gewöhnliche Erzählung ist folgende. Laïos, ein Urenkel des Kadmos, hatte vom Orakel des Apollon die Weisung erhalten, keine Kinder zu erzeugen, weil sein Sohn ihn selbst erschlagen und seine Mutter heiraten werde. Als ihm nun dennoch von seiner Gattin Iokaste ein Sohn geboren wurde, glaubte er durch dessen Aussetzung den vom Orakel angedrohten Folgen entgehen zu können. Aber der mit durchstochenen Füßen (daher Oidipus, d. i. Schwellfuß) auf dem Berge Kithairon ausgesetzte Knabe findet dort nicht den erwarteten Tod, sondern wird von korinthischen Hirten gefunden und zu dem Könige Polybos von Korinth gebracht. Von diesem, der selbst kinderlos war, an Kindes Statt angenommen, wuchs der junge Oidipus in dem Glauben auf, daß Polybos und dessen Gattin Merope seine rechten Eltern wären, bis ihm eines Tages Stichelreden korinthischer Jünglinge, die auf seinen geheimnisvollen Ursprung hindeuteten, Zweifel darüber einflößten. Diese zu lösen, reiste er zum delphischen Orakel, erhielt aber dort nur die rätselhafte Weisung, sein Vaterland zu meiden, weil er seinen Vater töten und seine Mutter heiraten werde. Er fürchtete sich daher, nach Korinth zurückzukehren, und schlug den Weg nach Theben ein, um

IV. Gemeinschaftl. Unternehmungen etc. Der thebanische Zyklus. 273

so gerade den Ausgang herbeizuführen, dem zu entgehen er so eifrig bestrebt war. Unterwegs begegnete ihm sein Vater Laïos, der eben auch auf einer Reise zum delphischen Orakel begriffen war, um dort wegen der Sphinx um Rat zu fragen. Diesen erschlug er, ohne ihn zu kennen, da er in einem engen Hohlwege zufällig mit ihm in Streit geraten war. Dann nach Theben gelangt, bahnte er sich durch Befreiung des thebanischen Landes von der schreck-

118. Tötung der Glauke. Vasenbild in München.

lichen Sphinx den Weg zum Throne und zur Hand seiner Mutter Iokaste. Mit der Sphinx aber hatte es folgende Bewandtnis. Hera, die dem Laïos zürnte, hatte dieses aus der Gestalt einer Jungfrau und eines Löwen zusammengesetzte Ungeheuer zur Plage des thebanischen Landes von Äthiopien hergesendet. Auf einem Felsen in unmittelbarer Nähe der Stadt gelagert, hielt sie jeden Vorübergehenden an, um ihm ihr bekanntes Rätsel aufzugeben: Was ist des Morgens vierfüßig, des Mittags zweifüßig, des Abends dreifüßig? Da die Sphinx jeden, der ihr keinen Bescheid zu geben wußte, von dem Felsen in eine tiefe Schlucht hinabstürzte, so sah sich nach des Laïos Tode sein Schwager Kreon veranlaßt, den Thron samt der Hand der verwitweten Königin demjenigen zu bieten, der das Rätsel der Sphinx lösen würde. Oidipus löste es und befreite so das Land von dieser schrecklichen Plage, da die Sphinx sich nun selbst in den Abgrund stürzte.

Der Ursprung des Sphinxmythos ist schon den Alten nicht mehr klar gewesen. Vermutlich war die Sphinx ein aus der ägyptischen Religion übertragenes Symbol, dem man eine veränderte Bedeutung unterlegte. Während nämlich bei den Ägyptern die Sphinxgestalt ein Symbol der königlichen Würde war und die Vereinigung von Weisheit und Stärke bedeutete, scheint durch die griechische Sphinx die pesthauchende Gluthitze des Sommers symbolisiert worden zu sein. Die Gestalt, ein meistens ruhend gedachter Löwe mit dem Oberleibe und Haupte eines schönen Weibes, ist den ursprünglich männlichen Sphinxen der Ägypter nachgebildet, gewöhnlich aber noch mit Flügeln ausgestattet.

Nachdem nun Oidipus sich die Herrschaft über Theben und die Hand der Iokaste erworben hatte, erfreute er sich jahrelang eines ungetrübten Glückes, von vier blühenden Kindern umgeben, die er unwissend in blutschänderischer Ehe erzeugt hatte. Aber durch den verborgenen Rat der Götter wird endlich die gräßliche Wahrheit ans Licht gebracht, Iokaste erhängt sich, und Oidipus beraubt sich in seiner Verzweiflung selbst des Augenlichts. Nicht zufrieden mit dieser seiner freiwilligen Buße, zwingen ihn die hartherzigen Thebaner noch, Stadt und Land zu verlassen, ohne daß die bereits erwachsenen Söhne Eteokles und Polyneikes sich des Vaters annehmen. Nachdem Oidipus, den Söhnen fluchend, das Land verlassen, findet er, geleitet von seiner treuen Tochter Antigone, nach langem Umherirren endlich eine Zufluchtsstätte im Haine der Eumeniden in Kolonos bei Athen. Sein Grab wurde dort auf Grund eines Orakelspruches ein Hort des attischen Landes.

An den unnatürlichen Söhnen aber ging der Fluch des gemißhandelten Vaters in Erfüllung. Der ältere Eteokles vertrieb seinen Bruder Polyneikes, der sich nun hilfesuchend an den König Adrastos in Sikyon wandte. Dieser nahm den Polyneikes nicht nur freundlich auf, sondern machte ihn auch zu seinem Schwiegersohne und gab ihm das Versprechen, daß er ihm mit gewaffneter Hand zur Herrschaft in Theben verhelfen wolle. Zur Teilnahme an diesem Zuge suchte dann Adrastos die Helden von Argos zu gewinnen. Alle zeigten sich entgegenkommend, nur Amphiaraos, der durch Klugheit und Tapferkeit gleich ausgezeichnete Schwager des Adrastos,

IV. Gemeinschaftl. Unternehmungen etc. Der thebanische Zyklus. 275

versagte seine Mitwirkung. Da er nämlich vermöge seiner Sehergabe (er war ein Nachkomme des berühmten Sehers Melampus) wußte, daß der Krieg ein unglückliches Ende nehmen würde, so suchte er ihn zu hintertreiben, und als Polyneikes sowohl wie der ebenso heißblütige Tydeus, ebenfalls ein Schwiegersohn des Adrastos, nicht nachließen, ihn mit Bitten zu bestürmen, so entzog er sich den Zumutungen seiner Verwandten durch die Flucht. Allein

119. Polyneikes und Eriphyle. Pelike zu Lecce.

Polyneikes bestach durch das prachtvolle Halsband der Harmonia des Amphiaraos Gattin Eriphyle (Fig. 119, von einer Pelike zu Lecce), so daß sie den Aufenthaltsort ihres Gemahls verriet, und nun mußte sich Amphiaraos widerwillig dem Zuge anschließen. Dieser nahm einen Ausgang, wie ihn Amphiaraos längst vorausgesagt hatte. Nachdem sie in Nemea wider Willen den Tod des Opheltes veranlaßt hatten (Hypsipyle, die Pflegerin des Knaben, hatte den Knaben auf die Erde gelegt, um den Helden eine Quelle zu zeigen; in ihrer Abwesenheit wurde der Knabe von einer Schlange getötet, vgl. Fig. 120, ein Rel. des Pal. Spada), zogen sie gegen Theben, aber ihr Angriff wurde nicht nur völlig abgeschlagen, sondern alle sieben argivischen Führer, mit Ausnahme des Adrastos, der sich durch die Schnelligkeit seines Rosses rettete, kamen dabei ums Leben. Polyneikes selbst fiel im Zweikampfe mit seinem Bruder Eteokles, den er seinerseits gleichfalls durchbohrte. Daß Adrastos nach Attika geflohen sei und mit Hilfe des Theseus die Thebaner gezwungen habe, in die feierliche Bestattung der gefallenen Helden zu willigen, ist ein der älteren Sage unbekannter Zug, der seine Entstehung dem Patriotismus der attischen Bühnendichter verdankt. Das berühmte Trauerspiel des Sophokles, Antigone, gründet sich auf die Voraussetzung, daß Kreon, der neue Herrscher in Theben, die Bestattung des Polyneikes versagt habe. Da nun Antigone gegen des Königs Willen den Bruder zu begraben wagte, so mußte sie sterben. Doch den Kreon traf dafür eine schreckliche Vergeltung, indem sein eigener Sohn Hämon, der Verlobte der Antigone, sich aus Verzweiflung über das Schicksal seiner Geliebten entleibte.

Zehn Jahre später sollen die Söhne der erschlagenen Helden sich mit des Adrastos Sohne Ägialeus vereinigt haben, ihre Väter an den Thebanern zu rächen. Man nennt diesen Zug deshalb den Zug der Epigonen (Nachkommen). Da sie nicht wie ihre Väter gegen den deutlich ausgesprochenen Willen der Götter handelten, sondern unter glückverheißenden Auspizien auszogen, so erreichten sie ihren Zweck. Laodamas, der wilde Sohn des Eteokles, der jetzt als König in Theben herrschte, wurde in einer entscheidenden Schlacht in der Nähe von Theben geschlagen und fiel selbst, nachdem er den Ägialeus getötet hatte, von der Hand des Alkmaeon, eines Sohnes des Amphiaraos. Die Thebaner konnten die Stadt nun nicht mehr halten, sondern zogen bei Nacht und Nebel auf Anraten des alten und blinden Wahrsagers Teiresias aus, um teils in Thessalien, teils in andern Ländern eine Zufluchtsstätte zu suchen. Nachdem die siegreichen Argiverfürsten die Stadt ausgeplündert und teilweise zerstört hatten, weihten sie einen großen Teil der Beute, darunter Manto, die gefangene Tochter des Teiresias, nach Delphi und setzten dann Thersander, den Sohn des Polyneikes, als König in Theben ein, wohin viele der geflüchteten Einwohner zurückkehrten. Thersander machte später den trojanischen Krieg mit, kam aber darin um.

IV. Gemeinschaftl. Unternehmungen etc. Der thebanische Zyklus. 277

120. Tod des Opheltes. Relief des Pal. Spada.

4. Der trojanische Zyklus.

Wir kommen nun zu der vierten und berühmtesten aller gemeinschaftlichen Unternehmungen der jüngeren Heldenzeit, dem trojanischen Kriege. Hier fließen uns die Quellen reichlicher, als in irgend einem früheren Abschnitte der mythischen Geschichte, weil die beiden großen Nationalepen der Griechen, die man dem Homer zuschreibt, Ilias und Odyssee, sich auf den trojanischen Krieg beziehen. Da der Hauptinhalt dieser unsterblichen Gesänge den Lesern bekannt ist, so wird es genügen, nur das Wesentlichste hervorzuheben.

A. Die Heldengeschlechter des trojanischen Krieges.

a. Die Dardaniden.

Die trojanische Königsfamilie leitete ihren Ursprung von Dardanos, einem Sohne des Zeus, ab, der sich zwischen dem Idagebirge und dem Hellespont ansiedelte; von seinem Sohne namens Tros erhielt das Troervolk den Namen. Des Tros Söhne waren Ilos, Assarakos und Ganymedes. Letzteren, der wie alle Sprößlinge des Dardanidenstammes von wunderbarer Schönheit war, erhob Zeus zu seinem Mundschenken und machte ihn unsterblich, wie schon oben (S. 98) erzählt wurde. Ilos und Assarakos wurden die Begründer zweier verschiedener Stämme des Dardanidengeschlechts. Assarakos blieb in dem Stammsitze Dardanien, sein Sohn war Kapys, sein Enkel Anchises, der Vater des Äneas. Dagegen wanderte Ilos hinab in die Ebene des Skamander und gründete die Stadt Ilios oder Troja. Als die Stadt vollendet war, erflehte er von Zeus ein Zeichen seiner Gunst, und am andern Morgen fand er vor seinem Zelte das berühmte Palladion, ein aus Holz geschnittenes Bild der Pallas Athene, an dessen Besitz hinfort das Glück und die Wohlfahrt Trojas geknüpft war. Nach dem Tode des Ilos herrschte in Troja sein Sohn Laomedon, dem Poseidon und Apollon die Burg Pergamon erbauten. Wie dieser König durch seine Wortbrüchigkeit den Zorn des Herakles erregte und die erste Einnahme und Zerstörung der Stadt herbeiführte, ist schon oben erzählt worden. Von seinen Söhnen blieb allein Priamos übrig, durch

IV. Gemeinschaftl. Unternehmungen etc. Der trojanische Krieg. 279

den der Dardanidenstamm von neuem mächtig emporblühte, da ihm sowohl seine Gattin Hekabe (Hekuba) wie auch andere Nebenweiber eine große Menge von Söhnen und Töchtern gebaren.

b. Die Pelopiden.

Die Pelopiden, durch deren Geschlecht hauptsächlich der Untergang Trojas herbeigeführt werden sollte, leiteten ihren Ursprung von dem durch sein beispielloses Glück wie durch seinen jähen Sturz gleich berühmten phrygischen Könige Tantalos her. Er war ein Sohn des Zeus und wohnte in seiner Burg am Berge Sipylos, von wo sich seine reichen Triften und fruchtbaren Äcker zwölf Tagereisen weit bis zum Ida und zur Propontis erstreckten. Ihn würdigten die Götter einer solchen Freundschaft und eines so vertrauten Umgangs, daß sie ihn zu ihrer Tafel zuzogen. Dadurch übermütig geworden, ließ sich Tantalos zu Freveltaten hinreißen; als er endlich sogar, um die Allwissenheit der Götter auf die Probe zu stellen, seinen Sohn Pelops schlachtete und den Göttern zum Mahle vorsetzte, schien den Unsterblichen das Maß seiner Schuld voll zu sein, und ihre strafende Hand erreichte den Frevler. Auf welche Weise aber Tantalos Reich und Leben verlor, darüber läßt uns die mythische Tradition gänzlich im Dunkeln. Die gemeine Sage weiß nur von seinen bekannten Strafen in der Unterwelt, daß er, von den herrlichsten Früchten umgeben und bis an den Hals im Wasser stehend, doch ewig Hunger und Durst leiden mußte, oder, wie andere angaben, durch einen über seinem Haupte schwebenden Felsblock in ewiger Angst erhalten wurde (vgl. Fig. 75).

Des Tantalos Kinder sind Pelops und Niobe. Von dem unglücklichen Schicksale der letzteren war schon oben bei der mythischen Geschichte Thebens die Rede. Pelops wurde durch die Kunst des Hermes wieder ins Leben zurückgerufen, nur fehlte ihm ein Stück des Schulterblattes, das Demeter bereits verzehrt hatte, so daß nichts übrig blieb, als den Mangel durch ein eingesetztes Stück Elfenbein zu verdecken. Im Olympos unter den seligen Göttern soll Pelops aufgewachsen, dann aber wieder zur Erde entlassen sein, worauf er sich nach Elis wandte, um die schöne Hippodameia, des Königs Oinomaos Tochter, als Braut zu gewinnen. Diese wollte Oinomaos nur demjenigen zuteil werden lassen, der ihn im Wagenrennen besiegen würde. Wer aber von ihm besiegt wurde, mußte das Wagnis mit dem Tode büßen; denn Oinomaos durchbohrte ihn im Vorbeirennen unfehlbar mit seiner mächtigen Lanze. Schon hatten dreizehn edle Jünglinge auf diese Weise ihren Tod gefunden, als Pelops erschien und das gefährliche Abenteuer gleichfalls zu bestehen sich entschloß. Mit Hilfe der unermüdlichen Flügelrosse, eines Geschenkes des Poseidon, und durch die Hinterlist des Myrtilos, der vor dem Beginn der Wettfahrt heimlich die Radpflöcke aus dem Wagen seines Herrn zog und durch wächserne ersetzte, ging Pelops siegreich aus dem Wettkampf hervor. Oinomaos kam durch den Bruch des Wagens ums Leben oder er tötete sich selbst, als er sich besiegt sah. So gelangte Pelops zum Besitz der Hippodameia und der Herrschaft über Elis, dem Myrtilos aber lohnte er den erwiesenen Dienst schlecht, indem er ihn, um seinen Verpflichtungen gegen ihn ledig zu werden, ins Meer stürzte. Sein angeblicher Vater Hermes soll ihn hierauf als Fuhrmann unter die Sterne versetzt haben.

Eine schon im Altertume berühmte und von Pausanias ausführlich geschilderte plastische Darstellung des Wettkampfes zwischen Pelops und Oinomaos, nämlich die Giebelgruppe in dem östlichen Giebeldreieck des Zeustempels zu Olympia, ist durch die von der deutschen Reichsregierung in Olympia veranstalteten Ausgrabungen größtenteils wieder dem Schoß der Erde entrissen worden. Als Schöpfer dieser Skulpturen wird Paeonios von Mende, ein Zeitgenosse des Pheidias, genannt. Die Gruppe stellte aber nicht den Kampf selbst, sondern den Moment vor der Eröffnung desselben dar. In der Mitte steht die alle übrigen überragende Gestalt des Zeus, links von ihm Pelops und Hippodameia, rechts Oinomaos und seine Gemahlin Sterope, dann folgen zu beiden Seiten die Viergespanne und einige andere bisher nicht sicher bestimmte Figuren. Die Ecken des Dreiecks füllen die liegend angebrachten Flußgötter Alpheios und Kladeos aus.

Die Söhne des Pelops von der Hippodameia waren Atreus und Thyestes, deren von grauenhaften Verbrechen erfüllte Geschichte von den Tragikern mit Vorliebe behandelt worden ist. Sie scheinen aber die meisten Greueltaten der Pelopiden erst erfunden zu haben, denn bei Homer findet sich keine Andeutung davon. Zuerst begingen Atreus und Thyestes gemeinschaftlich einen Mord an ihrem Stiefbruder Chrysippos. Sie mußten deshalb samt ihrer Mutter flüchtig werden und fanden Aufnahme in Mykenä bei ihrem Schwager Sthenelos, dem Sohne des Perseus, oder bei dessen Sohne Eurystheus. Nach des letzteren Tode erbten sie die Herrschaft der Persiden in Argos, und Atreus wohnte nun in der stolzen Herrscher-

IV. Gemeinschaftl. Unternehmungen etc. Der trojanische Krieg. 281

burg von Mykenä, von der uns in dem sogenannten Löwentor das allerälteste Denkmal griechischer Skulptur erhalten ist. Aber bald entspann sich eine unversöhnliche Feindschaft zwischen den Brüdern. Als Thyestes infolgedessen aus Argos weichen mußte, nahm er aus Rache den jungen Sohn des Atreus mit sich in die Fremde, erzog ihn wie seinen eigenen Sohn und schickte ihn später nach Mykenä, um den Atreus zu töten. Entdeckt und ergriffen, mußte dieser seinen frevelhaften Vorsatz mit dem Leben büßen. Als nun Atreus erfuhr, daß er seinen eigenen Sohn hatte töten lassen, sann er auf schreckliche Rache an dem tückischen Bruder. Er stellte sich zur Versöhnung bereit und rief den Thyestes mit den Seinigen nach Mykenä zurück. Als aber dieser, dem Worte des Bruders trauend, zurückgekehrt war, ließ Atreus heimlich die beiden jungen Söhne des Thyestes ergreifen, schlachtete sie und setzte dem Bruder das grausenhafte Mahl vor. Entsetzt über eine so unmenschliche und widernatürliche Grausamkeit, wandte Helios sein Rossegespann und floh zum Aufgang zurück, Thyestes aber entwich von neuem unter gräßlichen Verwünschungen, die er über das ganze Geschlecht der Pelopiden aussprach, und ging nach Epirus zum König Thesprotos. Später gelang es ihm, sich mit Hilfe des einzigen ihm noch gebliebenen Sohnes Ägisthos an seinem Bruder zu rächen. Atreus wurde von dem letzteren bei einem Opfer, das er am Meeresstrande vollzog, erschlagen, und nun gewann Thyestes die Herrschaft in Mykenä. Des Atreus Söhne Agamemnon und Menelaos flohen vor dem wilden Oheim nach Sparta, wo sie der König Tyndareos freundlich aufnahm und ihnen seine beiden Töchter Klytämestra und Helena vermählte. Mit seiner Hilfe eroberte dann Agamemnon das väterliche Reich wieder, erschlug den Thyestes und vertrieb den Ägisthos. Menelaos aber blieb in Sparta, wo er des Tyndareos Nachfolger wurde, bis der von Paris ausgeführte Raub der Helena den Anlaß zum trojanischen Kriege gab.

c. Die Äakiden.

Nächst den Atriden haben die Äakiden den weitaus bedeutendsten Anteil an dem trojanischen Kriege, so daß man berechtigt ist, zu sagen, dieser Krieg sei wesentlich eine Großtat dieser beiden Heldengeschlechter und ihrer Völker, der Achäer in Argos und der Hellenen in Phthia, gewesen. Der Stammvater der Äakiden ist der durch seine Weisheit und Gerechtigkeit berühmte und daher später zum Richter in der Unterwelt gemachte Äakos, ein Sohn des Zeus von der Tochter des Flußgottes Asopos. Er herrschte auf der Insel Ägina und hatte die Tochter des weißen Kentauren Cheiron zur Gemahlin. Diese gebar ihm zwei Söhne, Peleus und Telamon. Als diese erwachsen waren, mußten sie aus demselben Grunde wie die Pelopssöhne ihre Heimat verlassen, weil sie aus Eifersucht einen vom Vater vorgezogenen Stiefbruder erschlagen hatten. Peleus begab sich nach Phthia, wo ihn der im Spercheiostale begüterte Eurytion aufnahm und ihm den dritten Teil seines Gebietes mit der Hand seiner Tochter gab. Später nahm Peleus mit an der kalydonischen Eberjagd teil, bei der er das Unglück hatte, unfreiwillig seinen Schwiegervater zu töten. Er verließ daher Phthia und begab sich nach Iolkos, wo er an den von Akastos zu Ehren seines Vaters Pelias veranstalteten Leichenspielen Anteil nahm. In Iolkos erging es ihm ähnlich wie dem Bellerophon bei Proitos. Als ihn die Gemahlin des Akastos nicht zur Untreue verleiten konnte, verleumdete sie ihn bei ihrem Manne, worauf dieser dem Peleus nach dem Leben trachtete. Um seinen Tod herbeizuführen, ließ er ihn, als sie einst am Pelion gejagt hatten und der ermüdete Peleus eingeschlafen war, allein und unbewaffnet zurück. Er würde auch von den Kentauren erschlagen sein, wenn sich die Götter nicht seiner angenommen und ihm durch Hermes ein Schwert von wunderbarer Kraft geschenkt hätten, mit dem er die Angriffe der wilden Waldmenschen siegreich zurückschlug. Nachher tötete Peleus den treulosen Akastos samt seiner Gattin, nachdem er Iolkos mit Hilfe der Dioskuren eingenommen hatte. Zur Belohnung für seine Keuschheit aber gaben ihm die Götter die herrliche Nereide Thetis zur Gemahlin, die unsterbliche Göttin dem sterblichen Manne. Sie gebar ihm den einzigen Sohn Achilleus, den gewaltigsten Helden des trojanischen Krieges. Daß Thetis ihren Gemahl bald nach der Geburt des Achilleus wieder verlassen habe, weil er sie störte, als sie, ähnlich wie Demeter den Sohn des Keleos, ihr Kind im Feuer unsterblich machen wollte, ist spätere Sage, die Homer nicht kennt. Noch später dichtete man, daß sie ihren Sohn in das Wasser des Styx getaucht und dadurch mit Ausnahme der Ferse, wo sie angefaßt hatte, unverwundbar gemacht habe. Auch ihm gab man, wie allen hervorragenden Helden, den Cheiron zum Erzieher, unter dessen Leitung

IV. Gemeinschaftl. Unternehmungen etc. Der trojanische Krieg.

sich jene so wunderbare körperliche Gewandtheit bei ihm entwickelt, durch die er alle seine Zeitgenossen weit überragt. Neben Cheiron nennt Homer auch den Amyntoriden Phoinix als Erzieher des jungen Achill. In den trojanischen Krieg zieht der junge Held mit freudiger Entschlossenheit, wiewohl er voraus weiß, daß es ihm nicht beschieden sei, von dort heimzukehren, und es ist wiederum nachhomerische Dichtung, daß Thetis, um ihn dem Schicksale eines so frühzeitigen Todes zu entziehen, ihn in Frauenkleidern nach Skyros geschickt und im Hause des Lykomedes versteckt habe, daß er aber durch die List des Odysseus dort ausfindig gemacht worden sei.

Von dem zweiten Sohne des Äakos, Telamon, stammt der fast nicht minder bedeutende Held Aias (Ajax). Telamon hatte nach der Flucht der beiden Brüder aus dem väterlichen Hause eine neue Heimat in Salamis gefunden, wo ihm der König Kychreus, ein Sohn des Poseidon, seine Tochter zur Frau gab und bei seinem Tode die Herrschaft hinterließ. Telamon heiratete dann nach dem Tode seiner ersten Gattin die Periboia, eine Tochter des Alkathoos aus Megara, die ihm den Aias gebar. Die Sage weiß viel von der innigen Freundschaft des Herakles und Telamon zu erzählen, weshalb dieser auch an dem trojanischen Feldzuge seines mächtigen Freundes teilnahm. Von diesem brachte er die gefangene trojanische Königstochter Hesione heim, die Mutter seines zweiten als Bogenschützen berühmten Sohnes Teukros. Daß die Sage einen so bedeutenden Helden wie Telamon auch an der kalydonischen Jagd und an der Argonautenfahrt teilnehmen läßt, versteht sich fast von selbst. Hinter einem so ritterlichen Vater steht nun sein Sohn Aias, den der gewaltige Held Herakles auf seinen Armen gewiegt und auf den er den Segen seines Vaters Zeus herabgefleht hatte, in keiner Weise zurück. Er ist riesiger von Wuchs und gewaltiger von Kraft als alle andern Helden, aber dem gewandten Achilleus gegenüber hat er etwas Plumpes und Schwerfälliges. Sein ungeheurer Schild ist für ihn ebenso charakteristisch, wie für Achilleus die schwere Lanze. Sein Halbbruder Teukros steht ihm als der beste griechische Bogenschütze würdig zur Seite.

d. Nestor, der lokrische Aias, Diomedes, Odysseus.

Neben Helden aus dem Stamme der Pelopiden und Äakiden ist an erster Stelle der greise Nestor zu nennen, dessen weiser Rat den Griechen vor Troja ebenso unentbehrlich war, als der Heldenmut eines Achilleus und Aias. Er war der jüngste unter den zwölf Söhnen des Neleus. Dieser, ein Sohn des Poseidon und der Tyro, hatte in Messenien eine neue Heimat gefunden. Seine Herrschaft erlitt aber einen gewaltigen Stoß durch die Feindschaft des Herakles, der alle seine Söhne bis auf Nestor erschlug. Nach diesem jähen Sturze erhob sich durch Nestor das Geschlecht der Neliden zu neuem Glanze, der als Jüngling gegen die benachbarten Epeier und Arkadier kämpfte und die Herrschaft seines Vaters in ihrem ganzen Umfange wieder herstellte. An dem Kampfe der Lapithen gegen die Kentauren, an der kalydonischen Jagd und an dem Argonautenzuge lassen ihn die Dichter gleichfalls Anteil nehmen. Obwohl bereits in so hohem Alter stehend, daß er über das dritte Geschlecht der redenden Menschen herrschte, konnte er doch der Lust nicht widerstehen, an dem trojanischen Kriege teilzunehmen.

Der lokrische Aias, auch zum Unterschiede von seinem Namensvetter der kleine genannt, war ein Sohn des lokrischen Herrschers Oïleus, der als Teilnehmer am Argonautenzuge erwähnt wird. Aias war unter den Helden vor Troja hervorragend durch seine Gewandtheit im Speerwerfen und durch seine große Schnelligkeit, worin er nur von Achilleus übertroffen wurde. Seine Krieger, die opuntischen Lokrer, waren leichtbewaffnete Truppen.

Diomedes, Sohn des ungestümen Tydeus, der in dem Kriege der Sieben gegen Theben seinen Tod fand, machte den Epigonenkrieg mit und gewann dann die Herrschaft über Argos, jedoch unter der Oberherrschaft des Agamemnon zu Mykenä. Seinen Großvater Oineus, der von den Söhnen seines Bruders Agrios entthront worden war, setzte er wieder in seine Herrschaft ein. In der Ilias erscheint er als ein besonderer Liebling der Pallas Athene, und Homer räumt ihm in den Kämpfen der Griechen vor Troja eine hervorragende Stelle ein. In der nachhomerischen Dichtung erscheint er besonders bedeutsam als der Räuber des trojanischen Palladions.

Odysseus endlich, der populärste unter den Helden des trojanischen Zyklus, war der Sohn des Laërtes auf Ithaka und der Antikleia, der Tochter des am Parnaß seßhaften und durch seine große Verschlagenheit berühmten Autolykos, von dem also der Enkel seine Schlauheit geerbt haben mag. Durch seine Gemahlin Penelope, die Tochter des Ikarios, der ein Bruder des Tyndareos

IV. Gemeinschaftl. Unternehmungen etc. Der trojanische Krieg.   285

war, steht Odysseus in naher verwandtschaftlicher Beziehung zu den Atriden und folgt daher, wenn auch widerstrebend, der Aufforderung des Menelaos, ihn auf dem Zuge gegen Troja zu begleiten. Wegen seiner Klugheit, Redefertigkeit, Gewandtheit in allen ritterlichen Übungen und seiner Unerschrockenheit in Gefahren ist auch er ein besonderer Liebling der Pallas.

B. Der Krieg.

Die Ilias, die bedeutendste Quelle für die trojanische Heldensage, behandelt bekanntlich die ersten neun Jahre des Krieges gar nicht und auch aus den Ereignissen des zehnten Kriegsjahres nur die verhältnismäßig kurze Episode von dem Zwiste zwischen Achilleus und Agamemnon bis zum Tode Hektors (51 Tage). Von der Veranlassung des Krieges und den Begebenheiten der vorausgegangenen neun Jahre ist also nur gelegentlich die Rede. Die Erzählung muß daher nach solchen Schriftstellern ergänzt werden, die aus andern jetzt nicht mehr vorhandenen epischen Dichtungen des trojanischen Zyklus zu schöpfen imstande waren.

Die nicht zur Hochzeitfeier des Peleus und der Thetis geladene Eris rächte sich für die Vernachlässigung durch Erregung eines Zankes um den mit der Aufschrift: »Der Schönsten« versehenen Apfel. Zeus wies die um seinen Besitz sich streitenden Göttinnen Hera, Athena und Aphrodite an das Urteil des Paris. Dieser Sohn des Königs Priamos war wegen eines Traumes von böser Vorbedeutung, den seine Mutter Hekabe während der Schwangerschaft gehabt hatte, nach seiner Geburt auf dem Idagebirge ausgesetzt, aber von Hirten gefunden und aufgezogen worden. Er entschied den Streit zugunsten der Aphrodite, die ihm das schönste Weib der Erde als Gattin versprochen hatte. (Fig. 121. Rel. des Pal. Spada: der jugendliche Hirt leiht den Einflüsterungen des Eros ein williges Ohr). Als der durch seine Schönheit wie körperliche Gewandtheit gleich ausgezeichnete Jüngling bald darauf bei einem von Priamos veranstalteten Festspiele alle seine Brüder besiegte, wurde er durch die Seherin Kassandra erkannt und von Priamos wieder zu Gnaden angenommen. (Fig. 122, Rel. des Pal. Spada; Oinone, die Geliebte des Paris, versucht umsonst, ihn von der Fahrt nach Griechenland zurückzuhalten). Nun folgt die Reise des Paris über das Meer, die

121. Paris. Relief des Pal. Spada.

IV. Gemeinschaftl. Unternehmungen etc. Der trojanische Krieg. 287

122. Paris und Oinone. Relief des Pal. Spada.

ihn an den Hof des Menelaos nach Sparta führt, wo er gastlich empfangen wird. Da entzündete Aphrodite in dem Herzen der jungen Gemahlin des Königs eine verhängnisvolle Liebe zu dem durch den Zauber seiner Schönheit wie den orientalischen Glanz seines Auftretens gleich blendenden Gaste. (Fig. 123, Rel. in Neapel).

123. Paris und Helena. Relief in Neapel.

Während Menelaos auf einer Reise nach Kreta abwesend war, ihre Brüder, die Dioskuren, aber der Streit mit den Aphariden beschäftigt hielt, folgte Helena ihrem Verführer nach Troja. Da man dort ihre Auslieferung verweigerte, so wurde es Menelaos leicht, ganz Griechenland für den Gedanken eines Rachekrieges zu entflammen, zumal da ein großer Teil der griechischen Fürsten, die ehedem um die Helena gefreit hatten, von Tyndareos durch einen Eid verpflichtet waren, dem von der Helena erkorenen Freier, sobald er von irgend

IV. Gemeinschaftl. Unternehmungen etc. Der trojanische Krieg. 289

einer Seite beleidigt oder angegriffen werden würde, Beistand zu leisten. In dem böotischen Hafen Aulis versammelten sich die wohlbemannten Schiffe der griechischen Helden, nach dem home-

124. Opferung der Iphigenia. Wandgemälde aus Pompeji.

rischen Schiffskatalog 1186 an der Zahl, von denen der zum Oberanführer erwählte Agamemnon allein über hundert gestellt hatte. Als aber Agamemnon die Artemis durch Erlegung einer ihr geweihten Hirschkuh beleidigt hatte, erfolgte eine das Auslaufen der Flotte verhindernde Windstille. Um den Zorn der Göttin zu versöhnen, sollte Agamemnons Tochter Iphigenia auf Befehl des Priesters Kalchas den Opfertod erleiden, aber im entscheidenden Augenblicke entrückte sie die Göttin nach Taurien, indem sie statt ihrer eine Hirschkuh unterschob, und bestellte sie zur Priesterin ihres dortigen Tempels (vgl. Fig. 124, pomp. Wandgemälde). Die Flotte lief nun mit glücklichem Winde aus und machte in Tenedos, der trojanischen Küste gegenüber, Halt. Bei einem Opfer auf der Insel Chryse wurde Philoktetes, der die Pfeile und den Bogen des Herakles besaß, an die das Schicksal die Eroberung Trojas geknüpft hatte, von einer Schlange in den Fuß gebissen (Fig. 125) und nun wegen seiner Klagen und des üblen Geruchs der eiternden Wunde nach Lemnos gebracht, wo man ihn seinem Schicksale überließ. Hierauf kam es zur Landung an der trojanischen Küste, der die Trojaner unter Hektor und Äneas sich vergeblich widersetzten, nachdem sich Protesilaos für die Griechen dem Tode geweiht hatte und zuerst ans Land gesprungen war. Auch Kyknos, der gewaltige Sohn des Poseidon, der zu Kolonae in Troas herrschte und den Trojanern zu Hilfe geeilt war, konnte das Vordringen der Griechen nicht hemmen. Da er am ganzen Leibe undurchdringlich war, erwürgte ihn Achilleus mit einem um den Hals geschlungenen Riemen.

Nachdem nun die Griechen ihr Schiffslager errichtet, beginnt der eigentliche Krieg. Dieser beschränkt sich jedoch, da mehrere Versuche, die Stadt zu erstürmen, von den Trojanern glücklich abgeschlagen werden, auf Streif- und Plünderungszüge der Griechen in die benachbarten Gegenden, wobei sich regelmäßig Achill am meisten hervortut. An bedeutenden Ereignissen sind die ersten neun Jahre des Krieges arm, und nur der durch Achill erfolgte Tod des jüngsten Priamiden Troilos, sowie der durch die Ränke des Odysseus bewirkte Untergang des Palamedes aus Euböa bilden hervorstechende Episoden in dem ermüdenden Einerlei dieser Belagerung. Endlich nimmt im zehnten Jahre durch den um die Briseis entstandenen Streit des Achilleus und Agamemnon die Sache eine andere Wendung. Hier beginnt die Ilias. Nachdem Achill grollend und jede weitere Teilnahme am Kampfe versagend sich in sein Zelt zurückgezogen hat, werden die Trojaner, die ihn mehr als alle anderen Griechen fürchten, wieder kühner und wagen sich aus ihren Mauern wieder ins Freie. Bei dem nächsten Zusammen-

IV. Gemeinschaftl. Unternehmungen etc. Der trojanische Krieg.

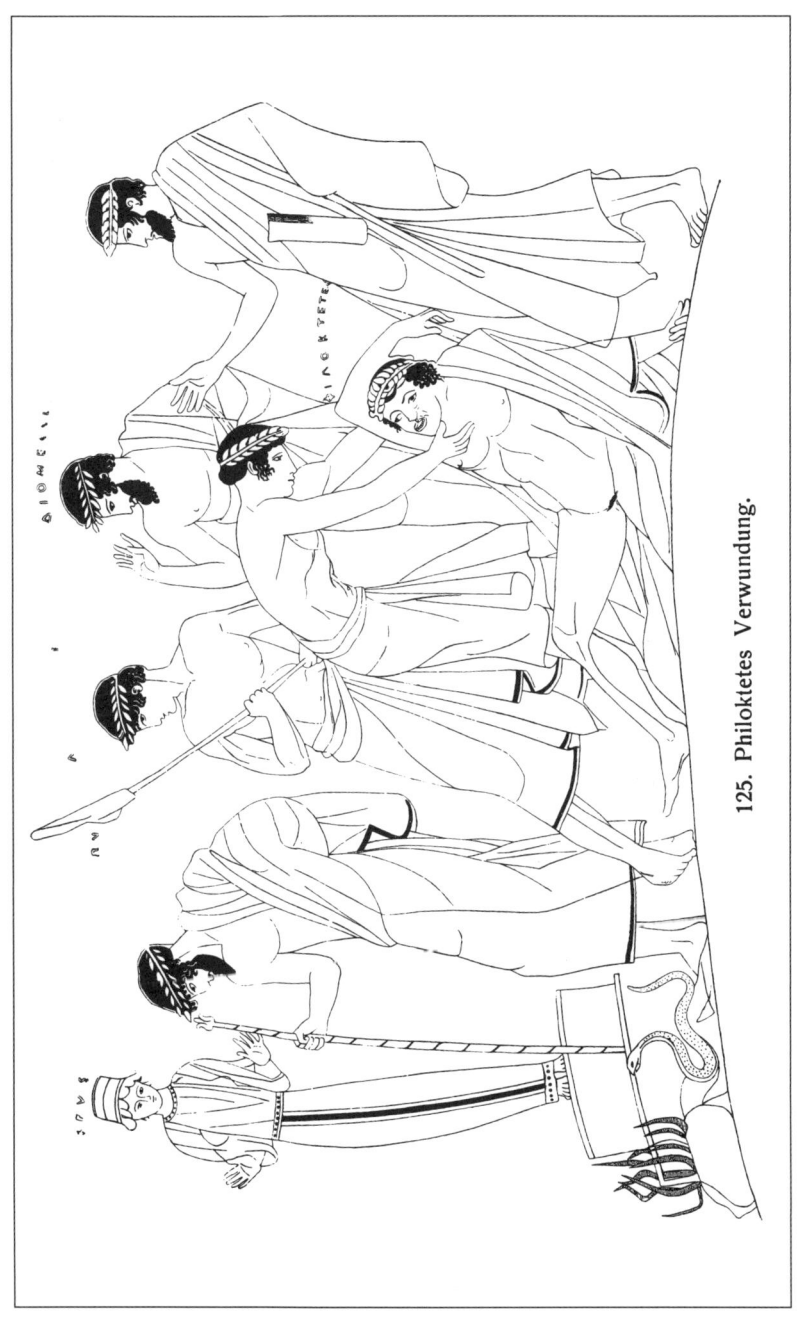

125. Philoktetes Verwundung.

stoße mit den Feinden verleiht ihnen Zeus auf die dringenden Bitten der Thetis den Sieg. Hektor treibt die Griechen in ihr Schiffslager zurück und ist schon im Begriff, Feuerbrände hineinzuschleudern, als Achill durch die Bitten seines Freundes Patroklos sich bewegen läßt, ihm zu erlauben, daß er in Achills Rüstung an der Spitze der Myrmidonen den bedrängten Griechen zu Hilfe eile. Die Trojaner weichen wieder zurück, aber der ihnen allzu hitzig nachsetzende Patroklos wird in wildem Kampfgetümmel von Hektor erschlagen und seiner Waffenrüstung beraubt. Seinen Leichnam jedoch rettet Menelaos nach einem hartnäckigen Kampf mit Hilfe des großen Aias und anderer Helden. Nun hatte Achill keinen andern Gedanken mehr, als den Tod seines Freundes an Hektor zu rächen. Kaum kann er es erwarten, bis er durch Vermittelung seiner Mutter aus der Schmiedewerkstatt des Hephästos eine neue Waffenrüstung erhält (vgl. Fig. 32). Sobald er in ihrem Besitze ist, erscheint er von neuem auf dem Kampfplatz, und Hektor, der Schutz und Hort der Trojaner, erliegt bald seinen stürmischen Angriffen. Den Leichnam des Erschlagenen war Achill jedoch großmütig genug, dem alten Priamos auf seine Bitten zurückzugeben.

Die feierliche Bestattung des Hektor bildet den Schluß der Ilias. Die weiteren Begebenheiten bis zum Tode Achills und dem Streite um seine Waffen behandelte die Äthiopis des Arktinos von Milet, die sog. kleine Ilias des Lesches und die Iliu Persis von Arktinos, Epen, von deren Inhalt wir eine ungefähre Kenntnis haben. Achill verrichtete noch allerlei glänzende Taten vor Troja, welche die ältere Sage offenbar nicht gekannt hat. Zuerst erscheint gleich nach Hektors Fall die Amazonenkönigin Penthesileia, um den Trojanern zu helfen. Sie kämpft an der Spitze ihrer kriegerischen Schar so tapfer, daß die Griechen ins Gedränge geraten, bis Achill die heldenmütige Tochter des Ares überwindet. Nach ihrem Untergange kommt den Trojanern eine neue Hilfe durch den Äthiopierfürsten Memnon, einen Sohn der Eos und des Tithonos (S. 100). Durch die Hand dieses fiel unter andern Antilochos, Nestors Sohn. Als er dann aber auch mit dem gewaltigen Peliden sich zu messen wagte, mußte er nach rühmlichem Kampfe unterliegen. Den Verlust des herrlichen Sohnes wurde Eos nicht müde zu beweinen, wie der frische Morgentau beweist, der nur von ihren Tränen herrührt. Jetzt sollte aber auch den Bezwinger so vieler Helden das Todesverhängnis

IV. Gemeinschaftl. Unternehmungen etc. Der trojanische Krieg. 293

ereilen. Als er mit seinen Myrmidonen das skäische Tor erstürmen wollte, fällte ihn ein von Paris abgeschossener Pfeil, den Apollon lenkte. Die spätere Dichtung, der sich auch die Tragiker anschlossen, ließ ihn abweichend hiervon bei der Feier seines Verlöbnisses mit Polyxena, der schönen Tochter des Priamos, meuchlings ermordet werden. Um seinen Leichnam und seine Waffenrüstung entspann sich ein wütender Kampf, der den ganzen Tag währte, bis es den Anstrengungen des Aias und Odysseus gelang, den Leichnam in Sicherheit zu bringen. Trauer und Bestürzung über seinen Tod herrschten im Lager der Griechen, Thetis aber und die ganze Schar

126. Streit des Aias und Odysseus um die Waffen Achills.
Vasenbild in Wien.

der Nereiden beklagten sein frühes Ende siebzehn Tage und Nächte lang mit so rührenden Klaggesängen, daß sich Götter und Menschen der Tränen nicht zu erwehren vermochten.

»Siehe, da weinen die Götter, es weinen die Göttinnen alle,
Daß das Schöne vergeht, daß das Vollkommene stirbt.«

Ein trauriges Nachspiel zu dem Ende des herrlichsten aller Griechenhelden ist der Streit des Aias und Odysseus um die Waffen Achills (Fig. 126, Vasenbild in Wien). Wohl hatte Aias als naher Verwandter des Gefallenen und wegen seiner verdienstlichen Taten das nächste Anrecht an sie, Agamemnon aber erkannte sie auf den Rat der Athena dem Odysseus zu, über welche Kränkung sich Aias so grämte, daß er in Wahnsinn verfiel und sich selbst tötete (Fig. 127, eine Bronze aus Populonia). Das Trauerspiel des Sophokles, das diesen tragischen Ausgang des Telamoniers behandelt, ist uns noch vollständig erhalten.

127. Aias' Selbstmord. Bronze aus Populonia.

Nachdem auch Aias vom Schauplatze abgetreten, wird Odysseus die Hauptperson unter den griechischen Helden. Er war es, der den trojanischen Seher Helenos gefangen nahm und ihm das Geheimnis abpreßte, daß Ilios ohne die Pfeile des Herakles nicht erobert werden könne, worauf Philoktetes, der noch immer, an seiner Wunde krankend, auf Lemnos verweilte, herbeigeholt und durch Machaon geheilt wurde. Durch Philoktetes wurde dann Paris getötet. Odysseus führte ferner in Gemeinschaft mit Diomedes das

IV. Gemeinschaftl. Unternehmungen etc. Der trojanische Krieg. 295

128. Odysseus und Diomedes. Relief des Pal. Spada.

gefährliche Abenteuer aus, sich verkleidet in Troja einzuschleichen und das Palladion, an dessen Besitz das Heil der Stadt geknüpft war, von der Burg zu rauben (Fig. 128, Rel. des Pal. Spada.*) Auch war er es, der den jungen Sohn des Achilleus, Neoptolemos, von Skyros in das griechische Lager holte, weil nach dem Schicksale auch dessen Abwesenheit zur Bezwingung der Stadt notwendig war. Endlich, und das ist wohl sein größtes Verdienst, wurde auf den Rat des Odysseus von Epeios das berühmte hölzerne Pferd erbaut und durch ihn der ganze listige Anschlag erdacht, der den schließlichen Untergang der im Kampfe unbezwungenen Stadt herbeiführte. Dreißig auserlesene Griechenhelden verbargen sich in dem Bauche des Pferdes, die übrigen Griechen verbrannten das Schiffslager und zogen zum Scheine ab, worauf die durch Sinon betörten Trojaner das unheilvolle Roß unter Jubelgeschrei in die Stadt zogen. Vergebens versuchte es der trojanische Apolloprietser Laokoon, seine Landsleute von dieser Torheit abzuhalten, er fand kein Gehör, und als nun gar, da Laokoon am Strande dem Poseidon ein Opfer darbringen wollte, zwei Schlangen aus dem Meere hervorkamen und ihn nebst seinen beiden Söhnen erwürgten, sahen die Trojaner darin eine Strafe der Götter für sein frevelhaftes Beginnen und wurden erst recht in ihrem Entschlusse bestärkt.

Der Tod des Laokoon und seiner Söhne ist in einem der herrlichsten Kunstwerke des Altertums dargestellt, das wahrscheinlich dem ersten vorchristlichen Jahrhundert entstammt. Gefunden wurde die berühmte Laokoongruppe im Jahre 1506 durch einen römischen Bürger in seinem Weinberge in der Nähe der ehemaligen Thermen des Titus und gegen ein ansehnliches Jahrgeld dem damaligen Papste Julius II. überlassen, der sie dann der vatikanischen Sammlung einverleibte. Der fehlende rechte Arm Laokoons ist leider unrichtig restauriert worden; er war ohne Zweifel mehr nach dem Kopfe hingewandt. Die nebenstehende Abbildung (Fig. 129) zeigt die Gruppe in ihrer jetzigen (restaurierten) Gestalt. Die Handlung besteht eigentlich aus drei einzelnen Momenten, die geschickt von den drei Künstlern, denen wir dieses Werk verdanken (den Rhodiern Agesandros, Athenodoros und Polydoros) zu einer einheitlichen Gruppe verflochten sind. Der älteste Sohn ist noch völlig unverletzt und scheint erst so lose von den Schlangen umstrickt, daß man meint, er müsse noch dem drohenden Verderben entfliehen können und ihn fessele mehr die liebende Teilnahme für seinen edlen Vater, zu dem er mit kläglicher Miene emporblickt,

---

*) Dabei sollen die beiden Helden in Streit geraten sein, indem jeder für sich die Ehre allein gewinnen wollte.

IV. Gemeinschaftl. Unternehmungen etc. Der trojanische Krieg. 297

129. Laokoongruppe. Vatikan.

als der äußere Zwang. Laokoon selbst, der naturgemäß die Mitte der Gruppe einnimmt, ist in dem Augenblicke dargestellt, wo er tödlich durch den Biß der Schlange verwundet auf dem Altar zusammenbricht, von dem sich wieder zu erheben er vergebens die letzte Kraft aufbietet, wie denn auch die Linke nur noch mechanisch die Schlangen zurückzudrängen sucht. Sein bis dahin energischer Widerstand gegen die auf ihn eindringenden feindlichen Gewalten droht zu erlahmen, sein edles Haupt ist in schmerzlicher Resignation zum Himmel gerichtet, als wolle er die Götter fragen, warum sie ein so entsetzliches Geschick über ihn verhängt haben. Diese würdige und gefaßte Haltung bildet den schönsten Kontrast zu seinem offenbar von den heftigsten Schmerzen durchzuckten Leibe. Der junge Sohn endlich zur Rechten des Vaters liegt bereits in den letzten Todeszuckungen. Wenn auch die Linke noch instinktartig nach dem Kopfe der Schlange greift, so ist doch von keinem Widerstande mehr die Rede, wie eine geknickte Blume sinkt er in sich zusammen und wird im nächsten Augenblicke seinen letzten Seufzer aushauchen.

In der Nacht, die auf Laokoons schreckliches Ende und die Freudenfeste der Trojaner über den Abzug der Griechen folgte, kehrte nun auf ein von Sinon oder nach anderer Nachricht von Helena gegebenes Feuerzeichen die griechische Flotte in aller Stille von Tenedos, wo sie sich verborgen gehalten hatte, zurück, und das Heer drang, nachdem inzwischen die im Bauche des hölzernen Pferdes versteckten Helden ausgestiegen waren und die Tore entriegelt hatten, in die Stadt ein. Ein schreckliches Plündern und Morden begann nun, dem die Trojaner noch einen letzten verzweifelten Widerstand entgegensetzten. Aber die Geschicke der heiligen Stadt hatten sich erfüllt, Priamos fiel am Altar des Zeus von der Hand des Neoptolemos, mit ihm sank Trojas Herrlichkeit in Schutt und Asche. Die Männer wurden getötet, die Weiber und Kinder samt der reichen Beute als Gefangene fortgeschleppt, um dem traurigen Lose der Sklaverei entgegenzugehen. Unter ihnen war auch die greise Königin Hekabe mit ihren zahlreichen Töchtern und Schwiegertöchtern. Die Anstifterin alles Unheils, Helena, fand man im Hause des Deïphobos, der nach seines Bruders Paris Tode ihr Gemahl geworden war, und Menelaos würde in seinem Grimme über das treulose Weib sie getötet haben, wenn nicht ihre bezaubernde Schönheit ihn im entscheidenden Augenblicke doch wieder entwaffnet hätte.

IV. Gemeinschaftl. Unternehmungen etc. Der trojanische Krieg. 299

C. Die Heimkehr.

Nachdem die Griechen noch die Polyxena auf dem Grabe des Achill in Sigeum geopfert hatten, schickten sie sich zur Heimkehr an. Aber nur wenigen von ihnen war es beschieden, ohne jeglichen Unfall in die Heimat zu gelangen oder, dort angelangt, erfreuliche Verhältnisse vorzufinden. Was zunächst das Schicksal der beiden Atriden betrifft, so landete Agamemnon, nachdem er einem Sturme an der Küste von Euböa glücklich entronnen war, an den heimatlichen Gestaden, wurde aber durch die Tücke seiner Gattin Klytämestra, die sich inzwischen mit dem nach Argos zurückgekehrten Ägisthos vermählt hatte, mit Hilfe des letzteren meuchlings ermordet. Sein Schicksal teilte auch die trojanische Seherin Kassandra, die Tochter des Priamos, die ihren Landsleuten stets den unglücklichen Ausgang und den endlichen Fall Trojas vorausgesagt, aber dafür nur Spott und Hohn geerntet hatte. Sie war bei der Teilung der trojanischen Beute dem Agamemnon als Sklavin zugefallen. Der tragische Ausgang des Oberanführers der Griechen mit seinen daran sich knüpfenden verhängnisvollen Folgen hat den griechischen Trauerspieldichtern einen willkommenen Stoff dargeboten. Die Rache nämlich für die an Agamemnon verübte Freveltat sollte nicht ausbleiben. Orestes, der einzige Sohn Agamemnons und der Klytämestra, war während der schrecklichen Katastrophe, die dem Leben des Vaters ein Ende machte, von seiner älteren Schwester Elektra schnell aus dem Hause entfernt und zu seinem Oheim Strophios in Phokis gebracht worden. Dieser erzog ihn mit seinem eigenen Sohne Pylades, der ungefähr gleichen Alters mit seinem Vetter war, und es bildete sich rasch zwischen beiden Jünglingen jene innige Herzensfreundschaft aus, die wegen ihrer Treue und Beständigkeit einen fast sprichwörtlichen Ruf erlangt hat. Als Orestes völlig erwachsen war, beschloß er, an Ägisthos und Klytämestra für die Ermordung seines Vaters Rache zu nehmen. Von seinem Freunde Pylades begleitet, kehrte er im achten Jahre seines Exils nach Mykenae zurück und erschlug nicht nur den Ägisthos, sondern auch seine Mutter. Während er so der einen Pflicht genügte, lud er zugleich die schwerste Schuld auf sich, indem er diejenige tötete, die ihm das Leben gegeben hatte, und alsbald sah er sich von den rächenden Erinyen verfolgt, die sich an seine Fersen hefteten und ihn ruhelos durch die Länder der Erde umhertrieben, bis er endlich vom Orakel in Delphi die Weisung erhielt, aus Tauris das Bild der Artemis zu holen und nach Attika zu bringen. Nachdem ihm dieses mit Hilfe seiner in Tauris wiedergefundenen Schwester gelungen, ward Orestes durch Appollon entsühnt (das Nähere darüber s. S. 170). Von den zahlreichen Bühnenstücken, welche die hier in kurzem Überblick gegebenen Schicksale des Hauses der Pelopiden behandelten, sind uns noch erhalten: Agamemnon, die Choephoren und Eumeniden des Äschylos, die Elektra des Sophokles, die Elektra, der Orestes und die taurische Iphigenie des Euripides.

Doch wir müssen uns zu den Schicksalen der übrigen griechischen Heerführer zurückwenden. Agamemnons Bruder Menelaos wurde auf der Heimkehr beim Vorgebirge Malea von einem schrecklichen Sturme überfallen, der ihn nach Kreta und Ägypten verschlug, von wo er erst nach siebenjährigem Umherirren mit Helena und den erbeuteten Schätzen nach Sparta zurückkehrte. Hier verlebte er den Rest seiner Tage in ununterbrochenem Glanze und Glücke.

Ein ungleich traurigeres Schicksal begegnete dem lokrischen Aias. Weil er bei der Zerstörung Trojas in den Tempel der Pallas eingedrungen war und nicht nur die das heilige Bild der Göttin umfaßt haltende Priesterin Kassandra bei den Haaren hinweggeschleift und freventlich mißhandelt, sondern auch das Bild der Göttin umgestürzt hatte, ließ diese sein Schiff am kaphareischen Vorgebirge scheitern. Noch hätte er das nackte Leben gerettet, da es ihm gelungen war, ein Felsenriff zu erklettern. Doch sein übermütiges Prahlen, daß er zu seiner Rettung der Hilfe der Götter nicht bedürfe, reizte den Zorn des Poseidon so sehr, daß dieser mit seinem Dreizack den Felsen spaltete, worauf Aias ins Meer stürzte und ertrank.

Diomedes, Philoktetes und Idomeneus gelangten zwar unversehrt nach Hause, wurden aber bald darauf aus ihrer Heimat vertrieben und wanderten alle drei nach Italien, wo Diomedes viele Städte gegründet haben soll und noch lange als Heros göttliche Verehrung genoß. Ebenso kehrte Teukros unversehrt nach Salamis zurück, allein sein Vater Telamon wollte ihn nicht wieder aufnehmen, aus Zorn darüber, daß er das Leben seines Bruders Aias nicht besser behütet und dessen Tod nicht gerächt habe. Also verließ Teukros seine Heimat wieder und siedelte sich auf der Insel Kypros an.

IV. Gemeinschaftl. Unternehmungen etc. Der trojanische Krieg.

Die meisten Widerwärtigkeiten aber ließ die Sagendichtung den Odysseus erleben, während daheim seine treue Gattin Penelope und sein Sohn Telemachos durch die Freier arg bedrängt wurden. Erst im zehnten Jahre nach Trojas Zerstörung war es ihm nach vielen Irrfahrten vergönnt, das heimatliche Ithaka wiederzuschauen und sich an den Freiern, die sein Hab und Gut verzehrt hatten, zu rächen. Von seinen wunderbaren Schicksalen handelt das zweite große unter dem Namen Homers überlieferte griechische Volksepos, die Odyssee.

1. Der hier gegebenen Darstellung gemäß wurde Odysseus, der mit zwölf Schiffen von dem trojanischen Gestade abgefahren war, zunächst nach der thrakischen Küste verschlagen, wo er einen Kampf mit den Kikonen zu bestehen hatte. Er zerstörte zwar deren Stadt Ismaros, als aber seine Gefährten zur Feier des Sieges am Meeresstrande ein großes Zechgelage veranstaltet hatten, wurden sie in der Frühe des Morgens von den Kikonen überfallen und zweiundsiebzig aus ihrer Mitte erschlagen. Mit den übrigen erreichte Odysseus glücklich das Vorgebirge von Malea. Von dort trieb ihn aber ein heftiger Sturm in das offene Meer.

2. Nach neuntägigem planlosen Umherirren gelangte er an die Küste der Lothophagen (Lotosesser), so genannt von ihrer gewöhnlichen Speise, einer Frucht, deren Genuß auf die Gefährten des Odysseus, die davon aßen, eine wunderbare Wirkung ausübte. Sie gedachten nicht mehr der Heimkehr in das Vaterland, sondern wünschten bei den Lothophagen zu bleiben. Aber Odysseus ließ sie mit Gewalt auf die Schiffe bringen und fuhr weiter.

3. Sein nächstes Abenteuer ist die Begegnung mit dem Kyklopen Polyphemos. Die Kyklopen waren ein unmenschliches Volk von Riesen auf einer Insel des Westmeeres und wohnten zerstreut auf den Bergen, auf denen sie ihre großen Schafherden weideten. Odysseus landete mit nur zwölf Gefährten auf der Insel, die übrigen ließ er in der Nähe auf seine Rückkehr warten. In der Höhle des Polyphem wäre es dem Odysseus bald schlecht ergangen. Denn der einäugig Riese verzehrte nach seiner Heimkehr sofort zwei seiner Gefährten, desgleichen am folgenden Morgen zwei andere. Da er die Höhle beim Fortgehen mit einem gewaltigen Felsblock verschloß, so schien ein Entrinnen aus dieser Gefahr unmöglich zu sein. Aber der erfinderische Geist des Odysseus wußte auch hier Rettung zu finden. Mit einem Schlauch starken

Weines, den ihm der Apollopriester Maron in Ismaros geschenkt und den er glücklicherweise mitgebracht hatte, machte er am zweiten Abend den Kyklopen trunken und bohrte ihm dann mit einem zugespitzten und im Feuer glühend gemachten Pfahle das Auge aus. Am andern Morgen entkam Odysseus mit den noch übrigen Gefährten, nachdem sie unter den Bäuchen der stärksten Widder von Polyphems Herde ein sicheres Versteck gefunden hatten. Durch diese Tat zog sich Odysseus den grimmigen Haß Poseidons zu, dessen Sohn Polyphem war.

4. Von den Kyklopen kam Odysseus nach Äolia, der fabelhaften Insel des Königs der Winde, Äolos bewirtete unsern Helden aufs freundlichste und gab ihm beim Abschiede, um ihn sicher nach Hause zu geleiten, einen Schlauch mit, in den er alle widrigen Winde verschlossen hatte. Schon war Odysseus in die Nähe seines heimatlichen Ithaka gekommen und glaubte sich am Ziele aller Mühen, als seine Gefährten, während er schlief, von Habgier getrieben, den verhängnisvollen Schlauch öffneten, infolgedessen die Schiffe wieder mit furchtbarer Gewalt in das Westmeer getrieben wurden.

5. Sein fünftes Abenteuer hatte Odysseus bei den Lästrygonen, einem Volke menschenfressender Riesen. Diese wohnten in einer Gegend, wo die Nächte so hell waren, daß ein Mann, der des Schlafes entbehren konnte, doppelten Tagelohn hätte verdienen können. Nur mit einem einzigen Schiffe entkam Odysseus diesen Unholden, die übrigen hatten sie mit gewaltigen Felsblöcken zertrümmert.

6. Es folgt nun das Abenteuer bei der schönen Zauberin Kirke (Circe), der Tochter des Helios, die mit ihren Nymphen die einsame Insel Äa bewohnte und die an ihr Gestade verschlagenen Fremdlinge in allerlei Tiergestalten zu verzaubern pflegte. Odysseus schickt nach seiner Landung die Hälfte seiner Mannschaft unter Führung des Eurylochos zum Palaste der Kirke, wo sie freundlich bewirtet, dann aber in Schweine verwandelt werden. Nur Eurylochos, der von dem Zaubersafte der Göttin nichts genossen, entgeht diesem Schicksale und bringt dem Odysseus Nachricht von dem Vorgefallenen. Da macht sich der Held allein auf und befreit mit Hilfe des Hermes, der ihm ein gegen allen Zauber schützendes Kraut gibt, seine Gefährten. Alle bleiben dann noch ein ganzes Jahr auf der Insel, wo sie auf das herrlichste gepflegt werden.

IV. Gemeinschaftl. Unternehmungen etc. Der trojanische Krieg. 303

7. Hieran schließt sich die Nekyia, das Lied von Odysseus' Fahrt zur Unterwelt. Kirke hatte ihm geraten, den Seher Teiresias in der Unterwelt um seine weiteren Schicksale zu befragen und ihm alle zu diesem Ziele führenden Mittel und Wege angegeben. Im Lande der Kimmerier gelangt er zu den Pforten des Hades, erhält hier von Teiresias Auskunft über seine weiteren Lebensschicksale und hat auch eine Begegnung mit seiner inzwischen verstorbenen Mutter, die ihm von seinem Sohne Telemachos, von seinem Vater Laërtes und von der bedrängten Lage seiner treuen Gattin Penelope

130. Odysseus und Teiresias. Vasenbild in Paris.

erzählt (Fig. 130, ein Vasenbild in Paris. Der Kopf des Teiresias erscheint am Boden vor den Füßen des sitzenden Odysseus).

8. **Seirenen, Skylla und Charybdis.** Von dort zurückgekehrt macht Odysseus der Kirke einen nochmaligen Besuch, die ihm mit gutem Rate inbetreff der weiterhin seiner harrenden Gefahren zur Hand geht. Zunächst gelangt er an die Insel der Seirenen. Diese verführerischen »Musen der See« verlockten die vorbeifahrenden Schiffer durch ihren wunderbaren Gesang zur Landung an ihrer Insel, wo sie dann elendiglich umkamen. Sie sind natürlich nichts als eine Personifikation der Gefahren, die sich unter der spiegelglatten, scheinbar ungefährlichen Oberfläche des Wassers

verbergen. Odysseus verstopft seinen Gefährten die Ohren mit Wachs, sich selbst läßt er an den Mastbaum mit starken Stricken festbinden und entgeht so glücklich aller Gefahr (vgl. o. Fig. 57). Nicht so glücklich erging es ihm in der sizilischen Meerenge. Zwar führte er sein Schiff ohne Ungemach an dem furchtbaren Strudel der Charybdis vorbei, aber indem er, um der Charybdis zu entgehen, zu weit nach der anderen Seite ruderte, ergriff die Scylla, ein schreckliches Ungeheuer mit sechs Köpfen, sechs seiner Ruderer und zog sie zum Fraß in ihre Höhle.

9. Thrinakia und die Rinder des Helios. Den Gefahren der Scylla und Charybdis entronnen, kommt Odysseus zur Insel Thrinakia (Dreispitz), auf der er widerwillig und nur dem dringenden Verlangen seiner Gefährten nachgebend landete. Als er hier durch widrige Winde vier Wochen festgehalten wird, vergreifen sich seine Gefährten an den heiligen Rindern des Helios, die auf dieser Insel weideten. Furchtbar ist die Rache der beleidigten Gottheit. Als sie kaum von dort abgefahren sind, zerschmettert ein Blitzstrahl des Zeus das Schiff, die Gefährten stürzen ins Meer und ertrinken. Odysseus allein, nachdem er neun Tage auf einer Planke des zertrümmerten Schiffes durch das Meer umhergetrieben worden ist, landet am zehnten Tage an der Küste der Insel Ogygia.

10. Kalypso. Diese einsame Insel, zu der niemand hinkommt, weder ein Gott noch ein Sterblicher, war von der Nymphe Kalypso, der Tochter des Atlas, bewohnt. Sie nahm sich des schiffbrüchigen Helden liebend an und versuchte alle Überredungskünste, um ihn für immer bei sich zu behalten. Aber selbst ihr Versprechen, ihn unsterblich zu machen, konnte Odysseus seinem Vaterlande und seiner Gattin nicht untreu machen. Nachdem er sieben Jahre bei der Kalypso ausgehalten, übermannte ihn die Sehnsucht nach dem geliebten Vaterlande und den Seinigen. Tag für Tag saß er seufzend und weinend am Meeresufer und blickte sehnsuchtsvoll nach der Richtung hin, wo er sein geliebtes Ithaka vermutete. Da erbarmten sich endlich die Götter des vielgeprüften Dulders. Hermes wird von Zeus an Kalypso geschickt mit dem bestimmten Befehle, den Helden sofort zu entlassen. Auf einem elenden Flosse, das er sich selbst gezimmert, vertraut sich der kühne Seefahrer von neuem dem tückischen Elemente an.

11. Phäaken. Am siebzehnten Tage nach seiner Abfahrt von

IV. Gemeinschaftl. Unternehmungen etc. Der trojanische Krieg. 305

Ogygia erblickt Odysseus in dämmeriger Ferne die Umrisse der Insel Scheria. Schon ist er freudiger Hoffnung voll, da erschaut den Unglücklichen der von den Äthiopen heimkehrende Poseidon, der ihm noch immer wegen der Blendung des Polyphemos unversöhnlich grollte. Rasch erregt der meerbeherrschende Gott einen gewaltigen Orkan, der das armselige Floß des Helden zertrümmert und ihn selbst den Wellen preisgibt. Nun wäre es doch mit ihm vorbei gewesen, wenn sich nicht die gütige Leukothea (s. S. 120) seiner erbarmt hätte. Durch einen Schleier, den sie ihm zuwirft, gibt sie ihm Kraft, zwei Tage und Nächte zu schwimmen, und so erreicht er mit äußerster Anstrengung, nachdem er nichts als das nackte Leben gerettet, die Küste von Scheria. Hier findet ihn die Königstochter Nausikaa und führt ihn in den Palast ihres Vaters Alkinoos, der ihn glänzend bewirtet und durch festliche Spiele ehrt, wofür sich Odysseus durch umständliche Erzählung seiner Abenteuer dankbar erweist. Ein Schiff der Phäaken bringt den Helden endlich im zwanzigsten Jahre nach seinem Auszuge zum Kriege gegen Troja auf seine Heimatinsel zurück.

12. **Bestrafung der Freier.** Inzwischen war Penelope, die treue Gattin des Odysseus, als zuletzt alle Hoffnung geschwunden war, daß er wieder zur Heimat zurückkehren werde, von zahlreichen Freiern bedrängt worden, die der Ruf ihrer Schönheit und ihres Reichtums angelockt hatte. Anfangs suchte sie diese durch eine List hinzuhalten, indem sie erklärte, erst dann zur Wahl eines zweiten Gatten schreiten zu wollen, wenn sie für ihren alten Schwiegervater Laërtes das Leichentuch gewebt haben würde. Da sie aber nachts heimlich wieder auftrennte, was sie über Tag gewebt hatte, so wurde das Gewand niemals fertig. Endlich merkten die Freier diese List und zwangen nun die Penelope dadurch, daß sie sich täglich in dem Palaste des Odysseus einfanden und daselbst von seinem Gute nach Herzenslust praßten und schwelgten, einen bestimmten Tag festzusetzen, an dem sie unter ihren Freiern eine Wahl treffen wollte. Gerade damals war Odysseus durch die freundliche Unterstützung der Phäaken nach Ithaka zurückgekehrt, an dessen Ufer ihn jene schlafend ausgesetzt hatten. Als er erwacht, steht seine Beschützerin Pallas Athene vor ihm, unterrichtet ihn über die auf Ithaka herrschenden Zustände und geleitet ihn zu der Wohnung des Sauhirten Eumaeos, um dort zunächst ein Zusammentreffen des Vaters mit

seinem inzwischen zu einem stattlichen Jünglinge herangewachsenen Sohne Telemachos zu vermitteln. Beide bereden dann einen Plan, um an den Freiern blutige Rache zu nehmen. Das Fest des Apollon stand bevor, an dem Penelope denjenigen unter den Freiern zum Gatten nehmen zu wollen erklärt hatte, der imstande sein würde, den berühmten Bogen des Odysseus, ein Geschenk des Iphitos, zu spannen und mit ihm einen Pfeil durch zwölf hinter einander aufgestellte Beile zu schießen. Den Zeitpunkt, wo die Freier, wie vorauszusehen war, sich vergeblich abgemüht haben würden, diesen riesigen Bogen zu spannen, wollte Odysseus benutzen, um das Werk der Rache zu vollführen. Von seiner Beschützerin Athena in einen schmutzigen Bettler verwandelt, begibt er sich in dieser Gestalt am nächsten Tage nach seinem Palaste, wo er zwar erst noch manche Beschimpfung erdulden muß, dann aber auch zuletzt völlig über seine Feinde triumphiert (Fig. 131). Mit seinem treuen Weibe Penelope und seinem alten Vater Laërtes wieder vereinigt, verlebt unser Held dann glückliche Jahre auf seiner geliebten Heimatinsel. Die nachhomerische Dichtung läßt ihn durch seinen eigenen mit der Kirke erzeugten Sohn Telegonos getötet werden.

D. Die Äneassage.

Zu dem trojanischen Sagenzyklus gehört auch die Äneassage, die wir zum Schlusse in ihren Hauptzügen vorführen wollen. Wann und wo diese Sage ihre Ausbildung gefunden hat, läßt sich nicht mehr nachweisen. Wir kennen sie hauptsächlich aus den Erzählungen römischer Geschichtsschreiber und Dichter, ihre letzte und glänzendste Gestaltung hat ihr unter diesen Virgil in seiner Äneide gegeben. Hiernach suchte Äneas, einer Seitenlinie des dardanischen Königshauses entsprossen, der Sohn des Anchises und der Göttin Aphrodite (Venus), nach der Einnahme Trojas die brennende Stadt noch eine Zeitlang aufs tapferste zu verteidigen, zog sich dann aber, jeden weiteren Widerstand als nutzlos erkennend, mit den Seinigen auf den Berg Ida zurück, wobei er seinen alten gelähmten Vater auf den Schultern trug. Auf dieser Flucht verlor er seine Gattin Krëusa, rettete aber seinen Sohn Ascanius und die Bilder der trojanischen Penaten. Nicht weiter von den Griechen behelligt, die ihm nach einigen sogar freien Abzug gewährten, weil er immer zum Frieden

IV. Gemeinschaftl. Unternehmungen etc. Der trojanische Krieg. 307

und zur Auslieferung der Helena geraten hatte, betrieb er dann von dem Hafen Antandros aus seine Abfahrt, um sich eine neue Heimat jenseits des Meeres zu gründen. Mit zwanzig Schiffen segelte er

131. Odysseus und die Freier. Attischer Krater in Berlin.

im Frühjahr von dort ab, besuchte zuerst Thrakien, dann die Insel Delos, um hier das Orakel des Apollon zu befragen. Dieses wies ihn an, die Urheimat seines Geschlechts aufzusuchen. In dem Glauben, daß damit die Insel Kreta gemeint sei (von dort sollte einst Teukros, einer der mythischen Könige von Troja, nach Kleinasien ausgewandert sein), suchte Äneas nun diese Insel auf, wurde aber bald durch ein Traumgesicht von seinen Penaten über den Irrtum aufgeklärt und angewiesen, nach Italien zu gehen. Also machte er sich von neuem auf, wurde aber durch einen furchtbaren Sturm in das ionische Meer verschlagen, wo er auf den Strophaden ein Abenteuer mit den Harpyien (vgl. über diese S. 118) erlebte, andererseits aber auch die Freude hatte, in der Stadt Buthrotum in Epirus seinen Verwandten, den trojanischen Königssohn Helenos, wiederzufinden. Dieser hatte nämlich, nachdem er durch Neoptolemos gefangen von Troja fortgeführt war, nach dem Tode des letzteren die Herrschaft über einen Teil seines Reiches erlangt und nun seine frühere Mitsklavin Andromache, einst Hektors Gattin, geheiratet. Nachdem Äneas, aufs freundlichste bewirtet, eine Zeitlang bei seinen lieben Landsleuten und Verwandten verweilt hatte, setzte er die Reise nach Italien fort, vermied aber wegen der vielen dort befindlichen griechischen Ansiedelungen die Ost- und Südküste und landete erst auf der Insel Sizilien. Hier fand er freundliche Aufnahme bei Acestes, dem Sohne des sizilischen Flußgottes Crimisus und einer edlen Trojanerin Egesta, verlor aber seinen alten Vater Anchises und begrub ihn auf dem Berge Eryx. Nunmehr zur Überfahrt nach Italien sich anschickend, wurde Äneas durch einen neuen Seesturm, den er den Ränken seiner Feindin zu verdanken hatte, nach der Küste von Afrika verschlagen. Hier läßt ihn Virgil bei der phönizischen Dido, der Gründerin von Karthago, gastliche Aufnahme finden, was natürlich nur eine Erfindung des Dichters ist. Nachdem er von Karthago, wo Dido ihn vergeblich zurückzuhalten versuchte, auf den bestimmten Befehl Jupiters abgereist ist, besucht Äneas erst noch einmal Sizilien und landet dann wirklich an der italischen Küste in der Nähe von Cumä. Hier holt er den Rat der berühmten Cumäischen Sibylle ein und fährt, nachdem er mit ihr die Unterwelt besucht hat, weiter bis zur Mündung des Tiberflusses und landet im laurentinischen Gebiete, dessen König Latinus ihn wohlwollend aufnimmt uud ihm den Platz zur Gründung einer neuen Stadt nebst der Hand seiner Tochter Lavinia anbietet. Aber so leicht sollte unser Held nicht zum Ziele kommen. Amata, die Gemahlin des Latinus, begünstigte vielmehr die Heirat ihrer Tochter mit Turnus, dem Könige der Rutuler, und reizte diesen zum Kampfe gegen Äneas. Ein blutiger Krieg entspann sich nun, bis

IV. Gemeinschaftl. Unternehmungen etc. Der trojanische Krieg. 309

132. Menelaos und Patroklos.

endlich Turnus im Zweikampfe mit Äneas fiel. Da aber auch Latinus das Leben verlor, so folgte ihm Äneas als Gemahl der Lavinia in der Regierung und gründete eine Stadt, welche er seiner Gemahlin zu Ehren Lavinium nannte. Nach seinem vier Jahre später erfolgten Tode wurde er als Gott verehrt.

Der trojanische Sagenkreis bot wie der Dichtkunst so auch der Bildhauerei und Malerei eine große Anzahl der dankbarsten Stoffe. Einzelne Szenen, wie z. B. das Urteil des Paris, sind mit besonderer Vorliebe bildlich dargestellt worden. Sehr berühmt ist sodann die unter dem Namen »Pasquino« bekannte Gruppe (Straßenecke von Pal. Braschi in Rom), die den Menelaos darstellt, wie er den Patroklos aus dem Kampfe zu tragen bemüht ist. Der jugendlich schöne Körper des getöteten Helden bildet mit seinen schlaff herabhängenden Gliedmaßen einen höchst wirksamen Kontrast zu dem in höchster Fülle männlicher Kraft dastehenden Krieger, der den Toten in seinen Armen hält. Die Gruppe ist arg verstümmelt, aber von grandioser Arbeit. Zwei Wiederholungen sind in Florenz, die eine im Hofe des Pal. Pitti, die andere in der Loggia de' Lanzi, Fragmente einer dritten Wiederholung, aus der Villa Hadrians bei Tivoli stammend, sind im Büstenzimmer des vatikanischen Museums. Mit Benutzung dieser verschiedenen Exemplare hat der florentinische Bildhauer Ricci eine neue vollständige Gruppe hergestellt (Fig. 132).

Von bedeutenderen erhaltenen Werken des Altertums seien ferner erwähnt: die Darstellung der Hochzeit des Peleus und der Thetis auf der sogenannten François-Vase im Museum zu Florenz und die berühmten Ägineten. Unter diesem Namen begreift man die Überreste einer marmornen Giebelgruppe des Aphaiatempels in Ägina, die dort im Jahre 1811 ausgegraben wurden. Sie stellt einen Kampf zwischen Griechen und Trojanern dar. König Ludwig I. von Bayern hat die Ägineten ankaufen und, nachdem sie durch Thorwaldsen und Wagner restauriert worden sind, in der Glyptothek zu München aufstellen lassen. Neuere von Furtwängler angestellte Nachforschungen haben die Gruppen wesentlich vervollständigt und ihre Aufstellung berichtigt, vor allen Dingen aber gezeigt, daß der Tempel, an dem sie angebracht waren, nicht der Athena, sondern der Aphaia geweiht war. Des bedeutendsten auf den trojanischen Sagenkreis bezüglichen Kunstwerkes, der Laokoongruppe, wurde schon oben gedacht. Höchst interessant ist das 1883 gefundene und nach Wien gebrachte Relief von Gjölbaschi, dessen hierher gehöriger Teil, wenngleich nicht mit Sicherheit auf Trojas Belagerung zu deuten, doch als direkte Illustration zu den Kämpfen, die in der Ilias geschildert werden, dienen kann. Man sieht links die an den Strand gezogenen Schiffe, darauf folgen in zwei übereinander geordneten Streifen Kämpfe zwischen je zwei Helden; darauf erblickt man eine mit Mauern und Türmen umgebene Stadt, auf die von den Belagerern an verschiedenen Stellen ein Angriff gemacht wird. Die Mauern und Türme sind von Bewaffneten erfüllt, die dem Angriff entgegentreten; zwischen ihnen gewahrt man den König und eine Frau, beide auf Thronen sitzend und den Kampf betrachtend. Rechts endlich entfernen sich die Belagerten aus der Stadt ins Gebirge. — Auch die Ermordung der Freier durch Odysseus ist auf demselben Denkmal in ziemlich genauem Anschluß an Homer dargestellt. — Andere Szenen der Odyssee sind uns in den auf dem Esquilin gefundenen, jetzt im Vatikan aufbewahrten Wandgemälden erhalten.

V. Mythische Seher und Sänger.

Unter den Sehern der mythischen Vorzeit haben die meisten schon gelegentliche Erwähnung gefunden, namentlich der in den argivischen Sagenkreis hineinragende Amythaonide Melampus, ferner Polyidos, Amphiaraos, Teiresias und Kalchas. Über Teiresias sei hier noch nachgetragen, daß die Alten ihm ein fabelhaftes Alter von sieben oder gar neun Menschenaltern beilegten, so daß er auf diese Weise Zeuge aller die Stadt Theben berührenden Schicksale bis zur Zeit ihrer Einnahme durch die Epigonen war. Mit seinem siebenten Lebensjahre verlor er das Gesicht, wie einige sagen, durch Athena, weil er sie im Bade gesehen, nach andern, weil er die Geheimnisse der Göttin verraten hatte. Er war, wie alle berühmten Seher des Altertums, der Vogelsprache kundig und kannte die tiefsten Geheimnisse der Natur, weswegen er sich bis zu seinem Tode eines steigenden Ansehens bei den Thebanern erfreute. Als seine Vaterstadt sich des Angriffs der Epigonen nicht mehr erwehren konnte, mußte Teiresias mit fliehen, fand aber unterwegs den Tod; noch im zweiten Jahrhundert n. Chr. zeigte man in der Nähe von Haliartus sein Grab.

Unter den flüchtigen Thebanern, die in die Kriegsgefangenschaft der Argiver gerieten, soll sich auch des Teiresias Tochter Manto befunden haben, die gleichfalls als Wahrsagerin berühmt war. Von den Siegern mit einem großen Teile der Beute dem delphischen Apollo geweiht, wurde sie auf Befehl des Gottes nach Kleinasien geschickt, wo sie das Orakel zu Klaros bei Kolophon gründete. Hier vermählte sie sich mit dem Kretenser Rhakios, von dem sie den Seher Mopsos gebar, der später das Orakel zu Mallos in Sizilien stiftete.

In den Namen der mythischen Sänger, die uns überliefert worden sind, haben sich zum Teil unzweifelhaft Erinnerungen an die ältesten Pfleger der Dichtkunst erhalten, zum Teil aber sind sie nichts weiter als Personifikationen gewisser Richtungen und Weisen der poetischen Kunst. Letzteres ist wahrscheinlich der Fall mit dem mythischen Sänger Linos, von dem man in Argos, Theben und auf Euböa erzählte. Nichts liegt einem Naturvolke näher, als die Trauerklage über das Hinwelken und Absterben des blühenden Lebens der Natur. Man dachte sich dieses, wie schon der Mythos von Hyakinthos zeigte, gern unter dem Bilde eines schönen Knaben, den der Wurf einer Diskosscheibe tötet oder wütende Hunde zerreißen, beides Sinnbilder des verzehrenden Sonnenbrandes. Aus den Klageliedern über den Tod des schönen Knaben Linos, die bei der Weinlese von alters her gesungen wurden, bildete sich wahrscheinlich der Mythos, der den Linos selbst zum Sänger machte.

Ähnliche wehmütige Empfindungen knüpfen sich an den Namen Orpheus, der häufig ein Bruder des Linos genannt wird, aber kein Äolier ist, sondern den pierischen Thrakern angehört. Am bekanntesten ist von ihm die Geschichte seiner Liebe zu der schönen Nymphe Eurydike, die ihm durch einen jähen Tod entrissen wurde, da eine Schlange sie in den Fuß biß. Nun erfüllte er Berg und Tal mit so gewaltig rührenden Klagegesängen, daß die wilden Tiere des Waldes, von der Zaubermacht der Töne bezwungen, ihm wie Lämmer folgten, ja selbst Bäume und Felsen sich bewegten. Seine Sehnsucht nach der Geliebten trieb ihn endlich in die Unterwelt hinab, um ihre Loslassung von dem strengen Herrscher der Schatten zu erflehen (vgl. Fig. 75). Und in der Tat bezwang seine rührende Klage, die selbst den Erinyen Tränen des Mitgefühls entlockte, die eherne Brust des stygischen Herrschers. Er gab Eurydike frei, jedoch unter der Bedingung, daß sich Orpheus nicht nach ihr umsehen dürfe, bis er die Oberwelt erreicht habe. Da er dieses Verbot übertrat, so wurde ihm die Geliebte von neuem genommen. Orpheus selbst soll nicht lange darauf, als er, Verzweiflung im Herzen, die thrakischen Gebirge durchirrte, von nächtlich rasenden Bacchantinnen zerrissen worden sein.

Eine vorzüglich schöne und vielleicht der Zeit des Pheidias nahestehende Darstellung der erneuten Trennung der Liebenden durch den Seelenführer Hermes ist uns in einem Marmorrelief erhalten, das in Neapel

V. Mythische Seher und Sänger. 313

aufbewahrt wird (Fig. 133). Die Figur rechts ist Orpheus, dessen Schulter die mit dem Ausdrucke des tiefsten Seelenschmerzes ihn anblickende Eurydike leise berührt. Hermes ergreift, zum Fortgehen mahnend, ihre Rechte, indem er mit schmerzlicher Teilnahme das liebende Paar anblickt,

133. Orpheus und Eurydike. Marmorrelief in Neapel.

dessen ewige Trennung er nur ungern vollstreckt. Das gleiche Motiv findet sich in einem Relief der Villa Albani und des Louvre wiederholt, es scheint, als ob derartige Darstellungen öfter zum Schmuck von Gräbern verwendet worden seien.

REGISTER.

Die beigedruckten Ziffern bedeuten die Seitenzahlen.

Abas 214.
Acestes 308.
Acheloos 121, 122, 236.
Acheron 167.
Achilleus 191, 282.
Admete 228.
Admetos 191.
Adonis 56.
Adrastos 274.
Äakos 167, 282.
Aëdon 202.
Ägeus 246.
Ägialeus 276.
Aegimios 237.
Ägina 204.
Ägisthos 281.
Ägyptos 214.
Äneas 56.
Äolos 204, 302.
Äsculapius s. Asklepius.
Aeson 264.
Äthra 246.
Äetes 99, 268.
Agamemnon 281.
Agathodämon 108.
Agaue 128, 191.
Agenor 193, 214, 254.
Aglaja 88.
Aglauros 244.
Aias (Ajax) 283.
Aias, der Lokrer 283, 300.
Aidoneus 165.

Akastos 171.
Akrisios 214.
Aktäon 196.
Aktoriden 235.
Alekto 169.
Aleos 236.
Alexikakos 240.
Alkäos 223.
Alkathoos 283.
Alkestis 191.
Alkinoos 305.
Alkmäon 276.
Alkmene 17, 218.
Aloiden 113
Althäa 262.
Amalthea 8, 237.
Amata 308.
Amazonen 205.
Amor s. Eros.
Amphiaraos 215, 260, 266, 274.
Amphiktyon 244.
Amphion 196.
Amphitrite 116.
Amphitryon 218.
Amykos 220, 268.
Amythaoniden 215.
Anakes 222.
Anchirrhoë 214.
Anchises 278.
Androgeos 249, 255.
Andromache 308.
Andromeda 217.

Ankäos 260.
Anna Perenna 107.
Antäos 113, 232.
Anteia 215.
Anteros 80.
Anthesterien 134.
Antigone 274.
Antikleia 284.
Antilochos 292.
Antiope 196.
Antiope (Hippolyte) 252.
Aphareus (Aphariden) 221.
Aphrodite 17, 54—60.
Apollon 17, 34—44, 234.
Apsyrtos 270.
Aquilo 103.
Ares 17, 48—54.
Argeiphontes (Hermes) 212.
Arges 7.
Argos 212.
Ariadne 130, 255.
Aristäos 196.
Arktos 102.
Artemis 17, 44—48.
Ascanius 306.
Asklepios 36, 104—105.
Asopos 214.
Assarakos 278.
Astarte 55.
Asteria 7, 172.

Register. 315

Asterion 254.
Asträos 101.
Atalante 260.
Athamas 120, 264.
Athena s. Pallas.
Atlas 232.
Atreus 280.
Atropos 107.
Atys 126.
Auge 236.
Augeias 227, 235.
Aurora s. Eos.
Auster 104.
Autolykos 284.
Autonoë 191.

Bacchus s. Dionysos.
Bellerophon (Bellerophontes) 205.
Bellona 52.
Belos 214.
Bias 215.
Bona Dea 151.
Bonus Eventus 108.
Boreas 101, 103.
Briareos 7.
Briseïs 290.
Brontes 7.
Busiris 232.
Butes 245.

Cacus 229.
Camenen 88.
Cardea 107.
Carna 107.
Cerberus 167, 232.
Cerealien 162.
Ceres s. Demeter.
Chaos 6.
Chariten 88—90.
Charon 167.
Charybdis 303.
Cheiron 191, 196, 246.
Chimära 206.

Chiron s. Cheiron.
Chrysaor 217.
Chrysippos 280.
Circe s. Kirke.
Crimisus 308.
Cupido s. Eros.

Daedalos 256.
Dämonen s. Genien.
Damastes 248.
Danae 17, 215.
Danaiden 168, 214.
Danaos 214.
Dardanos 278.
Deïaneira 236.
Deidamia 186.
Deimos 48.
Deïphobos 298.
Delphisches Orakel 37.
Demeter 7, 17, 157 162.
Demophon 159, 253.
Deukalion 185.
Deukalion (Sohn des Minos) 255.
Diana s. Artemis.
Dido 308.
Didymäisches Orakel 37.
Dike 90.
Diktys 215.
Diokles 159.
Diomedes (Herrscher in Thrakien) 228.
Diomedes 283.
Dione 17, 54.
Dionysien 131, 134.
Dionysos 17, 127—136, 162.
Dioskuren 220, 266.
Dirke 197.
Dis pater 165.
Dodona 15.
Doris 117.
Dryaden 140.
Dryops 148.

Echidna 206.
Echo 56, 138.
Egeria 88.
Egesta 308.
Eileithyia 106.
Eirene 90.
Elektra (Okeanide) 118.
Elektra 299.
Elektryon 218.
Eleusinien 160.
Elysium 167.
Empusa 172.
Endymion 100.
Eos 7, 100—101.
Epaphos 212.
Epeios 296.
Epigonen 276.
Epimetheus 183.
Epopeus 196.
Erato 83.
Erechtheus (Erichthonios) 244.
Erginos 224.
Erinyen 168—171.
Eris 285.
Eriphyle 275.
Eros 6, 56, 79—82.
Erysichthon 160.
Eteokles 274.
Eumaeos 305.
Eumelos 192.
Eumeniden 171, 274.
Eumolpos 159, 245.
Eunomia 90.
Euphrosyne 88.
Europa 17, 193.
Euros 101, 104.
Euryale 216.
Eurybia 7.
Eurydike 312.
Eurylochos 302.
Eurynome 17, 68, 88.
Eurystheus 224.
Eurytion 186, 282.
Eurytos 234, 237.
Euterpe 83.

Fatuus 151.
Faunus 150.
Favonius 104.
Felicitas 111.
Flora 154.
Fontus 122.
Fortuna s. Tyche.
Furien s. Erinyen.

Gäa 6, 124.
Ganymedes 98, 278.
Gelanor 214.
Genien 111.
Geryones 217, 229.
Giganten 12.
Glauke 271.
Glaukos (Gott des Meeres) 119.
Glaukos (Sohn des Minos) 255.
Gorgonen 118.
Gorgo 216.
Gräen 118, 216.
Grazien s. Chariten.
Gyges 7.

Hades 8, 165.
Hämon 276.
Hamadryaden 140.
Harmonia 50, 191, 275.
Harpyien 7, 118.
Hebe 17, 95.
Hekabe (Hekuba) 279.
Hekate 171—174.
Hekatoncheiren 7.
Hektor 292.
Helena 220, 281.
Helena (Theseussage) 251.
Helenos 294, 308.
Helios 7, 98—100.
Helle 264.
Hephästos 17, 68—72.
Hera 7, 17, 19—26.

Herakles 222.
Hermes 17, 60—68.
Herse 244.
Hesione 113, 228, 283.
Hesperiden 99, 230.
Hesperos 102.
Hestia 7, 72—76.
Himeros 56.
Hippodamia 186, 279.
Hippokoon 220, 236.
Hippolytos 56, 252.
Horen 90—92.
Hyaden 102.
Hyakinthos 36.
Hygieia 106.
Hylas 266.
Hyleus 260.
Hyllos 237.
Hymen (Hymenaios) 57.
Hyperboreer 232.
Hyperion 6, 99.
Hypermnestra 214.
Hypnos 174.

Ianus 76—79.
Iapetos 6, 182.
Iason 266.
Ichthyokentauren 116.
Idas 221.
Idomeneus 257.
Ikarios 220, 284.
Ikaros 256.
Ilos 278.
Inachos 212.
Ino Leukothea 120, 305.
Inuus 150.
Io 17, 212—213.
Iobates 205.
Iokaste 272.
Iolaos 226.
Iole 234, 238.
Ion 245.
Iphianassa 215.
Iphigenia 290.
Iphikles 224.

Iphitos 234, 266.
Iris 7, 94.
Ismenisches Orakel 37.
Itylos (Itys) 202.
Iuno s. Hera.
Iupiter s. Zeus.
Iuventas s. Hebe.
Ixion 168.

Kabiren 70.
Kadmos 193.
Käneus 186.
Kalais 104.
Kalchas 311.
Kalliope 83.
Kallisto 44, 102.
Kalypso 63, 304.
Kapys 278.
Karpo 92.
Kassandra 285, 299.
Kassiepeia 217.
Kastalischer Quell 82.
Kastor 191, 220.
Katreus 255.
Kekrops 244.
Keleos 158.
Kentauren 186—191.
Kephalos 245.
Kepheus 113, 217.
Kephisos 138.
Kerberos 167, 232.
Keren 174.
Kerkopen 235.
Kerkyon 113, 248.
Keto 7, 118, 121, 216.
Keyx 237.
Kikonen 301.
Kirke 99, 302.
Klarisches Orakel 37.
Klio 83.
Klotho 107.
Klymene 182.
Klytämestra 220, 281.
Koios 6.
Kokalos 257.

Kokythos 167.
Kora s. Persephone.
Korybanten 126.
Korynetes 248.
Kottos 7.
Kreios 6.
Kreon 223.
Kretheus 264.
Krëusa 271.
Krëusa (Gattin des Äneas) 306.
Kronos 6, 191.
Kureten 8, 126.
Kybele s. Rhea.
Kychreus 283.
Kyklopen 7.
Kyknos 236, 290.

Labdakose 204.
Lachesis 107.
Ladon 230.
Laërtes 284, 305.
Laïos 204, 272.
Lampos 101.
Laodamas 276.
Laokoon 296.
Laomedon 228, 235, 278.
Lapithen 186—191.
Laren 177.
Larven 178.
Lästrygonen 302.
Latinus 308.
Latona s. Leto.
Lavinia 308.
Learchos 120, 264.
Leda 17, 220.
Lemuren 178.
Lenäen 131.
Leto 7, 17, 34, 200.
Leukippos 221.
Leukotha s. Ino.
Liber s. Dionysos.
Liberalien 134.
Libya 214.
Lichas 238.

Linos 224, 312.
Lotophagen 301.
Luna s. Selene.
Lupercus 150.
Lykomedes 252.
Lykos 196, 246.
Lynkeus 160, 214, 221.

Magna Mater s. Rhea Kybele.
Maja 17, 151.
Manen 178.
Manto 276, 311.
Maron 302.
Mars s. Ares.
Marsyas 146.
Mater Matuta 101.
Matronalien 23.
Medeia 248, 268.
Medusa 206, 216.
Megapenthes 218.
Megara 224.
Megära 169.
Melampus 215, 311.
Meleagros 191, 260.
Melikertes 120, 264.
Melpomene 83.
Memnon 101, 292.
Menelaos 281.
Menestheus 252.
Mercurius s. Hermes.
Merope 272.
Metion 256.
Metioniden 246.
Metis 16.
Metus 52.
Midas 146.
Minerva s. Pallas.
Minos (Hades) 167.
Minos 249.
Minos (Theseussage) 249.
Minos (König v. Kreta) 254.
Minotaurus 250, 256.

Mnemosyne 6, 17, 82.
Moiren 107.
Molioniden 235.
Mopsos 311.
Morpheus 175.
Mosychlos 69.
Mulciber 71.
Musen 82—88.
Myrtilos 280.

Najaden 138.
Narkissos 56, 138.
Nausikaa 305.
Neilos 214.
Neleus 236, 284.
Nemesis 108.
Neoptolemos 296.
Nephele 264.
Neptun s. Poseidon.
Nereus 7, 117.
Nerio 52.
Nessos 236.
Nestor 191, 283.
Nike 92—94.
Nilus 122, 214.
Niobe 200, 279.
Nisos 246, 249.
Notos 104.
Nymphen 136—140.
Nykteus 196.

Odysseus 283.
Oidipus 272.
Oïkles 235.
Oïleus 284.
Oineus 236, 260.
Oinomaos 279.
Okeaniden 7, 121.
Okeanos 6, 121.
Olympia 16.
Omphale 234.
Omphalos 73.
Ops 17, 152 s. auch Rhea.

Oreaden 138.
Oreithyia 103, 245.
Orestes 170, 299.
Orion 101, 102.
Orcus 174.
Orpheus 266, 312.
Oschophorien 250.

Paganalien 125.
Palamedes 290.
Palämon 120.
Pales 156.
Palladien 32, 278.
Pallantiden 248.
Pallas (Sohn des Pandion) 246.
Pallas Athena 13, 17, 26—34.
Pallor 52.
Pan 148.
Eanathenäen 32.
Pandareos 202.
Pandion 246.
Pandora 184.
Pandrosos 244.
Paris 56, 285.
Pares s. Pales.
Parthenon 28.
Pasiphaë 255.
Patroklos 292.
Parzen s. Moiren.
Pegasos 114, 206, 216.
Peirithoos 186, 223, 251.
Peleus 191, 266, 282.
Pelias 265.
Pelops 279.
Penaten 76, 176.
Penelope 220, 284, 305.
Penelope (Nymphe) 148.
Penthesilea 210, 292.
Pentheus 128.
Periboia 283.
Periklymenos 236.
Periphetes 248.

Perse 99.
Persephone 17, 157, 162—165, 251.
Perseus 215—220.
Phäaken 304.
Phädra 56, 255.
Phaëthon 101.
Pheres 191.
Philoktet 290.
Philomela 245.
Philyra 191.
Phineus 217, 268.
Phobos 48.
Phoinix 254.
Phoibe 6.
Pholos 226.
Phorkys 7, 118, 121, 216.
Phosphoros 102.
Phrixos 264.
Phyleus 236.
Pityokamptes 248.
Pittheus 246.
Plejaden (Pleiaden) 102.
Plexippos 261.
Pluto 165.
Podarkes 235.
Poias 238.
Pollux s. Polydeukes.
Polybos 272.
Polydektes 165, 215.
Polydeukes 191, 220.
Polydoros 196, 204.
Polyhymnia 83.
Polyidos 257, 311.
Polykaste 220.
Polyneikes 274.
Polyphemos 113, 301.
Polyxena 293.
Pontos 6, 117.
Pomona 154.
Poseidon 112—115.
Pothos 56.
Priamos 278.
Priapos 152.
Proitos 205, 214.
Prokne 245.

Prokris 245.
Prokrustes 113, 248.
Prometheus 182, 232.
Proserpina s. Persephone.
Protesilaos 290.
Proteus 119.
Psyche 81.
Pyanepsien 250.
Pylades 299.
Pylas 246.
Pyrrha 185.
Pyriphlegethon 167.
Pythia 37.
Python 36.

Quirinus 79.

Rhadamanthys 167, 254.
Rhakios 311.
Rhea 6, 126.
Romulus u. Remus 52.

Salacia 116.
Salier 50.
Salmoneus 264.
Salus 107.
Sandon 235.
Sarpedon 254.
Saturnus 17, 152.
Satyrn 140.
Seilenos (Silen) 128, 144.
Seirios (Sirius) 102.
Selene 7, 100.
Semele 17, 127, 191.
Semnae 171.
Silvanus 150.
Sinis 248.
Sirenen (Seirenen) 120, 303.
Sisyphos 168, 204.
Skiron 248.
Skotos 171.
Skylla 249, 303.
Sol s. Helios.

Solymer 206.
Soter 239.
Sphinx 273.
Sterne 102.
Steropes 7.
Stheino 216.
Stheneboia 215.
Sthenelos 224, 280.
Strenia 107.
Strigen 107.
Strophios 299.
Styx 117.
Syleus 235
Symplegaden 268.
Syrinx 148.

Talos 256.
Talos (Neffe des Daedalos) 257.
Tantalos 168, 279, 311.
Tartaros 6, 167.
Teiresias 276, 303.
Telamon 266, 282.
Teleboer (Taphier) 223.
Telegonos 306.
Telemachos 306.
Telephassa 193.
Telephos 236.

Tellus s. Gäa.
Terminus 156.
Terpsichore 83.
Teukros 235, 283.
Teuthras 236.
Thalia 83, 88.
Thallo 92.
Thanatos 174.
Thaumas 7, 118.
Theia 6.
Themis 6, 17, 90—92.
Thersander 276.
Theseus 191, 220, 245 —254.
Thesprotos 281.
Thesmophorien 160.
Thestios 220, 261.
Thetis 68, 282.
Thetys 6.
Thyestes 280.
Tiberinus 122.
Tigris 123.
Tisiphone 169.
Titanen 6.
Tithonos 101.
Tityos 36, 168.
Toxeus 261.
Triptolemos 159.
Triton 116.

Troilos 290.
Tros 58, 228, 278.
Turnus 308.
Tyche 108.
Tydeus 266, 275.
Tyndareos 236, 281.
Typhoeus (Typhon) 9, 206.
Tyro 264.

Urania 83.
Uranos 6, 171.

Venus s. Aphrodite.
Vertumnus 154.
Vesta s. Hestia.
Victoria s. Nike.
Volcanalia 72.
Vulkanus s. Hephästos.
Vulturnus 104.

Zephyros 101, 104.
Zetes 104.
Zethos 196.
Zeus 8, 14—19.
Zeuxippe 245.

Die Edda
*Nordische Götter-
und Heldensagen*
464 Seiten, gebunden
ISBN: 978-3-86820-238-0

Götterkunde und Heldenepos

Liederedda und Snorra-Edda bilden zusammen unsere wichtigste Quelle für die altnordische Mythologie. Dabei darf die eine nicht ohne die andere gebraucht und gelesen werden.

In der Liederedda sind Götter- und Heldensagen vereinigt, die zum Teilbis in das 9. Jahrhundert zurückgehen. Sie schildern sagenhafte Begebenheiten aus Island, Norwegen und Grönland zur sogenannten Wikingerzeit.

Die jüngere Edda war ursprünglich ein Lehrbuch für junge Sänger, Skalden, mit dem sie die Grundlagen ihrer Kunst lernen sollten. Durch ihre Beispiele aus zeitgenössischen und alten Liedern bildet sie heute eine unschätzbare Fundgrube für die in Deutschland damals längst verdrängte nordisch-germanische Mythologie.

www.nikol-verlag.de

VERLAG

Das Nibelungenlied
432 Seiten, mit Illustrationen von
Julius Schnorr von Carolsfeld und
Eugen Neureuther, gebunden
ISBN: 978-3-86820-237-3

Ein zeitloses Heldenepos

Das Nibelungenlied entstand zu Beginn des 13. Jahrhunderts und ist ein schriftlich überliefertes deutsches »Heldenepos«, deren Ursprung der Handlung bis in das Zeitalter der germanischen Völkerwanderung zurückreicht.

Der vorliegende Text folgt der neuhochdeutschen Übersetzung von Karl Simrock, die erstmals 1827 erschien.

Mit zahlreichen Illustrationen von Julius Schnorr von Carolsfeld und Eugen Neureuther.

www.nikol-verlag.de

Gottfried August Bürger
Abenteuer und Reisen des Freiherrn von Münchhausen
176 Seiten, mit Illustrationen von Gustave Doré, in Halbleinen gebunden, mit Lesebändchen und Soft-Touch-Lackierung
ISBN: 978-3-86820-249-6

Die tolldreisten Lügengeschichten des Freiherrn von Münchhausen

Wer kennt sie nicht: Die tolldreisten Lügengeschichten des Freiherrn von Münchhausen – der Ritt auf der Kanonenkugel, die Geschichte vom Pferd auf dem Kirchturm oder die Rettung aus dem Sumpf am eigenen Schopf.

Gottfried August Bürgers amüsante Schilderung der Abenteuer des Freiherrn von Münchhausen, erstmals erschienen 1786, haben ihn unsterblich gemacht.

Mit Illustrationen von Gustave Doré.

www.nikol-verlag.de